Knaur

Manfred Böckl

Merlin

Leben und Vermächtnis des keltischen Magiers

Knaur

Besuchen Sie uns im Internet:
www.knaur.de

Vollständige Taschenbuchausgabe 2002
Droemersche Verlagsanstalt Th. Knaur Nachf., München

Umschlaggestaltung: ZERO Werbeagentur, München
Umschlagabbildung: © Don Maitz/via Agentur Schlück, Garbsen
Satz: Setzerei Vornehm GmbH, München
Druck und Bindung: Nørhaven Paperback A/S
Printed in Denmark
ISBN 3-426-77595-6

2 4 5 3 1

Für Heike

INHALT

ERSTES BUCH

Das Ringen zwischen Rotem und Weißem Drachen 9

Die Göttin Medb und Hollywood 11

Der verborgene Teich 22

Das römische Verhängnis 30

Das Dreifache Vermächtnis 38

ZWEITES BUCH

Das historische und spirituelle Leben des keltischen Menschheitslehrers 47

Myrddin, Sohn des Morvryn 49

Die Heilige Hochzeit 61

Die Initiation Arthurs 78

Der Rhiotam 102

Camelot und Camlann 124

Myrddin Rhi und Myrddin Wyllt 142

DRITTES BUCH

Merlins Vermächtnis: Seine Prophezeiungen 159

Die Kaledonischen Weissagungen 161

GRÜSSE 164

DIE APFELBÄUME 174

Die Drachenprophezeiung 177

Die Vision vom neuen Millennium 185

DIE PROPHEZEIUNGEN BIS ZUM JAHR 2000 186

DIE PROPHEZEIUNGEN FÜR DAS 3. JAHRTAUSEND 195

VIERTES BUCH
Merlins Vermächtnis: Der Runde Tisch 215
Die Seele des Silbury Hill 217
Der Eichenhain 231
Der unsterbliche Traum 254

FÜNFTES BUCH
Merlins Vermächtnis:
Die Wiederkehr der alten Götter 267
Das wahre Wesen des Gral 269
Die Fülle des heidnischen Geistes 283
Die Wiedergeburt des La-Tène 301

Zeittafel 311
Literatur 313

ERSTES BUCH

Das Ringen zwischen Rotem und Weißem Drachen

Die Göttin Medb und Hollywood

Die phantastische Bergfestung liegt hoch über dem nordwalisischen Städtchen Llangollen, wo jährlich in der zweiten Juliwoche ein berühmtes Eisteddfod – ein keltischsprachiges Treffen von Poeten und Sängern, also Barden – stattfindet, das regelmäßig weit über hunderttausend Besucher anzieht. Von solchem Trubel war freilich nichts zu spüren, als ich im September 1997 nach Llangollen kam. Verschlafen lag der Ort unter blauem, frühherbstlichem Firmament; auf der schmalen Straße, die sich nach Dinas Bran hinaufwindet, kam mir kaum ein Wagen entgegen.

Als der Teerbelag endete und grobem Schotter Platz machte, stellte ich mein Auto ab und wanderte zu Fuß weiter bergan. Zur Linken hatte ich die kilometerlange, von wuchtigen Felstürmen gegliederte Abbruchkante einer Hochfläche; das kalkfarbene Gestein kontrastierte schroff mit dem Farngrün und Heidebraun der umliegenden Hügel. In einem äußerst aufwendig inszenierten Spielfilm, der nur ein Jahr später um die Welt ging, sollte diese

Dinas Bran bei Llangollen – ein Ort, den Merlin bestimmt kannte.

großartige Szenerie eine wichtige Rolle spielen. Doch davon ahnte ich zu diesem Zeitpunkt noch nichts; ohnehin nahm mich nun immer stärker der Anblick der in Ruinen liegenden Hügelfestung zu meiner Rechten gefangen.

Dinas Bran – die Burg des Bran – erhebt sich auf der Kuppe eines himmelstürmenden Bergkegels; ich hatte den Eindruck, als trage der Gipfel eine surreal gezackte steinerne Krone. Während ich die steil ansteigende Hangflanke emporkletterte, blökten mir Schafe entgegen; sie grasten innerhalb der mächtigen vorgeschichtlichen Erdwälle, die sich unterhalb der eigentlichen Festung um den Hügel ziehen. Zuletzt passierte ich den Zugang zur Ruine und stand auf dem Plateau inmitten des obersten Walls. Langsam schritt ich an den spätmittelalterlichen Mauerresten – wuchtigen Torbauten, dem Fundament eines Wehrturmes, halb zerfallenen Bögen und eingestürzten Schildmauern – entlang.

Am Ende des 14. Jahrhunderts, das wußte ich aus der walisischen Geschichte, hatte das Kastell als Sitz des Earls der Marcher Lords gedient: jener englischen Adligen, die im östlichen Grenzgebiet von Wales bereitstanden, um mit ihren Truppen loszumarschieren, sobald im keltischsprachigen Cymru[1] Unruhen ausbrachen. Als einer dieser Marcher Lords hatte zunächst auch der aus uraltem walisischem Geschlecht stammende Owain Glyndwr fungiert, ehe er Anno 1400 die Fahne wechselte und unter dem Banner des Roten Drachen, das bereits Uther Pendragon und

---

[1] Cymru ist die von den Einheimischen bis heute bevorzugte keltische Bezeichnung für Wales und bedeutet im Deutschen »Land der Kimmerier«. Entsprechend wird in diesem Buch häufig das Adjektiv »kimmrisch« statt »walisisch« verwendet. Dies geschieht, um dem Volk der Kimmerier, dem Merlin entstammte, Achtung zu erweisen.

Arthur in ihre Schlachten begleitet hatte, einen Aufstand gegen die englische Krone anführte. Zum letzten Mal in seiner langen Geschichte wurde Cymru dann für etwa ein Jahrzehnt zu einem unabhängigen Land, und Owain regierte es nicht nur als Prinz von Wales, sondern berief 1404 in Machynlleth außerdem ein frei gewähltes Volksparlament ein. In bester keltischer Tradition schuf er damit eine demokratische Enklave in der ansonsten vom Feudalismus geprägten Welt des ausgehenden Mittelalters, ehe er den königlichen Heeren unterlag und auf geheimnisvolle Weise in den Bergen von Snowdonia verschwand.

Beinahe tausend Jahre zuvor hatte Merlin das Auftauchen und den Freiheitskampf Owain Glyndwrs prophezeit, und während ich mich in den Ruinen von Dinas Bran daran erinnerte, wurde mir zudem bewußt, daß ich hier an einem Platz stand, den mit Sicherheit auch der herausragende britannische Druide der Arthur-Zeit betreten hatte. Denn lange bevor die mittelalterliche Burg errichtet wurde, nutzten die Kelten die sehr viel ältere Ringwallanlage auf diesem besonderen Berg. Die Archäologen datieren sie mindestens bis in die Bronzezeit zurück, und daß sie große Bedeutung für die Menschen des britannischen La-Tène hatte, beweist ihre Benennung nach dem keltischen Gottkönig Bran, der zusammen mit seiner Schwester Branwen einst Gwynedd und Clwyd – die beiden nördlichen Königreiche von Cymru – regierte.

Branwen hatte ihren Sitz an der Westküste von Gwynedd auf dem Twr Branwen: einer höchst beeindruckenden Felsbastion, welche die älteste über Tage liegende geologische Formation Europas darstellt und heute, ebenfalls von einer mittelalterlichen Burg überbaut, im Zentrum des Städtchens Harlech an der Tremadog Bay liegt.

Bran wiederum lebte in seiner Hügelfestung an der östlichen Grenze von Clwyd; das Geschwisterpaar behütete quasi im Geiste des Yin und Yang das ganze Land von der Irischen See bis zum Ostrand des Kambrischen Gebirges. Twr Branwen und Dinas Bran bilden damit – ähnlich wie Avalon und Camelot im Süden Englands – einen weiblich-männlich definierten »Twin Place«, der nach keltischer Weltsicht hohe spirituelle Bedeutung besaß. In ihrer gedanklichen Verbindung atmen die beiden »Zwillingsorte«, mehr noch als jeder für sich allein genommen, starken druidischen Geist, und deshalb kann es überhaupt keinen Zweifel daran geben, daß Merlin diese heiligen Orte besuchte. Ganz bestimmt ließ er ihre Ausstrahlung auf sich einwirken, um Kraft für sein großes, einigendes Werk zu gewinnen und diese positiven Impulse sodann an sein Volk weiterzugeben.

All dies ging mir durch den Kopf, während ich langsam über das in tiefem Frieden daliegende Areal wanderte. Nach einer Weile suchte ich mir einen von der Sonne beschienenen Platz in einer Mauernische und machte mir einige Aufzeichnungen in meinem Notizbuch. Etwa eine halbe Stunde arbeitete ich ungestört, dann bemerkte ich, daß ich nicht mehr allein hier oben war. Eine sympathische ältere Frau, die zwei große Hunde bei sich hatte, näherte sich mir. Wir kamen ins Gespräch, und es stellte sich heraus, daß Sylvie ebenso wie ich aus Deutschland stammte, aber zusammen mit ihrem britischen Mann schon lange in Nordwales lebte. Als ich ihr meinerseits sagte, ich sei in Cymru, um für ein neues Buch zu recherchieren, zeigte sie sich sehr interessiert und wollte wissen, ob ich auch Drehbucherfahrung hätte. Ich bejahte; daraufhin bot sie an, mir

Harlech Castle auf dem Twr Branwen.

den Kontakt zu ihrem Schwager herzustellen, einem sehr bekannten Filmproduzenten. In diesem Zusammenhang erzählte sie mir auch, daß demnächst genau hier, in der Gegend von Dinas Bran, Dreharbeiten einer amerikanischen Produktionsfirma für einen aufwendigen Spielfilm über Merlin anlaufen würden. Gleich darauf verloren wir uns in ein Gespräch über den Druiden von Camelot, sein Anliegen und seine Bedeutung speziell für unsere Zeit, bis schließlich Sylvies Hunde unruhig wurden. Sie verabschiedete sich und entfernte sich zusammen mit ihren Rüden: die Bergflanke hinab und hinüber zur anderen Seite des Tales, wo unter der Abbruchkante der Hochfläche die wuchtigen Bastionen aus kalkfarbenem Fels vorsprangen. Lange blickte ich ihr nach; dabei fiel mir wieder ein, was sie mir über den geplanten Merlin-Film gesagt hatte. Plötzlich beschlich mich ein ungutes Gefühl, ein richtiggehender Widerwille gegen das Vorhaben der US-Amerikaner. Ohne es rational begründen zu können, empfand ich die Vorstellung, daß ein Hollywood-Regisseur diesen Stoff inszenieren sollte, als geradezu blasphemisch.

Im folgenden Jahr, 1998, sah ich den Hollywood-Film »Merlin« im Fernsehen. Tatsächlich spielte eine ganze Reihe von Szenen im Tal von Dinas Bran. Mehrmals kamen die großartigen Felsbastionen gegenüber der uralten Hügelfestung ins Bild, und in einer äußerst aufwendigen Einstellung stürzte dort der Turm des Usurpators Vortigern in sich zusammen. Die Technik des Films war durchaus beeindruckend, trotzdem bestätigten sich meine schlimmen Vorahnungen. Denn inhaltlich und in seiner Aussage wurde das Machwerk Merlin in keinster Weise gerecht; es verzerrte die wahre Gestalt des Druiden vielmehr bis zur Unkenntlichkeit.

Weder das historische Umfeld noch die Kulissen und Kostüme waren stimmig; vor allem jedoch wurden geschichtlicher und geistiger Hintergrund sowie der Charakter der Hauptperson auf eine Weise vergewaltigt, die als perfide Fälschung bezeichnet werden muß. Obwohl Merlin in Wahrheit Druide (das keltische Wort bedeutet »Großer Wissender«) und Fürst des südwestwalisischen Volkes der Demetier war, tritt er in dem Hollywood-Film als reichlich unbedarfter »Zauberer« auf, der nichts weiter kann als mit billigen Tricks aus der Kiste der Computeranimateure zu arbeiten. Selbstverständlich ist er in dem Streifen, ganz wie in den hochmittelalterlichen Lügengeschichten über ihn, Sohn einer irdischen Frau, welche von einem dämonischen Wesen geschwängert wurde. Ebenso ist klar, daß er sich nach einigen jugendlichen Irrungen und Wirrungen für den Kampf auf seiten des christlichen Glaubens gegen das vermeintliche Böse, sprich das Heidentum, entscheidet.

Seine Hauptwidersacherin tritt im Film in Gestalt der schönen, aber natürlich abgrundtief bösen Dämonin Medb auf, die Merlin auf den »alten, heidnischen Weg« führen möchte und deshalb gleich nach seiner Geburt Merlins Mutter und später auch seine Ziehmutter, beide Christinnen, ermordet. Auch gegen den im Film ausgesprochen fade gezeichneten Arthur, der – im Widerspruch zur historischen Wahrheit – seinerseits ebenfalls keine andere geistige und moralische Perspektive als das Christentum kennt, setzt Medb ihre tückischen Anschläge ins Werk. Doch es kommt, wie es nach vielfach publikumserprobtem Hollywood-Rezept kommen muß: Dank seiner »frommen Zauberkräfte« besiegt Merlin zuletzt das heidnische Weib mit der satanischen Seele, so daß dem Happy-End nichts mehr im Wege steht; allerhöchstens noch der unvermeidliche Tod Arthurs, der aber dann entsprechend weichgezeichnet wird.

Der Film verfolgt damit eindeutig eine Linie weiter, die wir schon seit dem Mittelalter kennen, als die ursprünglichen, historisch fundierten Bardendichtungen Britanniens, die sich mit dem Kampf der letzten freien Kelten beschäftigten, aus durchsichtigen ideologischen Gründen in ihr Gegenteil verkehrt wurden. Merlin, dazu Arthur und dessen »Ritter der Tafelrunde« müssen in dem Streifen die angeblich hehre Aufgabe erfüllen, dem Christentum zum Sieg über das Heidentum zu verhelfen. Männliche »Helden« triumphieren in dieser Lesart über das vorgeblich finstere, dämonische und bedrohliche weibliche Wesen. Lediglich als Staffage kommen am Rand der Handlung einige »gute« Frauen wie etwa Gwynhwyfara, die »Herrin vom See«, oder Niniane vor, doch sie bleiben – um nicht aus der Hollywood-Rolle zu fallen – brave, blasse Heimchen am Herd oder in einer anderen unbedeutenden Ecke jener verfälschten pseudokeltischen Welt.

Auf welch unsägliche Weise der wahre keltische Geist in diesem Film vergewaltigt wurde, wird vor allem an der Figur der Medb deutlich. Die vorchristliche irische Mythologie stellt Medb nämlich keineswegs als böse Dämonin dar, vielmehr taucht sie hier als emanzipierte, ohne männliche Hilfe regierende Königin von Connaucht auf. Zugleich ist sie ein Aspekt der Großen Göttin, die den Menschen aus ihrem Met- oder Füllhorn Nahrung und Lebenskraft schenkt, also sehr positiv wirkt. Im Prinzip symbolisiert sie damit das Gute, das weibliches Handeln in die Gesellschaft einbringen kann, wenn Frauen nicht unterdrückt werden, sondern im vollen Besitz ihrer natürlichen Rechte sind.

Ähnliches gilt für Gwynhwyfara, die »Herrin vom See«, oder Niniane, die im Film lediglich als weitgehend gesichtslose Nebenfiguren agieren. Und dies obwohl die historische Gwynhwyfara – der Name bedeutet »Weißer oder Leuchtender Geist« – ihren Gemahl Arthur genau in diesem Sinne – mit ihrer hohen spirituellen Intelligenz – unterstützte, und in der »Herrin vom See« die immerwährend das Leben erneuernde Quell- oder Wassergöttin Brigid, eine der Emanationen der Dreifachen Göttin Ceridwen, zu erkennen ist. Auch Niniane (auch Viviane oder Nimue) war eine Druidin, welche nach dem Tod Merlins dafür sorgte, daß seine Seele aus dem »Wald von Broceliande« heraus über viele Jahrhunderte in die Zukunft wirken konnte.

Diese gleichermaßen realen und spirituellen Zusammenhänge darzustellen, wäre Aufgabe eines ernsthaften Films über Merlin und das Britannien der Zeit um das Jahr 500 gewesen. Medb hätte dann zusammen mit dem Druiden von Camelot Widerstand gegen die Bedrohung des heidnischen Keltentums geleistet; Niniane und die anderen weiblichen Charaktere, selbstverständlich auf derselben Seite stehend, wären aus ihrer kläglichen Chargenrolle herausgetreten und hätten den ihren gemäßen hohen Platz als erleuchtete Frauen ihrer Epoche oder – im Fall der »Herrin vom See« – als Göttin eingenommen. Das Ergebnis wäre ein Kunstwerk gewesen, das an der Wende vom zweiten zum dritten Jahrtausend wahrlich richtungweisend hätte sein können – so aber, weil Hollywood einen grandiosen historischen und mythischen Erzählstoff, wie er von den Barden überliefert wurde, in Kitsch und Trivialität abgleiten ließ, entstand eine der typischen amerikanischen Seifenopern.

Merlin wurde zum billigen »Zauberer« und Fantasy-Produkt; zu einer Karikatur seiner selbst, die nichts Besseres zu tun hat, als auf peinlich unbedarfte Art die alte christliche Obsession von der bösen, die Männer bedrohenden Frau zu transportieren. Indem sie diese Sichtweise aus dem dunkelsten Mittelalter noch einmal aufwärmten, versuchten die Produzenten ganz offensichtlich, auf einer derzeit zu beobachtenden »Keltenwelle« mitzuschwimmen. Einzige Absicht des Films war es, möglichst hohen Profit zu machen, und zu diesem Zweck scheute man nicht davor zurück, Merlins wahres Antlitz bis zur Unkenntlichkeit zu verzerren.

Das Filmteam hatte in Dinas Bran an einem Ort gearbeitet, wo sich der Druide persönlich aufhielt und wo keltischer Geist bis heute lebendig geblieben ist. Doch man war nicht fähig, die Spiritualität der uralten Hügelfestung und anderer gleichartiger Plätze in Cymru zu erspüren; man verharrte vielmehr im eigenen materialistischen Ungeist. Einzig aus diesem Grund verfiel man darauf, etwas »Keltisches« produzieren zu wollen; das Ergebnis jedoch blieb genau deswegen Makulatur und stieß alle tatsächlich keltisch empfindenden Menschen, die den Film sahen, ab.

Auch ich empfand Wut und litt unter dem Aufsehen, das der Film trotz allem verursachte; ich litt, weil meine ganze Liebe dem Keltentum gehört. Es liegt mir nichts an einer kurzlebigen »Keltenwelle«, die nichts weiter als ein künstlich von der Unterhaltungsindustrie erzeugtes Produkt ist. Vielmehr sehne ich mich aus tiefstem Herzen nach der Erneuerung des keltischen Geistes in seiner ganzen weiblich-männlichen Fülle im nun anbrechenden Zeitalter. Und aus diesem Grund hätte ich mir einen Film gewünscht, der Merlin – dem Druiden, Barden, Propheten und Fürsten – wirklich gerecht geworden wäre; ihm, dem unsterblichen keltischen Menschheitslehrer des Abendlandes. Denn er war es, der Europa eine einzigartig schöne Vision schenkte; eine Vision, die für den Kontinent heute überlebensnotwendig ist.

Vor eineinhalb Jahrtausenden hinterließ Merlin sein Vermächtnis, das über fünfzig Generationen hinweg als poetische und ebenso reale Verheißung weiterlebte. In unserer Zeit wird der Wert dieser Botschaft zunehmend in ihrer ganzen Tiefe wiedererkannt. Merlin selbst sorgte mit seiner visionären Kraft dafür, daß weder Arthur noch der Runde Tisch, noch der faszinierende Traum von einer Wiedergeburt des Keltentums in Vergessenheit geraten konnten. Vielmehr kündigte er an, daß Europa, so es nur den Willen dazu aufbringen wolle, im Zeitalter des »Wassermanns« erneut zu jener Blüte aufsteigen werde, die es bereits während der letzten vorchristlichen Jahrhunderte erreicht hatte, ehe Rom, die römisch-katholische Kirche und andere menschenfeindliche Imperien die aus der Geschichte bekannten Abstürze in die Finsternis herbeiführten.

Das gesamte Zeitalter der »Fische« hindurch bekämpfte, wie Merlin es ausdrückte, der inhumane »Weiße Drache« äußerst aggressiv den humanen »Roten Drachen«, und meist sah sich das positive Prinzip während dieser langen Epoche schwer bedrängt. Dennoch ergab sich der keltische Geist nie, und in den westlichen Randregionen Europas lebte das Gedenken an den Druiden von Camelot fort. Obwohl sie teilweise schrecklichen Verfolgungen ausgesetzt waren, hüteten die letzten noch existierenden Kelten das Vermächtnis des Menschheitslehrers; sie taten es, weil sie wußten, daß einzig die woanders längst verschüttete alte Weisheit, die er bewahrt hatte, zum lichtvollen Pfad in eine bessere Zukunft werden konnte.

Zwar wurde Merlin dadurch in gewisser Weise zum

Mythos, andererseits vergaß man ihn jedoch auch in seiner ganz »realen« Gestalt nie. Vor allem in Wales, seiner Heimat, blieb die greifbare Erinnerung an ihn hautnah erhalten; daneben aber auch in anderen Regionen Britanniens: in Cornwall, Teilen von England und Schottland. Und dorthin zieht es auch mich immer wieder; oftmals spürte ich den historischen Spuren Merlins auf meinen Reisen nach – und so sah ich die Orte, wo der keltische Menschheitslehrer geboren wurde, kämpfte, mit den Göttern sprach, meditierte, prophezeite, lehrte und zuletzt sein geheimnisvolles Grab fand.

Der verborgene Teich

Die Ringwallanlage Dinas Emrys wurde im 5. Jahrhundert errichtet und gilt im Bewußtsein des walisischen Volkes bis heute als Ort von herausragender Bedeutung. Dabei weist beim Besteigen der nicht sonderlich hohen Bergkuppe im westlichen Teil des Snowdonia-Nationalparks zunächst kaum etwas Spektakuläres auf die Rolle hin, welche die verfallene Hügelfestung spielte, als Merlin jung und Arthur noch nicht geboren war. Eher scheint der Pfad immer tiefer in bukolische Abgeschiedenheit zu führen.

Ein uralter Einödhof namens Hafody-porth träumt an der Hügelflanke vor sich hin. Dahinter wird der Weg steiler, schlängelt sich an Riesenfarnen, moosbedeckten Felsen und mächtigen Baumstämmen vorbei. Nach etwa einer Viertelstunde ist der Gipfel erreicht und der Blick zurück ins Tal wird frei. Am kleinen, schilfumsäumten Llyn Dinas

– dem See der Festung – entlang verläuft die schmale Fahrstraße und führt über den Paß von Aberglaslyn hinab nach Porthmadog und zum Meer: zur Tremadog Bay, die sich hinüber nach Irland öffnet. Jenseits des Sees und ein Stück weiter rechts verbirgt sich in einer Schlucht ein noch immer begehbares Kupferbergwerk aus römischer Zeit; in der entgegengesetzten Richtung ragt majestätisch der Yr Wyddfa oder Mount Snowdon auf, welcher dieser beeindruckenden Landschaft im Nordwesten von Cymru ihr weithin unverwechselbares Antlitz verleiht.

Erst bei genauem Hinsehen sind zwischen den Felsen der viel niedrigeren Bergkuppe von Dinas Emrys die Überreste der Ringwälle zu erkennen, die einst ein Areal von etwa 150 mal 90 Metern schützten. Vor eineinhalb Jahrtausenden waren sie zusätzlich durch Palisaden verstärkt, und in ihrem Inneren erhob sich der zentrale, aus Bruchsteinquadern bestehende Turm. Bis heute sind die in die Erde eingelassenen Fundamente dieses »Donjons« aus der zweiten Hälfte des 5. Jahrhunderts erhalten – und exakt an diesem Schauplatz ging Merlin in die Geschichte Britanniens und Europas ein. Hier nämlich verkündete der junge Myrddin – so der historisch gesicherte walisische Name dessen, der später als Merlin unsterblich werden sollte – seine berühmte Drachenprophezeiung.

Die Ringwallanlage, die den Auftritt des Visionärs sah, war damals allerdings noch nicht als Dinas Emrys – Festung des Emrys oder Ambrosius – bekannt. Denn nicht dieser König erbaute sie, vielmehr tat es ein mit ihm rivalisierender Fürst, der den Titel Vawr Tigern – Oberherr – trug, wovon sich sein verballhornter germanischer Name Vortigern ableitete. Und der Festungsbau erfolgte zu einer Zeit, in der Britannien einerseits unter Invasionen der germanischen Sachsen, Angeln und Jüten litt, andererseits heftige Machtkämpfe zwischen verschiedenen eingesessenen keltischen Fürsten tobten.

Es war die Epoche, die in der britischen Geschichtsschreibung als die Dark Ages, das »Dunkle Zeitalter«, bezeichnet wird. Zu Beginn des 5. Jahrhunderts waren die Römer, welche seit dem Jahr 43 n. u. Z. große Teile der Insel besetzt und im 4. Jahrhundert zumindest teilweise christianisiert hatten, abgezogen. Aufgrund des dadurch entstandenen Machtvakuums kam es im Verlauf der folgenden Generationen zu schweren Turbulenzen. Germanische Invasoren versuchten sich im Südosten und Süden Englands festzusetzen, während die Kelten einen Abwehrkrieg gegen sie führten. Der Widerstand der britannischen Stämme erfolgte jedoch nicht geschlossen, denn verschiedene Regionalkönige und Fürsten rivalisierten gegeneinander; jeder versuchte Rang und Titel des Ard Rhi, des Hochkönigs von Britannien, zu erringen.

Darüber hinaus war eine zusätzliche innere Zerrissenheit des einstmals rein heidnisch-keltischen Landes zu beklagen. Vor allem in den römischen Stadtgründungen im Süden sowie auf ausgedehnten ländlichen Latifundien saßen die christlichen Nachfahren der Legionäre, beanspruchten Adelsprivilegien für sich, unterdrückten die heidnisch gebliebenen einheimischen Hintersassen und paktierten dabei mit adligen Briten keltischer Herkunft, welche Lebensweise und Staatsreligion des Römischen Imperiums angenommen hatten.

Einer dieser romanisierten Fürsten war ebenjener Kriegsherr, der den Titel Vawr Tigern trug; um das Jahr 450 beherrschte er einen großen Teil Südenglands. Als dort ein starkes sächsisches Heer unter dem Häuptlingspaar Hengist und Horsa[2] landete, verbündete sich Vortigern mit diesen Invasoren, versprach ihnen ein eigenes Herrschaftsgebiet und erhielt im Gegenzug ihre Unterstützung in seinem Kampf um die Würde des britannischen Ard Rhi. Tatsächlich gelang es ihm, den Thron des Hochkönigs gewaltsam zu usurpieren, wobei er selbst vor Meuchelmorden nicht zurückscheute. Doch andere keltische Fürsten, die nach alter Tradition als Ard Rhi einzig einen frei gewählten Repräsentanten aus ihrer Mitte anerkennen wollten, traten zum entschlossenen Kampf gegen Vortigern an. Da er aufgrund seiner Greueltaten und politischen Intrigen bald auch die Germanen gegen sich aufbrachte, wurde er in einer Reihe von Schlachten besiegt. Obwohl Vortigern noch einige Jahre hinhaltenden Widerstand leistete, mußte er erleben, wie an seiner Stelle Emrys zum Hochkönig gewählt wurde, der seine Macht von da an zunehmend festigte. Ihm selbst blieb zuletzt nichts anderes übrig, als in das abgelegene und leicht zu verteidigende Bergmassiv von Snowdonia im Nordwesten von Cymru zu fliehen.

Zusammen mit den wenigen Gefolgsleuten, die ihm noch geblieben waren, verschanzte er sich auf der Hügelkuppe über dem schilfumrandeten See, ließ zunächst den Ringwall aufwerfen und anschließend den Bau des »Donjons« in Angriff nehmen. Seine Männer jedoch vermochten die Arbeit nicht zu vollenden; nachdem das Fundament ausgeschachtet war, stürzten die tagsüber errichteten Mauern jede Nacht wieder ein. Niemand wußte Rat, bis plötzlich ein geheimnisvoller Bursche namens Myrddin oder

---

2 Diese germanischen Namen bedeuten »Hengst« und »Stute«. Erst im Zuge einer christlichen Übertünchung der Geschichtsschreibung wurde die Anführerin Horsa zu einem männlichen Häuptling gemacht.

eben Merlin auftauchte, der aus einer keltischen Siedlung nahe der heutigen Stadt Carmarthen im Südwesten von Wales stammte und sich erbot, die Ursache für die Schwierigkeiten beim Aufmauern des Bauwerks zu ergründen. Vortigern stimmte zu, worauf der junge Merlin an der Stelle, wo der Turm hochgezogen werden sollte, meditierte und anschließend den Fürsten aufforderte: »Laß deine Gefolgsleute tief in die Erde graben. Sie werden dann einen unterirdischen Teich finden. Dieses Gewässer verhindert, daß der Turm errichtet werden kann.« Man befolgte den Rat des Burschen und entdeckte tatsächlich einen verborgenen Pfuhl, welcher den bewußten Platz auf der Bergkuppe in seinem Untergrund sumpfig machte. Nachdem Vortigern und seine Männer dies staunend zur Kenntnis genommen hatten, fragte sie Merlin: »Könnt ihr mir sagen, was sich auf dem Boden dieses Teiches befindet?« Keiner wußte eine Antwort, schließlich klärte der Bursche sie auf: »Wenn ihr das Wasser ablaßt, werdet ihr auf dem Grund des Teiches zwei hohle Felsen sehen. Und im Inneren dieser Felsen werdet ihr zwei schlafende Drachen erblicken.«

Wieder befolgte man den Rat Merlins, und was weiter geschah, überliefert der britische Geschichtsschreiber Geoffrey of Monmouth in seinem Werk *Geschichte der Könige Britanniens* (12. Jh.):

> *Während Vortigern... noch am Rand des Teiches saß, aus dem seine Krieger das Wasser abgelassen hatten, erschienen die beiden Drachen, der eine weiß, der andere rot. Sobald sie nahe genug beieinander waren, kämpften sie grimmig, wobei sie keuchend Feuer aus ihren Nüstern stießen. Der Weiße*

Drache begann die Oberhand zu erringen und den Roten Drachen zurück in die Ecke des Teiches zu treiben. Der Rote Drache beklagte seine Schwäche – und dann gewann er die Oberhand über den Weißen Drachen und zwang ihn zurück auf seine Seite. Während sie auf diese Weise weiterkämpften, befahl der König Merlin zu erklären, was dieser Kampf zwischen den Drachen bedeute. Sofort fiel Merlin in… eine prophetische Trance und sprach folgendermaßen: Richte dein Augenmerk auf den Roten Drachen, denn er ist es, der unterliegen wird. Der Weiße Drache, der für die Sachsen kämpft, welche durch deine Schuld Britannien verheeren, wird die Höhle des Roten Drachen besetzen. Der Rote Drache kämpft für die Menschen Britanniens, die vom Weißen Drachen bedrängt werden. Er kämpft für die Berge und Täler Britanniens, die verwüstet, und die Ströme in seinen Tälern, die sich blutrot färben werden…

Weiter kündigte Merlin unter anderem an, daß aus Cornwall ein Eber (Arthur) kommen werde, der im Geiste des Roten Drachen kämpfe, so daß der Weiße Drache weichen müsse. Im Lauf der folgenden Generationen werde der Weiße Drache jedoch erneut die Oberhand gewinnen, bis zuletzt – doch dies liege noch in sehr ferner Zukunft – der Rote Drache, nachdem er sich zwischendurch mehrmals für kürzere Zeit habe behaupten können, endgültig siege. Damit werde dann das scheinbar untergegangene Keltentum seine Wiedergeburt erleben.

Nachdem er diese bis ins dritte Jahrtausend reichenden und gerade für unsere Zeit am Beginn des neuen Millenniums außerordentlich interessanten Prophezeiungen abgegeben hatte, sagte Merlin auch noch das ganz persönliche Schicksal Vortigerns vorher. Er erklärte dem Usurpator, daß der neue und frei gewählte Hochkönig Emrys bereits gegen ihn heranziehe. Dessen Krieger würden ihn, Vortigern, töten; eingeschlossen in einem Turm, müsse er bei lebendigem Leibe verbrennen. Dies werde die Strafe dafür sein, daß Vortigern die anderen keltischen Fürsten hintergangen und sich mit den germanischen Invasoren verbündet habe.

Ehe Vortigern oder dessen Gefolgsleute ihn festhalten konnten, war Merlin plötzlich verschwunden. Aber auch der gestürzte Ard Rhi ergriff nun angesichts der bedrohlichen Prophezeiung die Flucht. Er zog sich in den Süden von Wales zurück und verschanzte sich dort in der nahe des Flusses Wye gelegenen Festung von Genoreu (heute Gronwyr). Dort wurde er jedoch vom Heer des Emrys gefunden und belagert, welches schließlich die Wälle erstürmte und die Gebäude dahinter in Brand steckte. Kurz zuvor hatte sich Vortigern in den Turm der Ringburg geflüchtet, und dort ereilte ihn das grausige Los, das Merlin ihm vorhergesagt hatte. Denn bald stand auch der Turm in Flammen, und inmitten der Feuerhölle erlitt der Usurpator einen schrecklichen Tod.

Kaum hatte Emrys diesen Sieg errungen, wandte er sich gegen die sächsischen Invasoren und schlug sie ebenfalls in mehreren Schlachten. Später ließ der nunmehr im westlichen Britannien unangefochten regierende keltische Ard Rhi den »Donjon« vollenden, den Vortigerns Gefolgsleute nicht hatten aufmauern können, und die Erinnerung daran wurde im Namen von Dinas Emrys bis heute bewahrt.

Ebenso ist dieser Ort seit eineinhalb Jahrtausenden in Literatur und Volksüberlieferung mit der Drachenprophezeiung Merlins verknüpft. Wir werden uns mit dieser und anderen Visionen des herausragenden britannischen Druiden, die einen bedeutenden Teil seines Vermächtnisses ausmachen, in einem eigenen Abschnitt dieses Buches noch ausführlich beschäftigen. Hier nur soviel: Eine ganze Reihe dieser Prophezeiungen bewahrheitete sich in den Jahrhunderten nach dem Tod Merlins auf ähnlich spektakuläre Weise wie die Vorhersage über das dramatische Ende Vortigerns. So kündigte der keltische Seher beispielsweise das Auftauchen der walisischen Freiheitskämpfer und Prinzen Llywelyn ab Iorwerth und Llywelyn ap Gruffydd sowie des Owain Glyndwr im hohen und späten Mittelalter an. Er sprach von den Turbulenzen der Französischen Revolution und charakterisierte in diesem Zusammenhang sehr zutreffend die Taten Napoleons. Ferner sagte er für das 20. Jahrhundert die Verbrechen Hitlers und für den Übergang vom zweiten zum dritten Millennium den Tunnelbau unter dem Ärmelkanal, die Trivialisierung der westlichen Literatur, Philosophie und Musik, eine multikulturelle Gesellschaft sowie Umweltzerstörungen schrecklichen Ausmaßes im Zusammenhang mit hemmungslosem Kapitalismus und Gentechnologie voraus.

Was das neue Jahrtausend angeht, warnte Merlin vor einer Globalkatastrophe, in deren Verlauf sich die durch zynischen Mißbrauch geschändete Natur offenbar mit apokalyptischer Gewalt gegen die Menschheit aufbäumt. Das ist, sofern wir diese Entwicklung nun wieder im Rahmen der Drachenprophezeiung betrachten, zugleich der Höhepunkt des Kampfes zwischen dem Roten und dem Weißen Drachen. Doch die Visionen Merlins enden trotzdem nicht in Hoffnungslosigkeit, denn am Ende der fürchterlichen Kataklysmen wird der Sieg des Roten Drachen stehen. Keltische Welt und keltischer Geist werden, nachdem das Abendland geläutert und einsichtig geworden ist, wiedergeboren werden, und der Ungeist des Weißen Drachen wird dann auf immer gebannt sein.

Das römische Verhängnis

Zu Merlins Lebzeiten stand der Weiße Drache für die germanischen Invasoren, gegen die der Ard Rhi Emrys und nach ihm Uther Pendragon und Arthur kämpften – noch mehr aber symbolisierte das Untier die Römer, welche bereits im ersten nachchristlichen Jahrhundert auf barbarische Weise über die schon damals uralte keltische Zivilisation Britanniens hergefallen waren und dabei selbst vor Völkermord nicht zurückschreckten. Im Zuge der römischen Eroberung war eine der faszinierendsten Kulturen der europäischen Antike furchtbar getroffen worden; eine Kultur, die heute, da sie dank der Arbeit der Archäologen und Historiker zunehmend wieder deutlichere Konturen gewinnt, immer leuchtender ins Bewußtsein des Abendlandes zurückkehrt.

Nicht nur die Inselkelten Westeuropas, sondern auch die keltischen Völker des Kontinents, deren Zivilisation schon im letzten vorchristlichen Jahrhundert der militärischen Aggression römischer Legionen zum Opfer gefallen war, hatten bereits während des La-Tène (Epoche ca. 500 v. u. Z. bis zum Beginn der christlichen Zeitrechnung) Gesellschaftsformen entwickelt, welche im Prinzip nach demokratischen Kriterien funktionierten. Es herrschte – im Gegensatz zu Rom – völlige Gleichberechtigung zwischen den Geschlechtern; Frauen und Männer traten als gewählte Repräsentanten der Stämme regelmäßig zu parlamentarischen Versammlungen in den Drunemetons (Hainen, die sowohl spirituellen als auch politischen Zwecken dienten) zusammen. Ebenso wurden dort die Fürsten bis hin zu den Hochkönigen per Akklamation ernannt und konnten jederzeit wieder abgesetzt werden. Diesen Adligen standen als ausgesprochen einflußreiche Ratgeber die Druiden zur Seite: die geistige Elite der keltischen Völker, welche als Philosophen, Metaphysiker, Barden, Propheten, Ärzte, Lehrer oder Richter und in einer Kombination dieser Funktionen eben auch als politische Berater tätig waren.

Da Ehrfurcht vor der Natur – der Großen Göttin oder Großen Mutter – die Grundlage allen Denkens und Handelns bildete, lebten die Kelten in innigem Einklang mit der Erde und allen von ihr hervorgebrachten Spielarten des Daseins. Auch Tiere, Pflanzen, Quellen, Flüsse oder Steine wurden als beseelte, vom allumfassenden Geist erfüllte und untereinander korrespondierende Wesenheiten erkannt. Geist und Seele aller Geschöpfe wiederum – so ein ganz wesentliches Prinzip der keltischen Metaphysik – befanden sich auf einer sehr viele körperliche Existenzen umfassenden Wanderung durch die zahllosen Erscheinungsformen des Lebens, wobei der Tod gleichzeitig Hinführung zu neuer Geburt war und die Umwandlung in der Sphäre der Anderswelt (einer mit der dreidimensionalen Diesseitswelt eng verflochtenen vierten Dimension) erfolgte.

Auf der Basis dieser Philosophie von der engen und unauflöslichen Verflechtung allen Lebens hatten die Kelten des La-Tène während des letzten vorchristlichen Halbjahrtausends einen weit über die jeweiligen Stammes- oder Volksgrenzen hinausreichenden Zivilisationsgürtel aufgebaut. In seiner Blütezeit reichte er quer durch Europa von Irland bis Kleinasien und funktionierte nach den Kriterien einer in allen ihren Teilen gleichberechtigten, abendländischen Föderation. Kein Volk oder Stamm trachtete danach, sich innerhalb dieses Verbundes über die anderen zu erheben. Vielmehr galt das von den Druiden gelehrte Prinzip des Miteinander, in der sich jedes Individuum, aber auch jede politische Region als wertvoller und gleichwertiger Baustein des Ganzen – und damit einer beseelten Erde und eines beseelten Kosmos – begreifen durfte.[3]

In der alltäglichen Realität wirkte sich diese Weltanschauung ausgesprochen positiv aus. Der friedliche Dialog der keltischen Völker untereinander und zusätzlich mit benachbarten Zivilisationen wie etwa der griechischen, der ägyptischen oder der phönizischen ließ eine weitgespannte vorchristliche Kultur auf sehr hohem Niveau entstehen. Philosophie, Dichtung und bildende Künste blühten; die materielle Grundlage dafür wurde durch regen Handel zwischen den verschiedenen keltischen und mit ihnen in Kontakt stehenden anderen Völkerschaften gesichert. Traten innerhalb der Föderation doch einmal Konflikte auf, so waren abermals die Druiden Meister darin, derartige Aggressionen abzubauen. Antike Autoren berichten von ihnen, sie seien dank ihrer geistigen Kraft, die sich in Form besonderer Beschwörungen äußerte, imstande gewesen, selbst dann noch Frieden zu stiften, wenn sich die Krieger zweier in Streit geratener Stämme bereits mit gezückten Waffen gegenübergestanden hätten.

---

[3] In meinem Buch »Die Botschaft der Druiden« habe ich diesen und zahlreiche andere Aspekte der druidischen Lehre ausführlich behandelt. Vgl. Literaturverzeichnis S. 313.

Ernsthafte militärische Auseinandersetzungen gab es ab dem Jahr 386 v.u.Z. – als oberitalienische Kelten unter ihrem König Brennus I. einen eklatanten Bruch des Völkerrechts durch die Römer nicht hinnehmen wollten und deshalb Rom belagerten und stürmten – lediglich mit den Truppen dieses Stadtstaates. Rom nämlich rivalisierte von Anfang an politisch und weltanschaulich mit den Kelten und versuchte schon bald, deren Siedlungsgebiete in der Po-Ebene und an der Adria (den sogenannten Ager Gallicus) gewaltsam zu okkupieren, um im Zuge seiner zunehmend brutaler werdenden Eroberungspolitik den eigenen Einflußbereich zu vergrößern und ein zentralistisch organisiertes Imperium zu begründen. In dieser Phase konnte es bisweilen auch geschehen, daß keltische Stämme, die aufgrund der Kriege mit den Römern moralisch orientierungslos geworden waren und sich deshalb von der druidischen Lehre abgewandt hatten, ihrerseits Angriffskriege unternahmen. So kam es etwa zum Feldzug nach Nordgriechenland im Jahr 279 v.u.Z. unter Brennus II., in dessen Verlauf Delphi geplündert wurde; vorangegangen war die 285 erfolgte, ausgesprochen blutige Vertreibung der Kelten aus Oberitalien, wo sie jahrhundertelang gelebt hatten.

Keltische Aggressionen waren jedoch eher die Ausnahme von der Regel; eine ungleich größere Gefahr für das Abendland stellten eindeutig die Römer dar. Je näher schließlich das Ende des letzten vorchristlichen Jahrtausends rückte, um so stärker wurde die Bedrohung, der sich der keltische Zivilisationsgürtel ausgesetzt sah. Denn im Säkulum vor der christlichen Zeitenwende beseitigte der ohnehin schon stark militärisch und imperialistisch orientierte römische Staat seine adelsrepublikanische Verfas-

Der Drachenthron in Caernarvon (Nordwales), wo bis heute der jeweilige »Prince of Wales« (zuletzt Prince Charles) gekrönt wird. Diese »Prinzen« werden, da sie nicht keltisch sind, von den Walisern nicht als legitime Herrscher akzeptiert.

sung und trat mit Cäsar den Weg ins autokratische Kaisertum an. Und dies war der historische Umschwung, welcher die ungleich höherstehende keltische Welt nun mit fürchterlicher Gewalt traf.

In seiner Schrift *De Bello Gallico* schildert der erste römische Imperator Gajus Julius Cäsar (100 bis 44 v.u.Z.) den Ausrottungskrieg, den er gegen die Gallier, die Kelten im heutigen Frankreich, führte. Cäsar rühmt sich in diesem Buch, das unverständlicherweise noch immer vielfach als Lektüre im Lateinunterricht verwendet wird, der Völkermorde, deren er sich an den Galliern unter ihrem Hochkönig Vercingetorix schuldig gemacht hat. Nach verzweifeltem Widerstand ging die einstmals so hochstehende keltische Kultur westlich von Rhein und Rhône unter; Vercingetorix wurde nach Rom verschleppt und dort zusammen mit anderen keltischen Fürsten und Druiden öffentlich abgeschlachtet. Ähnlich brutal unterwarf Cäsar die keltiberischen Völker im heutigen Spanien; ebenso fielen seine Legionen über die Helvetier und die Belger an der Kanalküste her. Im Jahr 54 v.u.Z. setzte der erste römische Imperator zudem nach Britannien über und schuf dort mit der Errichtung von Militärlagern an der Südostküste die Basis für die spätere Eroberung auch dieses bis dahin rein keltischen Landes.

Eine Generation nach Cäsar stießen die Legionen unter Führung von Tiberius und Drusus in die Gebiete zwischen Alpen und Donau vor, wo bis zu diesem Zeitpunkt noch die großen keltischen Zivilisationen der Räter und Noriker bestanden hatten. Im Jahr 15 v.u.Z. wurde das riesige Oppidum von Manching in Bayern völlig zerstört, und wiederum ungefähr zwei Menschenalter später, 43 n.u.Z., hatte Rom auch in Britannien seine Macht ausreichend gefestigt, um vorerst zumindest den südöstlichen Teil der Insel endgültig seinem Herrschaftsbereich einverleiben zu können und seinen Einflußbereich von dort aus Zug um Zug auszuweiten. Lediglich in Cornwall und Wales sowie in Schottland lebten in den ersten nachchristlichen Jahrhunderten noch freie Kelten; dasselbe galt für Irland, an dessen Küsten niemals ein römisches Kriegsschiff landen sollte. Und diese westeuropäischen Regionen wurden nun – abgesehen von einigen kleinen mitteleuropäischen Rückzugsgebieten wie etwa dem schwer zugänglichen Böhmerwald – zum Refugium des einstmals über das ganze Abendland verbreiteten Keltentums. Vor allem in den genannten Landesteilen Britanniens wurde das Erbe seiner hochstehenden Kultur bewahrt – hier bemühten sich die überlebenden Druiden nach Kräften, den keltischen Geist über die Zeit der Verfolgung hinüberzuretten.

Als sich die römischen Legionen zu Beginn des 5. Jahrhunderts, während sich der Zusammenbruch ihres Imperiums bereits abzeichnete, auf den Kontinent zurückzogen, schien die Chance der keltischen Wiedergeburt gekommen. Doch kaum hatten die Inselkelten begonnen, ihre angestammte Zivilisation auch außerhalb ihrer Refugien von neuem zu errichten, wobei sie freilich mit dem Widerstand romanisierter und christianisierter Bevölkerungsteile zu kämpfen hatten, erfolgte die germanische Invasion unter Hengist und Horsa. Wieder wurden die heidnisch-keltischen Stämme und Völker in die Defensive gedrängt – und zu welch grauenhaften Turbulenzen und kriegerischen Verwicklungen es im Zusammenhang damit kam, zeigen die Ereignisse von Dinas Emrys, wohin sich der Usurpator Vortigern flüchtete, ehe er zur Strafe für seinen Verrat im Turm von Genoreu sein Leben verlor.

Merlin wiederum fand in seiner Drachenprophezeiung von Dinas Emrys eine äußerst griffige Metapher für die keineswegs nur kriegerische, sondern sehr wohl auch geistige Auseinandersetzung, die sich nun schon seit so vielen Jahrhunderten zwischen dem Roten und dem Weißen Drachen abspielte. Nach keltischer Metaphorik steht der Rote Drache unter anderem für die lebenspendende Kraft des Blutes, die ihren Ursprung im Schoß der Großen Göttin hat. Diese »mütterliche«, lebensbejahende Energie verbindet uns mit der vom Geist des Göttlichen erfüllten Erde und will den harmonischen Einklang zwischen Individuum, Planet und Kosmos herstellen; sie ist damit ein außerordentlich wichtiges Kriterium für das Wesen der keltischen Welt. Der Weiße Drache hingegen ist blutleer; ihn verflicht nichts mit dem Schoß und damit dem Geist der Göttin, so daß er letztlich nur ein Scheinleben führt. Diejenigen, die ihm anhängen, haben sich aus der Geborgenheit des Planeten und des Kosmos entfernt. Sie sind der Erde entfremdet und von daher Wesenheiten der antikeltischen Welt: Widersacher des Warmen und Behütenden, die sich einzig durch Gewalt und Machtausübung behaupten können.

In der historischen Realität war es der Rote Drache gewesen, der während der Epoche des La-Tène die friedlich angelegte keltische Föderation von Irland bis Kleinasien geschaffen hatte. In Gestalt des Römischen Imperiums war der Weiße Drache zum Kampf gegen diese hochstehende Kultur angetreten und hatte alles darangesetzt, das Keltentum mit Hilfe seiner bis an die Zähne bewaffneten Legionen zu vernichten. Das menschenfreundliche Prinzip des Miteinander, in dem jedes Volk seinen individuellen und gleichberechtigten Platz haben sollte, war mit dem menschenverachtenden Prinzip der brutalen Unterdrückung alles Andersartigen kollidiert; am Ende existierte statt der keltischen Föderation das autokratische Imperium, das Rom einem großen Teil Europas, Nordafrikas und Kleinasiens aufgezwungen hatte.

So also stellte sich der reale Kampf der beiden Drachen in der spätantiken Geschichte dar, und nachdem die Römer zu Beginn des fünften nachchristlichen Jahrhunderts aus Britannien abgezogen waren, setzte er sich im Zusammenprall zwischen britannischen Kelten und germanischen Invasoren fort. Erneut fielen die Heere der nunmehr aus Nordeuropa kommenden Machtmenschen über die Insel her, die eines der letzten Refugien des Keltentums war. Abermals verteidigte sich zur Zeit Merlins der Rote Drache verzweifelt gegen den Weißen Drachen, um dem Abendland die Idee des Miteinander und damit letztlich seine Chance auf eine menschenwürdige, lichte und friedliche Zukunft im Sinn der Großen Göttin zu bewahren.

Das Dreifache Vermächtnis

Rund eineinhalb Jahrtausende nachdem Merlin seine Drachenprophezeiung abgab und einen sehr langen Kampf zwischen den beiden widerstreitenden Prinzipien vorhersagte, ist diese fundamentale Auseinandersetzung noch immer nicht entschieden. Zwar ging das Römische Reich, das die Herrschaft des Weißen Drachen im Abendland begründete, unter, doch an seine Stelle traten andere autokratische Imperien, welche dem Geist des Keltentums nicht weniger feindlich gesinnt waren.

Aus den Ruinen Roms erhob sich das »Heilige Römische Reich Deutscher Nation«, das im engen Bündnis mit der römisch-katholischen Kirche erneut menschenverachtende Machtpolitik bis hin zu den Kreuzzügen und zum Genozid an zahlreichen heidnischen Völkern Europas und anderer Kontinente betrieb. Zwangsmissionierungen und Versklavungen breitester Bevölkerungsschichten des Abendlandes und bald auch überseeischer Territorien gingen das ganze Mittelalter hindurch und noch weit in die Neuzeit hinein Hand in Hand; im Gefolge solch zutiefst widerkeltischer Intoleranz kam es zu den bekannten Ketzer- und Hexenverfolgungen, zu deren Opfern Millionen zählten. Als dieses Imperium im Jahre 1806 – ungefähr zeitgleich mit den letzten Hexenverbrennungen – endlich sein Leben ausröchelte, hatte sich aus den Trümmern bereits das französische Kaiserreich Napoleons erhoben, aus dessen Niedergang wiederum das Britische Empire entstand. In der ersten Hälfte des 20. Jahrhunderts schließlich stürzte das »Dritte Reich« Adolf Hitlers die Welt auf nie zuvor erlebte Weise in den Abgrund – und alle diese Katastrophen ereigneten sich, weil sich Europa für das Prinzip des Weißen Drachen entschieden hatte, statt dem ungleich weiseren keltischen Weg des Roten Drachen zu folgen.

Egal ob religiöser Fanatismus, verbohrter Nationalismus, Faschismus oder skrupelloser Neokapitalismus – alle diese Irrwege sind dem negativen Wirken des Weißen Drachen zuzuordnen und stellen zu Beginn des dritten Jahrtausends eine immense Bedrohung sämtlicher Völker dieser Erde dar. Noch nie war die Gefahr einer totalen Menschheitskatastrophe so groß wie heute, und es fällt nicht schwer, sich ein entsprechendes Szenario auszumalen. Zügelloser Neokapitalismus und zynischer Materialismus des Westens haben Natur und Moral auf dem Globus schon jetzt schwer geschädigt. Jederzeit kann ein Zusammenprall der Industrienationen mit ebenfalls in die Dunkelheit abgestürzten Staaten der »dritten Welt« erfolgen. Das Resultat wäre vermutlich ein Weltkrieg, der einen völligen Kollaps der geschundenen und mißachteten Natur und damit wiederum einen Zusammenbruch jeder Zivilisation nach sich ziehen würde. Am Ende stünde entweder die völlige Ausrottung der Menschheit oder zumindest ein Rücksturz in primitive Anarchie mit unendlichem Leid für alle dann noch vegetierenden Wesen.

Eine derartige Globalkatastrophe wäre letztlich das Resultat einer jahrtausendelangen Fehlentwicklung – und Merlin erkannte die Gefahr einer solchen Apokalypse bereits vor 1500 Jahren. Aus diesem Grund rief er in seiner Drachenprophezeiung alle Menschen guten Willens dazu auf, sich in dieser fundamentalen Auseinandersetzung an die Seite des Roten Drachen und damit des Lebens zu stellen.

Zusammen mit Arthur, Gwynhwyfara, Morgana und anderen herausragenden heidnischen Persönlichkeiten des späten fünften und frühen 6. Jahrhunderts kämpfte Merlin selbst mit ganzer Kraft gegen den Weißen Drachen. Er tat es über Arthurs Tod hinaus und zog noch im Alter gegen einen christlichen Fürsten namens Rhydderch Hael zu Felde, der in seiner Machtgier ähnlich wie Vortigern ein Feind des keltischen Geistes war. In diesem Fall focht Merlin sogar mit dem Schwert in der Hand, vor allem freilich bestärkte er mit Hilfe seiner ungleich schärferen geistigen Waffen all jene, die in den vielen folgenden Jahrhunderten und bis in die Gegenwart Widerstand gegen Menschenverachtung und lebensfeindliche Zerstörungswut des Weißen Drachen leisteten und leisten. Unumstößlich lautet die Botschaft des Druiden von Camelot: Ergebt euch niemals, sondern tut alles, um die endgültige Niederlage des negativen Prinzips herbeizuführen! Selbst wenn ihr furchtbare Rückschläge ertragen müßt, so glaubt trotzdem unbeirrt an den Traum! Glaubt an den Traum ebenso wie jene, die seit zweitausend Jahren kämpften, die scheinbar gegen den römischen Imperialismus und die vielen despotischen Systeme, die ihm nachfolgten, wieder und wieder unterlagen und sich dennoch nie ergaben!

Humanismus, demokratische Gesellschaftsordnungen und die praktische Umsetzung der Menschenrechte – all jene Werte, denen bis heute zumindest in einem Teil der Welt Geltung verschafft werden konnte, sind das greifbare Resultat dieser Bemühungen, die Waage zur Seite des Roten Drachen hin ausschlagen zu lassen. Und auch wenn die Menschheit wie zum Hohn dafür zu Beginn des dritten Millenniums am Abgrund zu stehen scheint, eröffnet sich gerade in dieser Epoche des Umbruchs eine seit zwei Jahrtausenden nicht mehr dagewesene Chance, den Kampf siegreich zu entscheiden. Denn mit dem Anbruch des neuen Millenniums steigt am Firmament auch ein neues Sternzeichen empor: die hoffnungsvoll strahlende Konstellation des »Wassermanns«, welche das sich nunmehr verdunkelnde Sternbild der »Fische« ablöst.

Zu Beginn des »Fische«-Zeitalters wurde die während der letzten Jahrhunderte der »Widder«-Epoche aufgeblühte keltische Kultur fast in ganz Europa brutal vernichtet. An ihre Stelle trat das Römische Imperium, das nach seinem politischen Untergang mental in Gestalt der römisch-katholischen Kirche und eines antijesuanischen Christentums weiterexistierte. Diese monotheistische und strikt autokratisch ausgerichtete Religion wiederum trug die Schuld daran, daß sich nach dem Sturz des römischen Kaiserreiches neue despotische Denk- und Staatsformen entwickelten, unter denen das Abendland sowie benachbarte Kontinente bis in die Neuzeit litten. Die ganze Ära der »Fische« war damit von Machtdenken, Intoleranz, Frauenverachtung, Naturfeindlichkeit und Unterdrückung der geistigen Freiheit geprägt. Insgesamt manifestierte sich darin eine tiefe Mißachtung der natürlichen Gesetze des Lebens, welche die Menschheit – so wir die gegenwärtige Situation betrachten – bis an den Rand einer Globalkatastrophe trieb.

Da nun aber die Geschichte lehrt, daß die großen historischen Entwicklungen in Zyklen verlaufen, die zeitlich wiederum eng mit den etwa zweitausendjährigen Phasen der zwölf Sternzeichen des Tierkreises verknüpft sind, läßt sich daraus ein Ende der römisch-christlich-despotisch definierten Epoche der »Fische« im Übergang vom zweiten zum dritten Millennium ableiten. Die Anzeichen dafür sind unübersehbar; neben der bereits erwähnten Durchsetzung humaner und demokratischer Werte äußern sie sich auch in wachsendem weiblichem Selbstbewußtsein, einer verantwortungsvolleren Einstellung gegenüber der Natur sowie im Niedergang der etablierten Kirchen. Genau darin macht sich bereits der neue – und gleichzeitig an sehr ehrwürdiger, vorchristlicher Weisheit orientierte – Geist des »Wassermann«-Zeitalters bemerkbar. Mit der Geburt des Tierkreiszeichens, das während der kommenden zweitausend Jahre am Himmel stehen wird, geht – anhand konkreter Veränderungen sehr gut nachprüfbar – die Wiedergeburt eines positiv-lebensbejahenden Bewußtseins der Menschheit einher.

Der Kosmos selbst gibt im Wechselspiel mit der Erde, deren Achse sich jetzt sowohl astronomisch als auch spirituell neu orientiert, den Anstoß dazu. Und die vorchristliche Mythologie des Abendlandes, die unendlich reich an griffigen Metaphern ist, erklärt uns, was das Heranreifen des »Wassermanns« sowohl auf metaphysischer als auch auf irdischer Ebene bedeutet. Der »Wassermann« nämlich wurde im unverfälschten Heidentum nicht mit einem Dreizack als Attribut, sondern mit einem dreifachen Penis dargestellt – und ist aus diesem Grund imstande, sich mit der Dreifachen Göttin zu paaren. Im spirituellen Sinn wird dadurch ausgedrückt, daß es unter dem neuen Sternzeichen zu einer für die Menschheit sehr glückverheißenden Heiligen Hochzeit zwischen weiblichem und männlichem Prinzip kommen wird; beide zusammen werden sich daraufhin als dreifach verflochtenes Yin und Yang in großer Schönheit entfalten. Dies aber wird auch im menschlichen Bereich zu einem liebevollen Ausgleich und gegenseitiger Ergänzung von Frauen und Männern führen, so daß im kommenden Zeitalter die ganze Fülle des Lebens wiedererlangt werden kann.

Ganz ohne Zweifel ist eine solche nach Harmonie und friedlichem Miteinander strebende Entwicklung ideal dazu geeignet, die Kraft des Roten Drachen zu stärken. Die Menschheit wird damit nach dem Dunkel des »Fische«-Zeitalters in eine ungleich lichtere Ära aufbrechen können, sofern sie bereit ist, das Geschenk anzunehmen, das Erde und Kosmos ihr bieten. Die Dreifache Göttin und ihr Heros wollen eine helle Zukunft zeugen; wir alle jedoch müssen das Unsrige dazu tun und mit unseren eigenen Mitteln für den Ausbruch aus der Finsternis kämpfen.

Im spirituellen Bereich kann dies durch das Wiedererkennen des wahren Göttlichen in seinen vielfältigen Erscheinungsformen geschehen. Wer die verschiedenen

Gottheiten, die zusammen den göttlichen Einklang bilden, mit seinem Herzen, seiner Intuition und seinem Verstand sucht, wird sie auf Schritt und Tritt erkennen: in einer Quelle, im Waldrauschen, im Kreisen der Sterne, in den Augen eines Tieres oder im Antlitz eines Mitmenschen. Sofern wir außerdem fähig sind, diese neue – und uralte – Metaphysik im Kleinen und Großen mit den realen Anforderungen des Lebens zu verbinden, werden wir imstande sein, einen ganzheitlichen Weg im Geiste Merlins und der Kelten zu beschreiten. Die so gewonnene höhere Spiritualität wird dann außerordentlich hilfreich hinter unseren Taten stehen – und angesichts dieser Kraft wird der Weiße Drache in die Höhle zurückweichen müssen, aus der er einst kroch.

Genau diesen Ausgang des jahrtausendelangen Kampfes erschaute der britannische Druide in Dinas Emrys. Durch das *Vermächtnis der Prophezeiungen* wollte er uns die Hoffnung schenken, die wir benötigen, um trotz der schrecklichen Rückschläge in Vergangenheit und Gegenwart mit Mut in die Zukunft zu blicken. Die Visionen Merlins beweisen, daß es ihm wahrhaft möglich war, die Schleier der Zeit zu durchdringen und uns so die glaubwürdige Botschaft von der Chance eines Neuanfangs zu bringen. Merlin bescherte uns jedoch noch zwei weitere Gaben von sehr hohem Wert. In seinem wohl bekanntesten *Vermächtnis des Runden Tisches* bot er uns ein Modell des Miteinander an, das dazu geeignet ist, sehr viele der heutigen Menschheitsprobleme ein für allemal auf friedliche und konstruktive Weise zu lösen. Und schließlich hinterließ uns der keltische Menschheitslehrer im metaphysischen Bereich sein *Vermächtnis von der Wiederkunft der alten Götter*, mit dem er uns faszinierende spirituelle Perspektiven eröffnet, die zum immensen Schaden Europas zweitausend Jahre lang verschüttet waren.

Dieses »Dreifache Vermächtnis« Merlins möchte die Welt heilen, und die Erlösung in Form der Wiedergeburt des keltischen Geistes kann erfolgen, wenn sich immer mehr Frauen und Männer an die Seite des Roten Drachen stellen. Sofern dies geschieht, wird Merlins Botschaft nicht länger verheißungsvoller Trauer sein, sondern in der Tat neue, unendlich reiche Lebensqualität hervorbringen. Je schwächer der Weiße Drache wird, desto tiefgreifender können die fatalen Fehlentwicklungen, welche die Ära der »Fische« kennzeichnen, korrigiert werden. Derzeit freilich müssen diejenigen, die dem keltischen Menschheitslehrer nachfolgen wollen, noch starke Widerstände überwinden – doch derartigen Herausforderungen mußte sich auch der Druide von Camelot stellen, wie seine Lebensgeschichte beweist...

ZWEITES BUCH

Das historische und spirituelle Leben des keltischen Menschheitslehrers

Myrddin, Sohn des Morvryn

Er sei dämonischer Abkunft und vielleicht sogar ein Teufelssproß gewesen, heißt es in den christlich geprägten mittelalterlichen Legenden über den »Zauberer« Merlin. Doch aus dem Mund des Druiden und Barden selbst ist uns eine Aussage erhalten, welche die Verfälscher seiner Biographie ganz offensichtlich gezielt unterdrückten. Der Text – es handelt sich um die zweite Strophe eines Gedichts – ist im *Black Book of Carmarthen* zu finden: einer Sammlung walisischer Bardengesänge und anderer Poesie, die in ihren ältesten Teilen auf das 5. und 6. Jahrhundert zurückgeht und im Hochmittelalter zu dem genannten Buch zusammengestellt wurde. Das erwähnte Gedicht wird in der kimmrischen Überlieferung seit jeher Merlin zugeschrieben, und die zweite Strophe lautet folgendermaßen:

Seitdem ich Wein trank aus weißem Glas
mit unerschrockenen Anführern des Krieges,
ist Myrddin mein Name, der Sohn des Morvryn.

Myrddin – so wurde er im brythonischen Idiom der keltischen Sprachen[4] von den Menschen gerufen, die ihn persönlich kannten. Später, als die Sagen um ihn, Arthur und

---

[4] Die keltische Sprache, die sich bis heute in Westeuropa erhalten hat, zerfällt in zwei Idiome: das Brythonische, das in Wales, Cornwall und der Bretagne gesprochen wird, sowie das Goidelische oder Gälische in Irland, Schottland und auf der Insel Man.

Camelot Allgemeingut in ganz Britannien und auf dem Kontinent wurden, veränderte sich sein Name auf dem Umweg über das Englische zu jener Form, die heute allgemein üblich ist: Merlin. In seiner Heimat hingegen blieb die ursprüngliche Aussprache (weitgehend) erhalten, dies zeigt sich unter anderem in der walisischen Benennung der Örtlichkeit, wo das in dem Gedicht geschilderte Ereignis stattfand. Den Wein trank Merlin nämlich in der Hügelfestung Bryn Myrddin (Hügel des Merlin) am Rand der südwalisischen Kleinstadt Carmarthen – oder Caer Fyrddin (Stadt des Fyrddyn, beziehungsweise Myrddin), wie auf den zweisprachigen Ortsschildern dort zu lesen ist.

Wir werden dieses Städtchen am Tywi, wo die Erinnerung an Merlin sehr lebendig geblieben ist, später noch näher kennenlernen. Vorerst aber zurück zu den Hinweisen, die er in den drei zitierten Gedichtzeilen hinsichtlich seiner Herkunft und seines Standes gab. So knapp die Informationen auf den ersten Blick gehalten sind, so aussagekräftig erweisen sie sich bei näherer Betrachtung; freilich sind dazu einige Kenntnisse der walisischen Geschichte zu Merlins Lebzeiten nötig.

Um die Mitte des 5. Jahrhunderts, als der spätere Druide geboren wurde, war das im Südwesten von Cymru gelegene Königreich Dyfed vom Volk der Demetier besiedelt, und auf dem Hügel beim heutigen Carmarthen erhob sich inmitten eines keltischen Oppidums der Fürstensitz, von dem aus das Land regiert wurde. Nach der walisischen Volksüberlieferung wurde hier Merlin geboren, und dieselbe bardische Erzähltradition berichtet, seine Mutter sei eine Tochter des Rhi oder Königs der Demetier gewesen. Er selbst sagt darüber hinaus klipp und klar, daß sein Vater Morvryn hieß, und beschreibt außerdem eine Szene, die sich in der Tat nur in einer keltischen Königshalle abgespielt haben kann. Mit Anführern des Krieges habe er Wein aus einem weißen Glas getrunken und dabei seinen eigenen Namen erhalten, erzählt Merlin. Gemeint ist damit ohne Zweifel eine Zeremonie, durch die ein Knabe seine Kindheit beendete und den ersten Schritt ins Erwachsenenleben tat. Damit verbunden war eine Namensgebungsfeier, wie wir sie auch aus anderen keltischen Quellen kennen.

Dieses Ritual lief im Falle Merlins auf sehr hohem gesellschaftlichem Niveau ab. Ein Beweis dafür sind die Gäste, die – entweder als Angehörige der Familie selbst oder als deren Freunde – an der feierlichen Handlung teilnahmen; aber auch der Wein und der Pokal, aus dem getrunken wurde, deuten darauf hin. Die Männer, mit denen der halbwüchsige Merlin den Trank teilte, waren hochgestellte Krieger, worunter nach keltischem Sprachgebrauch Adlige zu verstehen sind. Diesem Status entspricht wiederum der (aus Gallien oder Spanien importierte) Wein, den sich zur damaligen Zeit nur die wohlhabendsten Persönlichkeiten Britanniens leisten konnten. Das weiße Glas schließlich, aus dem das rituelle Trinkgefäß bestand, besaß im 5. Jahrhundert einen Wert, der dem von purem Gold gleichkam. Die Archäologen fanden derartige gläserne Gegenstände ausschließlich als Beigaben in Fürstengräbern – was wiederum bedeutet, daß sie auch nur in den Hallen von Hochadligen in Gebrauch waren.

All dies bestätigt die walisische Überlieferung, wonach Merlin von königlicher Geburt gewesen sei; diese kleine Indizienkette, die sich bei genauer Lektüre der Gedichtstrophe ergibt, zeigt, daß man den Aussagewert von Lyrik keinesfalls unterschätzen darf. Weitere Informationen über den Enkel des Rhi der Demetier enthält der Text jedoch nicht. So werden zum Beispiel keine Angaben darüber gemacht, wie alt Merlin war, als die Trinkzeremonie mit den Adligen seines Volkes stattfand und diese daraufhin erstmals öffentlich den Namen ausriefen, den er von nun an bis zu seinem Tod tragen sollte.

Dank der modernen Keltologie jedoch läßt sich diese Frage mit großer Sicherheit beantworten. In der keltischen Numerologie gibt es nämlich eine bestimmte Zahl, die einen sehr wichtigen Zeitabschnitt markiert: einen großen Zyklus, nach dessen Vollendung das Leben jeweils in eine neue spirituelle Phase tritt. Dieser Zyklus umfaßt dreimal drei, also neun Jahre und potenziert damit die heilige Zahl Drei, die den drei Erscheinungsformen der Großen Göttin (junge Frau, Mutter und weise Greisin) zugeordnet ist. Mit neun Jahren schloß von daher jedes keltische Kind seine erste Lebensphase ab – dies galt natürlich auch für Merlin. In diesem Alter erhielt er aller Wahrscheinlichkeit nach seinen endgültigen Namen – und der wiederum kennzeichnete eine bestimmte, hervorstechende Charaktereigenschaft; schließlich hatte der junge Bursche die Grundzüge seiner Persönlichkeit bis zu diesem Zeitpunkt ja bereits ausgebildet.

Ebenso wie bei vielen indianischen Völkern, deren Bräuche uns gut bekannt sind, war es auch bei den Kelten üblich, solch besondere charakterliche Merkmale bei der Namensgebung für einen Heranwachsenden zu berücksichtigen. Ein auffällig heiter veranlagter junger Sioux beispielsweise würde vielleicht »Kichert-mit-den-Kojoten« genannt werden, und ein ähnliches Ergebnis erhalten wir, wenn wir den Namen Myrddin aus dem Brythonischen ins Deutsche übersetzen. Er bedeutet nämlich »Gelächter« oder »Der Lachende« – der neunjährige Merlin war demnach offenbar ein Junge, der seine Umwelt durch ungewöhnliche Lebenslust, Humor und Freundlichkeit beeindruckte. Wenn man will, kann man hier bereits jene Humanität entdecken, die den erwachsenen Mann später auf so herausragende Weise auszeichnen sollte; man muß sich dazu nur von dem verfälschten Merlin-Bild eines »zwielichtigen Zauberers« befreien, das im christlichen Mittelalter aus sehr durchsichtigen Gründen von dem heidnischen Druiden gezeichnet wurde.

Doch zurück zu dem jungen Burschen, der zur Feier des neunten Geburtstages den Wein mit seinen königlichen Angehörigen und anderen Adligen des Demetier-Volkes trank. Sicher wird Merlin seinen großen Tag genossen haben, möglicherweise fühlte er sich aber insgeheim auch etwas beklommen, denn mit der Namensgebung, die das Ende der Kindheit markierte, würden jetzt neue, schwierige Herausforderungen auf ihn zukommen. Die Rede ist von der Ausbildung zum Druiden, die für Merlin vermutlich schon sehr bald nach der Zeremonie in der Königshalle begann – und damit beschritt der Neunjährige einen in der europäischen Geschichte einzigartigen Weg des Lernens, der auf der intuitiven und naturwissenschaftlichen Ebene gleichermaßen angesiedelt war.

Wie sowohl die inselkeltischen Überlieferungen als auch verschiedene mediterrane Autoren der Antike berichten, konnten zwei Jahrzehnte verstreichen, bis ein Druidenschüler – beziehungsweise in voller Gleichberechtigung eine Schülerin – den Status eines oder einer *Großen Wissenden* erreicht hatte, obwohl es sicher auch besonders begabte Eleven gab, die in bedeutend kürzerer Zeit ans Ziel kamen. Nachdem alle Prüfungen abgelegt waren, verfügte die betreffende Person über sehr hohe ganzheitliche Weisheit, und entsprechend der jeweiligen individuellen Begabung hatte sich auch die spezielle Ausrichtung der künftigen druidischen Tätigkeit herauskristallisiert.

Es gab Druiden, die Naturphilosophen, Metaphysiker, Barden oder Propheten waren; ebenso wirkten sie aber auch als Ärzte, Lehrer oder Richter, und manche von ihnen sind uns als regierende Könige oder Berater von Fürsten bekannt, wobei sie möglicherweise im Rang sogar höher als jene standen. Einige wenige *Große Wissende* wiederum waren imstande, mehrere der genannten hochqualifizierten Aufgaben gleichzeitig zu erfüllen – und zu dieser besonders herausragenden Gruppe gehörte auch Merlin. Wie später noch ausführlich dargestellt werden soll, nutzte er seine Weisheit nicht nur als Wegbereiter und geistiger Führer Arthurs, sondern auch als Prophet, Metaphysiker, Philosoph und Barde sowie – nach dem Untergang Camelots – als Rhi (König) der Demetier. Ehe er freilich diese Funktionen auszuüben vermochte, mußte auch er die langjährige druidische Ausbildung durchlaufen, und wir wollen uns nun die Frage stellen, wo und auf welche Weise dies geschehen sein könnte.

Bevor die keltische Zivilisation von den Römern so brutal zerschlagen worden war, hatte es an zahlreichen Orten des Abendlandes zwischen Irland und dem östlichen Mittelmeerraum Druidenschulen gegeben. Sie genossen in der gesamten antiken Welt einen ausgezeichneten Ruf und befruchteten das europäische Geistesleben des letzten vorchristlichen Jahrtausends entscheidend; so soll etwa der berühmte griechische Philosoph Pythagoras (ca. 580 bis 496 v.u.Z.) Druidenschüler gewesen sein. Nachdem sich das Keltentum jedoch in seine letzten westeuropäischen Refugien hatte zurückziehen müssen, existierten nur noch wenige derartige Bildungsstätten, und diese lagen dann in einsamen Gegenden, wo ihnen die Natur Schutz bot: zumeist auf den Inseln zwischen Britannien und Erin.

Aus irischen Aufzeichnungen, aber auch dank der Erinnerung der kleinen, bis heute überlebenden keltischen Völker wissen wir, daß die im Jahr 61 n.u.Z. von römischen Legionären zerstörte Druidenschule auf Mona (Anglesey) wiederbelebt worden war; eine weitere gab es auf Manx (Man), eine dritte soll im 5. Jahrhundert noch auf der Ynys Enlli (Bardsey) vor der Lleyn-Halbinsel südlich von Anglesey existiert haben. Schließlich lebten und lehrten Druidinnen auf der Ynys Avallach oder Avalon (heute Glastonbury). Auf jedem dieser Eilande könnte Merlin seine Ausbildung erhalten haben. Vieles spricht für Mona, denn die Druidenhaine dort hatten einst überragende Bedeutung in ganz Nordwesteuropa besessen, ehe die *Großen Wissenden* zu Hunderten von den Römern abgeschlachtet worden waren. Hauptsächlich von dieser Insel aus war der ideelle und militärische Widerstand gegen den nach Britannien vordringenden Ungeist des Weißen Drachen organisiert worden. Insbesondere die Druiden von »Môn, Mam Cymru« (Mona, der Mutter von Wales) waren es gewesen, welche die letzte keltische Königin Boudicca mit aller Kraft in ihrem Freiheitskampf gegen das Imperium unterstützt hatten, so daß die Herrschaft der Römer in Britannien Mitte des ersten nachchristlichen Jahrhunderts noch einmal ernsthaft bedroht war. Nach dem Abzug der Römer erfolgte gerade auf Mona ein Wiederaufleben des kämpferischen Geistes im Sinne des Roten Drachen, denn dort lebte die entsprechende Tradition fort, und dort lagen noch immer die Wurzeln der uralten Kraft. Nach der Befreiung Britanniens konnte erneut aus diesen Quellen geschöpft werden –

und deswegen ist es sehr wahrscheinlich, daß der junge Merlin hier in die Obhut der Druiden genommen wurde.

Es deutet jedoch zudem einiges darauf hin, daß in die druidische Ausbildung des späteren Menschheitslehrers eine zweite Komponente einfloß, die den männlich-streitbaren Impetus von Mona mit dem weiblich-versöhnenden Geist Avalons verband. Schließlich stand Merlin nicht nur als die treibende Kraft hinter dem bewaffneten Freiheitskampf Arthurs (welcher quasi das Schwert Boudiccas abermals ergriff), sondern er schenkte dem Keltentum auch eine sehr konstruktive Zukunftsperspektive, die den Völkern der Welt im dritten Jahrtausend endlich gewaltfreies Miteinander und damit dauerhaften Frieden bescheren könnte. Vielleicht war es so, daß der neunjährige Merlin zunächst in eine Druidenschule auf »Môn, Mam Cymru« eintrat und später auf die Ynys Avallach wechselte, wo er seine Studien abschloß. Unter dieser Prämisse wäre dann auch eine Antwort auf die Frage gefunden, warum die Hügelfestung von Camelot ganz in der Nähe des von Druidinnen geführten Heiligtums von Avalon errichtet wurde. Es geschah, weil beide Komponenten – die streitbare und die trotz allem aussöhnende – quasi Yin und Yang des zukunftsweisenden Kampfes im Geist des Roten Drachen bilden sollten.

Ehe Merlin freilich seine Menschheitslehre zu entwickeln vermochte, hatte er einen sehr weiten Weg als Lernender zu gehen. Wir haben schon erwähnt, daß die Studien eines angehenden Druiden bis zu zwanzig Jahre in Anspruch nehmen konnten, ehe er den Hain als Naturphilosoph, Metaphysiker, Barde, Prophet, Astronom, Arzt, Lehrer, Richter oder Fürstenberater verließ. Die meisten Druidenschüler gaben sich wohlweislich mit einer dieser Ausbildungsrichtungen zufrieden, was angesichts der außerordentlich hohen Anforderungen wahrlich kein Wunder war. So haben die Archäologen beispielsweise nachgewiesen, daß keltische Ärzte bereits vor zweieinhalb Jahrtausenden imstande waren, erfolgreiche Schädeltrepanationen durchzuführen – und dies ohne die Apparate, die der modernen Chirurgie zur Verfügung stehen. Wer also »nur« ein druidisches Examen abgelegt hatte, durfte sich mit Fug und Recht zur Elite zählen und nahm aufgrund seines herausragenden Wissens und Könnens den höchsten gesellschaftlichen Status innerhalb der keltischen Gesellschaft ein.

Um so erstaunlicher ist angesichts dessen die Leistung Merlins. Denn wie sein späteres Leben zeigt, wirkte er nicht nur als Prophet, Dichter, Philosoph und Metaphysiker, sondern auch als politischer und geistiger Führer Arthurs sowie im Alter als Rhi der Demetier. Dies aber bedeutet im Hinblick auf seine Ausbildung, daß er fünf der druidischen Wege gleichzeitig beschritten und damit auch das Fünffache der ohnehin erstaunlichen mentalen Kraft eines »gewöhnlichen« Druidenschülers aufgebracht hat. Anders ausgedrückt: Der fünffach verflochtene Weg, den Merlin einschlug, konnte einzig von einem Genie gemeistert werden. Der hochadlige Demetier gehörte zu jenen außerordentlich seltenen Menschen, wie sie nur in jahrhundertelangen Abständen geboren werden, dann aber die Welt grundlegend verändern können, sofern das, was sie zu geben haben, angenommen wird.

Der indische Fürstensohn Siddharta, der später zum Buddha und Begründer der wertvollsten Menschheitslehre Asiens wurde, tat den ersten Schritt auf seinem Pfad der Erleuchtung, indem er seine prunkvollen Kleider ablegte und seinen Schmuck verschenkte, um sodann als ganz einfaches »Menschenkind« den Einklang mit der Natur zu suchen. Ähnlich kann man sich wohl Merlins erste Zeit in der Druidenschule auf der abgelegenen Insel Mona vorstellen; auch seine Aufgabe war es zunächst, in Erde, Pflanze, Tier, Meer und Wolken das Webmuster der sichtbaren Erscheinungsformen des Lebens zu erkennen. Im weiteren Verlauf seines Lernens wird er dann begriffen haben, wie innig und unauflöslich dieses irdische Flechtwerk wiederum mit dem göttlichen Geist verwoben ist. Im Kleinen und Alltäglichen erschaute er allmählich das Große und machte sich irgendwann bewußt, daß alles – vom Kiesel am Strand über den Menschen bis hin zur kosmischen Unendlichkeit – ein einziger beseelter Organismus ist.

»Ewig wandeln sich Wolken und Meer, Erde und Fels, Baum, Tier und Mensch, Planeten, Sonnen und Galaxien um«, könnte einer von Merlins Lehrern gesagt haben. Vermutlich gönnte er seinem Schüler, mit dem zusammen er in einem Hain oder bei einem der heiligen Menhire saß, danach eine Denkpause, um nach einer Weile hinzuzufügen: »Dieses Atmen des Alls, das zugleich Teil des grenzenlosen Göttlichen ist, bewirkt den ewigen Kreislauf des Lebens. Und wer dies begreift, weiß auch, daß es im Kosmos weder Anfang noch Ende, sondern einzig das Unzerstörbare gibt. Das Unzerstörbare, das gleichermaßen und im selben Augenblick alle Möglichkeiten voll Vergangenheit, Gegenwart und Zukunft in sich birgt.«

»Vergangenheit, Gegenwart und Zukunft können als Einheit erkannt werden, sofern wir die Grenzen des sichtbaren Daseins überschreiten und den Schritt hinein in die Anderswelt tun.« So lautete sicherlich ein weiterer Lehrsatz, den der Druidenschüler vernahm. Und dann folgte die Erkenntnis der *Großen Wissenden*, wonach in dieser Anderswelt oder vierten Dimension die Zeitabläufe nicht länger den Gesetzen der Dreidimensionalität gehorchen, und ein Eingeweihter, der die Schleier durchdringe, weit hinaus ins Künftige blicken könne. »Dies ist die Kunst eines Propheten oder Vates«, wird der Druide, der Merlins Mentor in diesem Bereich war, erklärt haben – und zumindest auf der präkognitiven Ebene entwickelte sich der Fürstensohn aus Dyfed schon sehr bald selbst zum Meister.

Wie Geoffrey of Monmouth, Merlins mittelalterlicher Biograph, der auch dessen Drachenprophezeiung überlieferte, schreibt, soll der berühmteste Visionär Britanniens eine natürliche, von seinem Vater vererbte hellseherische Veranlagung besessen haben. Morvryn war offenbar ebenfalls ein Vates (Prophet), und möglicherweise erhielt Merlin von ihm bereits eine gewisse Einführung in die Präkognition, ehe seine Familie ihn nach »Môn, Mam Cymru« sandte. Daraus könnte sich dann auch die bösartige Legende entwickelt haben, Merlin sei ein »Teufelssproß« gewesen; übelmeinende christliche Interpreten qualifizierten die paranormale Fähigkeit Morvryns in ihrer Einfalt schlicht als satanisch ab und schlossen daraus, daß auch dessen Sohn mit dem Teufel im Bunde gewesen oder sogar von diesem gezeugt worden sei. Die Druiden, die sich des hochbegabten Knaben annahmen, wußten es freilich besser. Sie bildeten das Talent ihres Schülers in sehr kurzer Zeit bis zur Vollkommenheit aus – der Beweis dafür ist die spektakuläre Weissagung von Dinas Emrys.

Dort gab Merlin seine Drachenprophezeiung ab, die sich mittlerweile in vielen Punkten bewahrheitete und zudem sehr griffig den fundamentalen Kampf charakterisiert, den Europa ausfechten muß, ehe die Wiedergeburt des Keltentums erfolgen kann. Geoffrey of Monmouth, andere mittelalterliche Autoren, die aus keltischen Quellen schöpften, sowie die walisischen Volksüberlieferungen erklären übereinstimmend, Merlin sei ein »junger Bursche« gewesen, als er nach der Freilegung des unterirdischen Teiches in Trance fiel seine Visionen vom Kampf der beiden Drachen erlebte und zuletzt dem Usurpator Vortigern dessen nahe bevorstehenden Tod vorhersagte. Da die letzten Jahre des Gewaltherrschers von den Historikern präzise datiert werden können, besitzen wir mit diesen Ereignissen von Dinas Emrys zugleich einen Zeitschlüssel, der es uns ermöglicht, die Lebensdaten Merlins und – damit verknüpft – die von Arthur zu bestimmen.

Vortigern wurde Anno 460 als Hochkönig abgesetzt, leistete danach noch einige Jahre hinhaltenden Widerstand gegen seinen Nachfolger Emrys und nahm den Turmbau in der Bergwildnis von Snowdonia etwa 463 in Angriff, ehe er kurz darauf in der Festung von Genoreu im Süden von Wales ums Leben kam. Wenn nun wiederum Merlin zu jenem Zeitpunkt, da er in Dinas Emrys auf den Usurpator traf, ein »junger Bursche« – nach mittelalterlichem Sprachgebrauch also ein 13- oder 14jähriger – war, dann muß er ungefähr Anno 450 geboren sein. Etwa 459 hätte er somit den Fürstenhof der Demetier verlassen, um seine Ausbildung an einer Druidenschule – vermutlich auf der Insel Mona – zu beginnen, und nachdem er dank seines angeborenen Talents innerhalb sehr kurzer Zeit zum Vates geworden war, legte er im Jahr 463 jene berühmte erste Probe seines prophetischen Könnens in der unvollendeten Hügelburg Vortigerns ab.

Als Heranwachsender erbrachte Merlin eine präkognitive Leistung, die in ihrem frappierenden Aussagegehalt auf derselben Ebene wie etwa die »Centurien« des französischen Sehers Michel de Notredame (1503 bis 1566) steht. Nostradamus jedoch erreichte den Gipfel seines prophetischen Könnens erst in seinem fünften Lebensjahrzehnt: als reifer Mann und nach geistigem Ringen, das ein volles Menschenalter währte, während Merlin kaum den Knabenschuhen entwachsen war. Dies war nur ein Beweis für die Genialität des jungen Kelten; ein weiterer sollte schon sehr bald erfolgen, denn nur wenige Jahre nach seinem Auftreten in Dinas Emrys trug der adlige Demetier maßgeblich dazu bei, daß seine Weissagung vom »Eber von Cornwall«, der kommen und Britannien befreien würde, Realität werden konnte.

Die Rede ist von einem Ereignis, das an der wildromantischen Nordküste Cornwalls stattfand, wo in der zweiten Hälfte des 5. Jahrhunderts ein blühendes keltisches Oppidum sowie ein sehr bedeutender Hochadelssitz lagen. Heute lautet der Name dieses Ortes Tintagel, und dort wurde im Rahmen eines außergewöhnlichen heidnischen Rituals der Sohn der kornischen Hochkönigin Ygerna und des in Wales regierenden Ard Rhi Uther Pendragon gezeugt; jener Sohn, der unter dem Namen Arthur sowohl in die Geschichte als auch in die Mythologie des Abendlandes eingehen sollte.

Die Heilige Hochzeit

Ein Funke genügte im extrem heißen Sommer 1983, um das verdorrte Heidekraut auf der Landzunge von Tintagel mit ihrer mittelalterlichen Burgruine in Brand zu setzen. Wahrscheinlich hatte eine achtlos weggeworfene Zigarettenkippe das Feuer verursacht; es breitete sich rasend schnell aus und verwandelte einen großen Teil der Hochfläche in ein Flammenmeer. Nachdem die Glut erloschen war, gab es auf dem Plateau nur noch verkohlte Pflanzenreste und geschwärzte Erde. Diese wiederum wurde in der Folge von starken Regengüssen weggespült – bis 1985 plötzlich uralte Gebäudefundamente zutage traten.

Zunächst waren die Archäologen der Meinung, es handle sich um Grundmauern von bisher unbekannten Burgteilen aus dem 12. und 13. Jahrhundert, als die hochmittelalterliche Festung von Tintagel erbaut wurde. Dann jedoch stellte sich heraus, daß die Relikte ein viel höheres Alter aufweisen und bis ins 5. Jahrhundert zurückreichen – in die Epoche, in der Merlin und Arthur gelebt hatten. Mehr noch: Auf dem Areal hoch über der See kamen im Verlauf einer Grabungskampagne an die 60 Gebäude zum Vorschein; ungefähr noch einmal so viele konnten außerhalb der abgebrannten Fläche unter dem dort erhaltenen Pflanzenbewuchs geortet werden. Vor eineinhalbtausend Jahren hatte hier oben also eine ganze Stadt gestanden, und sie war von sehr wohlhabenden britannischen Kelten bewohnt gewesen, wie zahlreiche Gegenstände beweisen, die zwischen den Mauerresten gefunden wurden. Es handelt sich vor allem um Geschirrkeramik, heidnische Liturgiegefäße, Ölamphoren und Weinkrüge; das meiste davon war aus dem östlichen Mittelmeerraum importiert worden. Aber auch Glasscherben, Reste von Waffen und keltischer Schmuck wurden entdeckt, und damit konnte für die Wissenschaftler kein Zweifel mehr über die Bedeutung des Platzes bestehen. Es mußte sich bei diesem Oppidum um den bis dahin sagenhaften »Sitz der kornischen Könige« handeln, von dem die Volksüberlieferung Cornwalls stets behauptet hatte, er habe auf der ringsum vom Meer umspülten Hochebene von Tintagel gelegen.

Das Plateau vom Tintagel, wo die keltische Stadt stand und die Heilige Hochzeit zwischen Ygerna und Uther Pendragon stattfand.

Ein Beweis dafür ist unter anderem die Tatsache, daß sich nur regierende Fürsten derartige Luxuswaren leisten konnten. Sie allein betrieben in jener Epoche, da die keltische Zivilisation nach dem Abzug der Römer aus Britannien noch einmal aufblühte, von neuem den Fernhandel nach der Tradition des La-Tène. Als Entgelt für kornisches Zinn gelangten Öl, Wein und wertvolle Keramiken aus Griechenland, Syrien und der Türkei in die nordwesteuropäische Königsstadt. Der Reichtum häufte sich in der Festung des Rhi, doch ein Abglanz davon strahlte bestimmt auch auf dessen Gefolgsleute aus, die in den Gebäuden rings um den Fürstensitz lebten. In der Bucht von Tintagel wiederum ankerten die Schiffe der orientalischen Handelsherren; dort waren zusammen mit einheimischen Hafenarbeitern die mediterranen Matrosen zugange, und zuzeiten konnte man – durchaus im Einklang mit dem polyglotten keltischen Geist – wohl ein halbes Dutzend oder mehr verschiedene Sprachen vernehmen.

Eine Ahnung davon hat sich in so manch buntem Bild der hochmittelalterlichen, in ganz Europa verbreiteten Sagen erhalten, die sich um Tintagel ranken. Gemeint sind jene Legenden, in denen – ebenso wie in der regionalen Volksüberlieferung – das seit 1985 archäologisch nachgewiesene Oppidum aus dem 5. Jahrhundert als die »Burg« von König Marke auftaucht. Hier spielte sich die ergreifende Liebesgeschichte zwischen Tristan und Isolde ab, des weiteren soll später an diesem Schauplatz unter höchst ungewöhnlichen Umständen Arthur gezeugt worden sein. Über eineinhalb Jahrtausende lang galt all dies als ein »Märchen«, doch nun, nach den Ausgrabungen, wurde die Fama unvermittelt Realität. Mit einem Mal erhielten die Sagen geschichtliche Konturen, und es war möglich geworden, Gegenstände zu betrachten und zu berühren, die womöglich von Merlin und seinen Zeitgenossen benutzt worden waren.

Solche Überlegungen gingen mir durch den Kopf, als ich meinen Wagen im Spätsommer 1996 auf dem großen Parkplatz außerhalb des Dorfes Tintagel abstellte. Nachdenklich schlenderte ich durch den Ort, passierte das berühmte »Old Post Office«, das sich in einem malerischen Tudor-Haus befindet, und schlug schließlich den Weg ein, der durch eine Schlucht hinunter zum Strand führt. Nach etwa zehn Minuten erblickte ich das Gebäude der English Heritage: eine Kombination aus Snack Bar, kunsthandwerklichem Laden und Informationszentrum. Ich mußte lächeln, als ich in der Nähe eine Gruppe junger, verwegen aussehender Maler sah, die vor ihrem Atelier mit dem Namen »Dragon's

Breath« ein Happening veranstalteten; das Bier floß in Strömen, und eine Touristenschar lauschte hingerissen dem Klang einer irischen Bodhran-Trommel.

Mich aber zog es hinauf zum Plateau, wo einst die Königsstadt der kornischen Kelten gestanden hatte. Während ich den steilen und schmalen Klippenpfad emporkletterte, erinnerte ich mich an meinen ersten Besuch hier im Frühjahr 1978; damals peitschte der Sturm das Meer so wild in die enge Kluft zwischen Festland und Halbinsel, daß das Wasser in Bächen über die Steintritte zurückfloß und die Gischt mich völlig durchnäßte, ehe ich auf der Hochebene angelangt war. Diesmal hingegen wärmte mich die milde Septembersonne, und die Mauern der mittelalterlichen Burganlage lagen im weichen Licht. Dank des Happenings unten am Strand befanden sich nur wenige Besucher bei den Ruinen, so daß es mir möglich war, die Stimmung des Ortes ungestört in mich aufzunehmen.

Küste bei Tintagel – rechts im Bild »Merlin's Cave«.

Langsam bewegte ich mich zwischen den zerfallenen Gebäuden des 12. und 13. Jahrhunderts: teils nur noch kniehohe Überreste von Mauerzügen, die an die geschichteten Einfriedungen am Rand irischer Felder erinnerten, dann wieder gut erhaltene und hoch aufragende Abschnitte, denen der Zahn der Zeit weniger hatte anhaben können. Es gab einen Torbogen und gleich daneben eine haushohe Lücke im Steinwall; so scharf herausgebrochen, als wären die Quader durch den Schwerthieb eines Riesen gespalten worden. In der Nähe stand ein mächtiger Turmstumpf, dessen äußerste Bastion dazu einlud, weithin über Land und Meer zu spähen; vom Palas wiederum öffnete sich der Blick hinunter in jenen Teil der grandiosen Schlucht, wo auf Meereshöhe der Eingang einer Höhle gähnte: »Merlin's Cave«, deren Besuch ich mir bis zuletzt aufsparen wollte.

Vorerst versetzte ich mich zurück in die Epoche der Earls of Cornwall und Gloucester, jener ritterlichen Herren des Hoch- und Spätmittelalters, welche die beeindruckende Anlage errichtet und ausgebaut hatten. Prunkvolle Adelsfeste mit Spielleuten, Gauklern und Kurtisanen waren hier

Tintagel – eine mittelalterliche Burgruine.

wohl gefeiert worden; andererseits hatte es in den Gesindetrakten der Festung und außerhalb ihrer Mauern das menschliche Leid der Hörigen und Rechtlosen gegeben. Die Burgpfaffen wiederum hatten von der gottgewollten Ordnung dieses Feudalsystems gepredigt; irgendwann in der ersten Hälfte des 12. Jahrhunderts, so die Historiker, war auch der Kleriker Geoffrey of Monmouth in Tintagel zu Gast gewesen, um die hiesigen, schon damals uralten Volksüberlieferungen über Ygerna, ihren Gatten Gorlois, Uther Pendragon, Merlin und Arthur aufzuzeichnen.

Im Einklang mit dem alten Wissen siedelte der wahrscheinlich aus Wales stammende und zumindest teilweise keltisch denkende Priester in seinem Werk *Geschichte der Könige Britanniens* die Zeugung Arthurs hier in Tintagel an. Die näheren Umstände des Ereignisses klingen bei ihm jedoch reichlich unglaubwürdig; Geoffrey, der die Prophezeiungen und Teile der Biographie Merlins ohne Zweifel weitgehend authentisch wiedergab, anderswo aber oft weniger solide arbeitete, vermischte die echte Zeugungsgeschichte Arthurs offensichtlich mit hochmittelalterlichen Versatzstücken. Demnach hatte sich der britannische König Uther Pendragon unsterblich in Ygerna, die wunderschöne junge Gemahlin des kornischen »Herzogs« Gorlois verliebt. Da Ygerna ihrem Ehemann aber in unverbrüchlicher Treue verbunden war, versicherte sich Uther der Unterstützung des »Zauberers« Merlin, um sie trotzdem verführen zu können. Merlin lockte Gorlois von seiner Burg weg und gab Uther Pendragon sodann mit Hilfe seiner »magischen Kräfte« die äußere Gestalt des Gorlois. Auf diese Weise gelangte der König in die Festung Tintagel und ins Schlafgemach Ygernas, wo er die Schöne schwängerte. In derselben Nacht fiel Gorlois anderswo im Kampf mit

Uthers »Rittern«, und als man seinen Leichnam nach Tintagel brachte, kam das »Ränkespiel«, das Uther Pendragon und Merlin in Szene gesetzt hatten, ans Licht. Doch Arthur war zu jenem Zeitpunkt längst gezeugt, und damit hatte Merlin das eigentliche Ziel seiner »Intrige« erreicht.

Soweit Geoffrey of Monmouth, der in dieser Geschichte ganz gewiß höfische Dichtung und historische Wahrheit vermengte – und während ich nun die Burgruine verließ und weiter hinaus auf das von Heidekraut und Rasen bedeckte Plateau ging, spürte ich geistig einmal mehr dem wahren Kern der hochmittelalterlichen Erzählung nach.

Ich ertastete die Unebenheiten unter meinen Füßen, welche die Relikte jenes aus dem 5. Jahrhundert stammenden »Sitzes der kornischen Könige« verbargen; da und dort war keltisches Schichtmauerwerk freigelegt: flache, eineinhalbtausendjährige Quader, die spürbar einen Geist atmeten, der nicht mehr länger christlich-feudal war. Ich konnte nicht anders, ich mußte niederknien und einen der Steine sanft berühren. Wärme, die nicht von der Sonne allein kam, schien von ihm auszustrahlen: ein andersweltliches Weben, das tief in mein Inneres drang. Der von keltischen Händen gebrochene und behauene Mauerstein nahm mich an und lud mich ein, mich hier niederzulassen. Kaum saß ich, wurde mir Merlins Gegenwart mental greifbar – und ich wußte plötzlich mit unverbrüchlicher Sicherheit, was sich in jenem Frühling, da Arthur gezeugt wurde, wirklich auf der Hochebene von Tintagel zugetragen hatte.

Ygerna regierte hier als weiblicher Ard Rhi, als Hochkönigin von Cornwall; ihr Gatte Gorlois nahm an ihrer Seite, modern ausgedrückt, die Stellung eines Prinzgemahls ein. Ygerna war es, die das Land mit seiner Fruchtbarkeit, Kraft und

Schönheit repräsentierte; nach altem, La-Tène-zeitlichem Recht konnte diese hohe Aufgabe ebenso von einer Frau wie von einem Mann erfüllt werden. Ygerna stand für Cornwall, zur selben Zeit stand ein Ard Rhi namens Uther Tudur, der den Beinamen Pendragon trug, für das weiter im Norden liegende Land der Stämme von Cymru. Diese beiden keltisch gebliebenen Reiche aber – und dazu einige kleinere – waren von den Einfällen der Sachsen, Angeln und Jüten im Süden und Südosten Britanniens sowie den romanisierten und christianisierten Adelssippen bedroht, die in zahlreichen Regionen der Insel das feudale und nach wie vor aggressive Erbe des Römischen Imperiums angetreten hatten.

Aufgrund dieser doppelten Gefahr für das Überleben der keltischen Völker traten nun, ähnlich wie zur Zeit der Königin Boudicca im ersten nachchristlichen Jahrhundert, abermals die Druiden auf den Plan; die *Großen Wissenden* von Mona und anderen heiligen Inseln organisierten sowohl auf der politischen als auch der spirituellen Ebene den Widerstand gegen die Angreifer. Sie nahmen sich vor, ein Bündnis zwischen Cornwall und Cymru, den beiden großen Refugien des Keltentums in der südlichen Hälfte Britanniens, zu schmieden. Dieser Bund jedoch mußte, damit er seinen Zweck nicht nur im Diesseits, sondern auch in der Anderswelt erfüllen konnte, in Form eines sakralen Aktes geschlossen werden – und dazu war ein sehr ehrwürdiges heidnisches Ritual nötig.

Vielleicht auf Mona, vielleicht in einem Druidenhain anderswo wurde beschlossen, die Heilige Hochzeit auf der meerumtosten Halbinsel an der kornischen Nordküste durchzuführen: dort, wo die See das Festland mit elementarer Kraft begattete und zugleich Ygerna als Hochkönigin den südlichen und damit »weiblichen« Teil des keltisch gebliebenen Britannien regierte. Ihr sollte als ritueller Gemahl der kimmrische Ard Rhi Uther Tudur aus dem Norden, dem »männlichen« Landesteil, zugeführt werden, damit der Pendragon im Schoß Ygernas den jungen Hochkönig für ganz Britannien zeugte. Dieser wiederum würde später aus der Legitimation der Heiligen Hochzeit heraus als Ard Rhi Cornwalls und Cymrus gleichermaßen auftreten können und so sämtliche keltischen Stämme unter seinem Banner vereinigen. Ein solch umfassendes Miteinander schließlich würde den an den Rand gedrängten Kelten die Kraft schenken, sich erfolgreich gegen ihre Feinde zu wehren und das Land zu befreien.

Dies war der Plan der *Großen Wissenden*, und an seiner Ausarbeitung war ganz bestimmt auch Merlin beteiligt, der in Dinas Emrys bereits als Halbwüchsiger das Kommen des »Ebers von Cornwall« oder eben Arthurs prophezeit hatte. Zweifellos hatte ihn diese präkognitive Tat dafür qualifiziert, jetzt auch eine wichtige sakrale Funktion bei der Heiligen Hochzeit von Tintagel zu erfüllen. Es ist sogar wahrscheinlich, daß die Leitung des Rituals in seine Hände gelegt wurde, weil seine Vision vom Erscheinen des Befreiers zu Recht als göttlicher Hinweis auf seine künftige Mission gewertet wurde: nämlich dereinst als geistiger Führer und Berater Arthurs zu wirken.

Hier stellt sich nun die Frage, welches Alter der Fürstensohn aus dem Volk der Demetier hatte, als es Zeit wurde, die Heilige Hochzeit zwischen Ygerna und Uther Tudur zu vollziehen. Wie wir uns erinnern, wurde Merlin etwa 450 geboren und begann seine Ausbildung zum Druiden nach Vollendung seines ersten, kindlichen Lebensabschnitts mit neun Jahren. Abermals neun Jahre später, also um 468, hatte er die Jugend hinter sich und galt nun nach keltischem Recht als

Erwachsener. Dieser Schritt Merlins ins Mannesalter markiert auch das Datum der Heiligen Hochzeit in Cornwall, was zusätzlich deutlich wird, wenn wir andererseits einen Blick auf die Biographie Arthurs werfen.

Anno 485 schlug der »Eber von Cornwall«, wie moderne Historiker nachgewiesen haben, seine erste Schlacht gegen die germanischen Eindringliche, die unter der Führung eines gewissen Häuptlings Aelle standen. Sie wurde am Fluß Mearcredesburna (Arun) nahe der englischen Südküste ausgetragen, und wenn Arthur bei dieser Gelegenheit erstmals als junger Krieger auftrat, kann er – entsprechend den üblichen Gepflogenheiten der damaligen Epoche – nicht älter als fünfzehn bis achtzehn Jahre gewesen sein. Nehmen wir einen Mittelwert an, dann wäre er entweder 468 oder 469 geboren – und das deckt sich sehr genau mit dem Zeitpunkt, den wir für die Heilige Hochzeit von Tintagel angesetzt haben.

Darüber hinaus läßt sich sogar die Jahreszeit bestimmen, zu der das ehrwürdige Ritual Anno 468 unter der spirituellen Leitung des gerade ins Erwachsenenalter eingetretenen Merlin durchgeführt wurde. Denn die sakralen Feste der Kelten waren von jeher überall in Europa einem ganz bestimmten, unveränderlichen Datum zugeordnet, und eine Heilige Hochzeit konnte ausschließlich an Beltane stattfinden: am 1. Mai. An diesem Tag war die gesamte Natur nach dem Winterhalbjahr erstmals wieder von voller Wachstumskraft erfüllt und dank der Frühlings- und Fruchtbarkeitsgöttin Beltane bereit, neues Leben hervorzubringen. Somit war dies der ideale und im spirituellen Sinn einzig richtige Zeitpunkt für die Vereinigung eines sehr hochstehenden Paares – Druidin und Druide, beziehungsweise Königin und König –, welches den rituellen Akt stellvertretend für die Göttin und ihren göttlichen Geliebten vollzog.

Dies war die »gewöhnliche« Heilige Hochzeit, wie sie jeder keltische Stamm seit vielen Jahrhunderten kannte und welche den Menschen im Einklang mit der sie umgebenden Natur stets von neuem Lebenskraft und Daseinslust geschenkt hatte. Im besonderen Fall von Tintagel nun sollte am 1. Mai des Jahres 468 eine spezielle Form des Rituals um des Überlebens der britannischen Kelten willen stattfinden. Ygerna stand dabei sowohl für Cornwall und den weiblichen Aspekt des keltischen Geistes als auch für die Göttin Beltane, deren Hilfe man wie nie zuvor benötigte. Analog dazu nahm Uther Tudur den entsprechenden Platz für Cymru, die männliche Seite des keltischen Geistes und den göttlichen Geliebten ein, und durch die Vereinigung der Hochkönigin mit dem Hochkönig sollte die Wiedergeburt des britannischen Keltentums insgesamt gelingen.

Angesichts dieses immens wichtigen Zieles stellte die Tatsache, daß Ygerna und Uther anderweitig verheiratet waren, kein Hindernis dar; dies um so mehr, als das liberale keltische Eherecht zahlreiche Varianten kannte und lebenslange körperliche Treue nicht überbewertete. Ygernas Gemahl Gorlois trat für die Zeit des Rituals aus Einsicht zurück; nicht anders handelte im Wissen um das hohe Vorhaben die Gattin des Pendragon. Weder sie noch Gorlois mußten von Merlin getäuscht werden, damit die Heilige Hochzeit von Tintagel vollzogen werden konnte; wenn Geoffrey of Monmouth etwas anderes erzählte, so setzte er schlicht die christliche (Schein-)Moral seiner Zeit an die Stelle der keltischen Realität. In Wahrheit fand die Vereinigung von Ygerna und Uther in voller Freiheit und ohne jeden Zwang statt; alles andere wäre bei einem druidischen Ritus im Angesicht der Götter Frevel gewesen.

Das Volk der kornischen Königsstadt und die Gefolgsleute, die zusammen mit Uther Pendragon nach Cornwall gekommen waren, jubelten, als sich der Ard Rhi von Cymru zu einer bestimmten Klippe am äußersten Rand der Halbinsel begab. Der Hochkönig wurde von Druiden dorthin geführt, und als die Prozession das Kliff erreichte, näherte sich von der gegenüberliegenden Seite her Ygerna, die von Druidinnen geleitet wurde. Diese weisen Frauen trugen Zweige von Hasel und Birke, während die männlichen *Großen Wissenden* Ruten von Eibe und Eiche in den Händen hielten. Druidinnen und Druiden zusammen bildeten nun den sakralen Kreis, im Zentrum fand das Brautpaar der Heiligen Hochzeit seinen Platz.

Sodann trat, blühend in seiner Jugend, Merlin zu Ygerna und Uther. Er beschwor Beltane, die übrigen Götter und damit den allumfassenden göttlichen Geist der Erde und des Kosmos. Danach nannte er das große Ziel des Rituals: das alte keltische Britannien, wie es vor der Aggression der Römer, dem Aufkommen des Christentums und den Einfällen der Germanen existiert hatte, zu erneuern, um so das Land aus der Finsternis heraus und zurück ins Licht zu führen. Der Pendragon und Ygerna sollten dieses künftige Licht zeugen und gebären; aus ihrer Verbindung würde der Ard Rhi entstehen, auf dem die Hoffnung der kornischen, kimmrischen und aller anderen keltischen Stämme ruhte.

Nachdem Merlin geendet hatte, steckte er den grünen Zweig, den er trug, in den Boden. Die übrigen *Großen Wissenden* folgten seinem Beispiel, so daß die Hochkönigin von Cornwall und der Ard Rhi von Cymru zuletzt in einer kreisrunden Hecke standen, die von den »weiblichen« Sprossen der Hasel und Birke und den »männlichen« Ruten von Eibe und Eiche gebildet wurde. Im Schutz dieser duftenden Einfriedung lagerte sich nun das Brautpaar zur Heiligen Hochzeit; die Druidinnen und Druiden wiederum schirmten den Platz vor den Blicken des Volkes ab, indem sie ihn in langer Reihe und jeweils paarweise in Richtung des Sonnenlaufes feierlich umschritten…

So oder so ähnlich spielte sich die Zeugung Arthurs wohl ab, und wir können annehmen, daß die weisen, mond- und kräuterkundigen Frauen, die daran beteiligt waren, zuvor alles getan hatten, um die Empfängnisbereitschaft Ygernas sicherzustellen. Merlin seinerseits hatte den keltischen Stämmen Britanniens, die nunmehr die Geburt des Befreiers erwarteten, den Weg in eine lichte Zukunft aufgezeigt. Er hatte dies sowohl auf der spirituellen Ebene als auch auf der irdischen getan – und war so zum ersten Mal als metaphysisch-politisch agierender Druide aufgetreten. Jetzt würde er abwarten, bis Arthur zur Welt kam und ein Alter erreichte, in dem er seine künftige Aufgabe erkennen und sich mit Hilfe seines geistigen Führers auf ihre Erfüllung vorbereiten konnte. Doch auch Merlin selbst würde bis dahin an *Großem Wissen* noch weiter wachsen müssen, und deshalb würde er sich abermals in eine Druidenschule zurückziehen, bis der durch die Heilige Hochzeit von Tintagel gesäte Same zu einem jungen Sproß aufgewachsen war.

Noch einmal berührte ich sanft den flachen Quader in der uralten Bruchsteinmauer, bei der ich im Gras saß. Nach wie vor strahlte neben der Sonnenwärme andersweltliches Weben von ihm aus, und ich nahm beides mit mir, als ich den Platz langsam verließ. Noch immer die Bilder im Kopf, die ich teils aufgrund historischen Wissens rekonstruiert, teils intuitiv erschaut hatte, umrundete ich zum Abschied das gesamte Areal der Halbinsel.

Zuletzt begab ich mich zurück zum Klippenpfad, stieg wieder hinunter in die Schlucht, durch die ich heraufgekommen war und die den »Sitz der kornischen Könige« einst so gut wie uneinnehmbar gemacht hatte. Auf der anderen Seite folgte ich einer steilen Treppe empor bis zu einem weiteren, kleineren Trakt der mittelalterlichen Burgruine, der gegenüber der Halbinsel auf dem Festland liegt und zur Feudalzeit als vorgeschobene Bastion gedient hatte. Die Mauerreste säumen dort einen schmalen Felsrücken; ein Teil des Plateaus ist abgebrochen und in die See gestürzt, und bei diesem Anblick wurde mir einmal mehr die Wahrheit der druidischen Lehre bewußt: »Nichts bleibt so, wie es ist.« Aber es kommt stets darauf an, in welche Richtung solch unausweichliche Veränderungen gelenkt werden, dachte ich – und begriff einmal mehr, mit welchem Mut Merlin, Ygerna, Uther, Gorlois und später Arthur das Ruder hin zur positiven Seite herumzuwerfen versucht hatten.

Zum Abschluß meines Besuches in Tintagel suchte ich »Merlin's Cave« auf; jene sagenumwobene Höhle, die sich ein Stück hinter dem Gebäude der English Heritage in der hier ebenfalls schluchtartig eingeschnittenen Steilküste öffnet. Da gerade Ebbe war, gelangte ich trockenen Fußes über einen schmalen, halbmondförmigen Streifen Sand zum Eingang der mächtigen Kaverne. Vom Künstleratelier »Dragon's Breath« drang der Klang der Bodhran-Trommel herüber; die archaischen Töne paßten nicht schlecht zur Stimmung des Ortes und mischten sich gelegentlich mit dem dumpfen Dröhnen der Wellen, die tief im Inneren der Höhle rumorten.

Für einen Moment verspürte ich den Drang, mich von dieser Vulva aus dunklem Schiefergestein einsaugen zu lassen; ich wußte, daß sich die tunnelartige Höhle weit hinein in den Leib der Erde fortsetzt und in einer Kluft oder Bucht irgendwo auf der anderen Seite der Landzunge wieder zutage tritt. Doch dann hielt mich etwas wie mystische Scheu von diesem Vorhaben ab; ich hatte das Gefühl, das Geheimnis bliebe besser gewahrt. So suchte ich mir statt dessen, nur ein paar Schritte ins Halbdunkel vordringend, eine Nische in der Höhlenwand und lehnte mich dort gegen den schwarz schimmernden Stein. Sein Wesen, das mich nach einer Weile berührte, war von anderer Art als das des sonnenbeschienenen Quaders hoch oben auf dem Areal der untergegangenen keltischen Stadt. Ich fühlte kühles, entrücktes Bewußtsein aus dem Fels sickern; Bewußtsein, das seinen Ursprung aus versunkenem Land und lange vergangener Zeit schöpfte. Aber es war keine Resignation in ihm, vielmehr eine weise, weiche, geduldige Verheißung, die mich nun abermals mental wärmte – und dann kam die Erkenntnis, daß ich hier demjenigen begegnete, der sich, um die Fülle der neuen Zeit zu zeugen, dreifach mit der Dreifachen Göttin gepaart hatte.

Gleichzeitig begriff ich, warum die Höhle in den Sagen Cornwalls mit Merlin in Verbindung gebracht wird; in jenen Legenden, die behaupten, der »Zauberer« oder »Magier« habe hier, in Sichtweite von Tintagel, seinen Wohnsitz gehabt. Neuerlich erspürte ich den wahren Kern dieser Überlieferung, der sich, ähnlich wie im Fall der Heiligen Hochzeit, unter der mittelalterlichen Übertünchung verbirgt. Nicht von einem Wohn-, sehr wohl aber von einem Meditationsort berichteten die Barden, die Merlin zeitlich noch nahe und deshalb in die tatsächlichen Zusammenhänge eingeweiht waren, ehe ihre Worte später nicht mehr verstanden, beziehungsweise verfälscht wurden. In der Epoche, die von Arthur geprägt wurde, und bestimmt auch noch während der folgenden Generationen wußte man hingegen sehr genau, was sich im Frühling des Jahres 468 in der geheimnisvollen Kaverne zugetragen hatte.

Bevor Merlin nämlich das zukunftsweisende Ritual auf der Hochebene von Tintagel leitete, hatte er sich, wie es druidische Gepflogenheit war, in inniger Nähe zur Natur darauf vorbereitet. Den geeigneten Ort dafür hatte er in der bewußten Höhle gefunden, die möglicherweise schon von jeher Meditationsstätte der *Großen Wissenden* an der kornischen Nordküste war. Denn hier strömte die Kraft der Meeresgottheit aus unerschöpflichen Tiefen empor und befruchtete den ebenfalls göttlichen Schoß des Landes. Und diese vereinte, ewig lebenspendende Macht von Wasser und Erde sollte nun am Beltanefest auf Ygerna und Uther Pendragon gelenkt werden. Um seinerseits die dazu nötige spirituelle Stärke zu gewinnen, hatte sich Merlin – wahrscheinlich für drei oder dreimal drei Tage und Nächte – in die Höhle zurückgezogen und ihre Ausstrahlung auf sich wirken lassen. Erst dann war er zur Königsstadt emporgestiegen und hatte sich an die Spitze der dort versammelten anderen Druidinnen und Druiden gestellt, um seine hohe Aufgabe zu erfüllen. Die Erinnerung an seinen Aufenthalt in der Kaverne aber war im Volk erhalten geblieben und von Barden besungen worden – bis die Menschen späterer Zeiten die Zusammenhänge nicht mehr begriffen oder begreifen wollten und deshalb fälschlich annahmen, die Höhle von Tintagel habe einst als dauernder Wohnsitz Merlins gedient.

Dennoch ist die Wahrheit nicht verloren, denn sie kann selbst nach eineinhalb Jahrtausenden wiedergefunden werden, sofern wir uns nur bemühen, von neuem keltisches Bewußtsein zu entwickeln. Und darin unterstützt uns die Zeitenwende, in der wir leben: die anbrechende Epoche, welche die Vereinigung des sich jetzt aus seinen jahrhundertealten Verkrustungen lösenden männlichen Geistes mit der Dreifachen Göttin und damit die Heimkehr ins Licht des Heidentums will. Das war meine tröstliche und zugleich faszinierende Überlegung, als ich »Merlin's Cave« und Tintagel mit Einbruch der Abenddämmerung wieder verließ; Tintagel, den heute eher bescheiden wirkenden Ort, der dennoch im 5. Jahrhundert »Sitz der kornischen Könige« war, und wo Arthur, wenn seine Zeugung im Rahmen der Heiligen Hochzeit Anfang Mai 468 erfolgte, in den ersten Wochen des darauffolgenden Jahres 469 geboren wurde.

Während ich meinen Wagen über die Dörfer Bossiney und Tresparrett Posts gemächlich zurück zur A39 steuerte und dabei bei weit offenem Fenster das Pludern des weichen, vom Meer hereinkommenden Windes genoß, versuchte ich mir auszumalen, wie Ygernas und Uther Pendragons Sohn in dieser zutiefst beeindruckenden Landschaft aufgewachsen war. Ich stellte mir vor, wie er über die Pfade tappte und später lief, die auch ich heute gegangen war – und wie ihm schließlich, am Ende seiner Kindheit, auf einem davon Merlin erstmals Auge in Auge gegenübergetreten war…

Die Initiation Arthurs

Ehe es für Merlin Sinn machte, den jungen Arthur in seine Obhut zu nehmen, mußte erst dessen Kindheit verstreichen. Ohne Zweifel nutzte der junge Druide diese Frist, um sich selbst weiter zu vervollkommnen. Er tat es, obwohl er in der Zeit, die er in den Hainen der Eingeweihten verbracht hatte, längst zu einem *Großen Wissenden* geworden war. Die Leitung des Rituals der Heiligen Hochzeit von Tintagel ist ein Beweis für den Grad der Initiation, den Merlin bereits erreicht hatte und der ihn schon jetzt über »gewöhnliche« Druiden emporhob. Doch gerade wegen seiner geistigen Größe galt für ihn noch weit mehr als für andere der Grundsatz, wonach höchste Weisheit sich durch immerwährendes Lernen manifestiert; lebenslang immer tiefere Erkenntnis zu suchen, ist der Weg derer, die zu Menschheitslehrern berufen sind.

Eine erste faszinierende Probe seines Könnens hatte der damals noch Halbwüchsige um 463 in Dinas Emrys als Vates oder Prophet abgegeben; in der kornischen Königsstadt hatte er 468 den Grundstein für seine spätere Aufgabe gelegt, geistiger Führer für den kommenden Rhi aller britannischen Kelten zu sein. Aber auch als Dichter, Philosoph und Metaphysiker leistete Merlin im reifen Alter Herausragendes; ebenso in den letzten Jahren seines Leben als Druidenfürst der Demetier. Diese Fakten aus seiner Biographie setzen natürlich einmal mehr die entsprechende Ausbildung voraus – und diese kann nur in den Jahren zwischen 469 und etwa 478 erfolgt sein, in denen Arthur seine Kindheit verbrachte, während sich Merlin in jener Zeit noch einmal in die kontemplative Umgebung der Druidenhaine auf der Insel Mona und höchstwahrscheinlich auch anderswo zurückzog.

Sicher war es so, daß der Abkömmling des Königshauses der Demetier, dessen geniale Begabung längst erkannt worden war, nun auf der denkbar höchsten Ebene lernte. Seine Mentoren müssen spätestens jetzt die weisesten Druiden Britanniens gewesen sein: Frauen und Männer, welche die absolute geistige Elite des in seinen Refugien noch unverfälscht fortdauernden Keltentums bildeten. Sie waren es, die nach wie vor Zugang zu den anderswo schon seit Jahrhunderten verschütteten mentalen Quellen des »Goldenen Zeitalters« besaßen: der Epoche des vorchristlichen La-Tène, dessen Glanz einst das gesamte Abendland überstrahlt hatte.

In allen anderen Teilen Europas war die Erinnerung an diese faszinierende Zivilisation des Miteinander, in der sehr viele Völker von Irland bis Kleinasien in einer weitgehend friedlichen Föderation gelebt hatten, ausgetilgt worden. Im westlichen Britannien hingegen wußte man noch immer, aus welchen Wurzeln diese durch innigen Einklang mit der Natur und tiefes Begreifen des wahren Göttlichen definierte Kultur während des letzten vorchristlichen Millenniums entstanden war. Und dieses überaus wertvolle Wissen wurde nun in seiner ganzen Fülle an Merlin weitergegeben, damit er seine einzigartige Aufgabe in Angriff nehmen konnte.

Wie bereits erwähnt, spricht alles dafür, daß sich Merlin nach der Heiligen Hochzeit von Tintagel noch einmal ein volles Jahrzehnt auf diese Mission, die ihn zum Menschheitslehrer machen sollte, vorbereitete. Anno 478 schließlich hatte er die insgesamt rund zwanzigjährige und in seinem Fall außerordentlich umfassende Initiation durchlaufen und alles verinnerlicht, was ihm seine Mentoren vermitteln konnten. Zum gleichen Zeitpunkt vollendete Arthur das neunte Lebensjahr und galt damit nach keltischem Verständnis nicht länger als Kind. Jetzt konnte dieser seinerseits in die Phase seiner Ausbildung eintreten – und das war der Moment, in dem Merlin dem Sohn Ygernas und Uther Pendragons erstmals Auge in Auge gegenübertrat, um den Charakter des Jungen in dessen prägendem Entwicklungsabschnitt zu formen.

In den hochmittelalterlichen Legenden, welche allesamt die Wahrheit nicht mehr kennen beziehungsweise manipulieren, heißt es, der zwielichtige »Zauberer« habe durch Erpressung oder sogar rohe Gewalt dafür gesorgt, daß Ygerna ihm ihren Sohn überließ. Merlin habe den jungen »Artus« (selbst der Name wurde in jenen Falsifikationen auf entlarvende Weise romanisiert) anschließend von Tintagel fort und in den Norden gebracht, wo er ihn einem »Ritter« namens Kay übergeben habe. Auf dessen »Burg« sei »Artus« aufgewachsen und zu einem jungen Krieger herangereift, bis es ihm eines Tages gelungen sei, das in einer Felsspalte »festgebannte« Schwert »Excalibur« aus dem Stein zu ziehen und sich auf diese Weise als rechtmäßiger König zu legitimieren. – So die mittelalterliche Sage, doch in der keltischen Realität gestaltete sich der Werdegang Arthurs grundlegend anders, und wir wollen nun einmal mehr versuchen, die tatsächlichen Umstände zu eruieren.

Zunächst mußte Merlin selbstverständlich keine sinistren Tricks anwenden, um den neunjährigen Arthur in seine Obhut nehmen zu können. Schließlich wußte Ygerna bereits seit der Heiligen Hochzeit sehr genau, welche Aufgabe ihrem Sohn für später zugedacht war, so daß sie bestimmt nichts dagegen hatte, ihn jetzt, da die Zeit gekommen war, dem Druiden anzuvertrauen. Außerdem war ihr natürlich auch bekannt, daß Arthur zum Vorkämpfer sowohl der kornischen als auch der kimmrischen Kelten bestimmt war. Nachdem er seine Kindheit in Cornwall verbracht hatte, war es von daher nur logisch und richtig, daß er seine Jugendjahre nun im Norden – nämlich in Wales, woher auch sein Vater Uther Tudur stammte – verleben sollte. Dorthin also wanderte Merlin mit seinem Schützling, nachdem er und Arthur sich in Frieden von der Hochkönigin in Tintagel verabschiedet hatten.

In Cymru wiederum wartete keineswegs eine Festung, womöglich gar mit prunkvoller Hofhaltung, welche von einem »Ritter« Kay bewohnt gewesen wäre. Vielmehr weist einiges darauf hin, daß Merlin seinen Schüler in jene von ganz besonderer Spiritualität gesättigte Gegend führte, in der er selbst zum *Großen Wissenden* gereift war: nach Mona mit seinen Druidenhainen und neolithischen Steinsetzungen, wo sich sichtbare Diesseits- und unsichtbare Anderswelt so innig berührten und wo zudem das Geschlecht der Tudurs entsprossen war. In solcher Umgebung konnte der heranwachsende Arthur intensiver als sonst irgendwo den Urgrund des Keltentums erspüren und dessen Geist in sich aufnehmen; außerdem war jederzeit ein Besuch in einer der Druidenschulen möglich. Darüber hinaus forderte das einfache Dasein den Halbwüchsigen körperlich; er lebte nicht länger hinter den schützenden Mauern des kornischen Königssitzes, er mußte sich vielmehr den Gewalten der oft rauhen Natur stellen und wuchs letztlich auch daran.

Arthur wurde damit auf einen »Pfad der Kraft« geführt, der ihn zu einem Fürsten formen sollte, welcher imstande war, politische und kriegerische Stärke mit geistiger und metaphysischer Potenz zu verbinden. Und damit ist das Stichwort gefallen, das uns erlaubt, das wahre Wesen der Sagenfigur Kay zu erkennen, deren Gestalt – so wir sie nur von der mittelalterlichen Übertünchung befreien – keineswegs menschlich, sondern göttlich war. Im Walisischen lautet die Schreibweise nämlich Cei, im Irischen Cai – und beide Male handelt es sich um eine Verkürzung des Namens der Göttin Caillech. Diese Gottheit aber ist gerade im Zusammenhang mit Arthurs späterem Werdegang hochinteressant für uns; wir müssen uns dazu bloß einmal ansehen, in welchen Erscheinungsformen Caillech in der vorchristlichen keltischen Mythologie auftritt.

Zum einen ist sie der dritte und geheimnisvollste Aspekt der Großen oder Dreifachen Göttin Ceridwen, welche sich in den wechselnden Gestalten einer jungen Frau, einer Mutter und einer alten Frau zeigt. Die Greisin – also Caillech – wird oft auch als »Verschleierte« bezeichnet, weil sie sich halb im Diesseits, halb hinter den Schleiern oder Nebeln der Anderswelt bewegt. In dieser »jenseitigen« Dimension wandelt sie jeden irdischen Tod – der nach keltischer Weltsicht nur einer der vielen Knoten in der Kette der Wiedergeburten ist – in neues Leben um und webt damit von Generation zu Generation am ewigen und unzerstörbaren Kreislauf des Daseins. Ihr heiliges Tun ist somit stets ins Kommende gerichtet, weshalb die Druiden sie auch als Göttin der Zukunft erkannten. Weiter lehrten die *Großen Wissenden*, daß Caillech aufgrund dieses Handelns vergangene, gegenwärtige und künftige Schicksale von Individuen und Völkern verflechte – sie steht infolgedessen zusätzlich für das Los der Menschen und Kulturen weit über deren Geburt, Reife und Tod in einem einzigen Leben hinaus.

Wie die meisten keltischen Gottheiten ist Caillech jedoch selbst mit Hilfe einiger miteinander verknüpfter Definitionen nicht vollständig zu erfassen. Neben dem beschriebenen Antlitz zeigt sie noch ein weiteres, und in dieser Gestalt berührt die dritte Erscheinungsform der Großen Göttin deren zweite: die der Gebärenden und Mutter. Die Druiden, welche sich immer bemühten, ihre Metaphysik in sehr griffigen Bildern auszudrücken, stellten diesen zusätzlichen Aspekt mit Hilfe einer ausgesprochen lebensfrohen Metapher dar, in der die entsprechenden Eigenschaften und Kräfte Caillechs verschmelzen: dem Bild der göttlichen Mutterstute Rhiannon.

Sie, die im gallischen Sprachraum auch als Epona verehrt wurde, symbolisiert zum einen die Schöpfer- und Gebärkraft, welche geistiges Leben befruchtet und zur Reife bringt, weshalb Rhiannon in dieser Gestalt die Gottheit der Barden und Künstler sowie aller anderen Menschen ist, die in inspirierter Begeisterung wertvolle Werke schaffen oder bahnbrechende mentale Wege gehen. Ebenso jedoch wäre ein Krieger, der mit hohem Mut und dem Schwert in der Hand für eine große Vision kämpft und ihre Verwirklichung ersehnt, in den Augen der Kelten vom positiven Willen der göttlichen Stute beflügelt gewesen. Über diese Bereiche hinaus steht Rhiannon aber auch allgemein für Geburts-, Lebens- und Nährkraft der Erde; in dieser umfassenderen Manifestation ist sie es, die alles Dasein hervorbringt, behütet und aufwachsen läßt.

Wenn es nun in den verfälschenden hochmittelalterlichen Sagen heißt, Merlin habe den jungen Arthur in den Norden gebracht und ihn dort einem »Ritter« namens »Kay« übergeben, dann bedeutet das nichts anderes, als daß der Sohn Ygernas und Uthers von seinem druidischen Lehrer zur Göttin Caillech geführt wurde.

Der Heranwachsende sollte das Wesen dieser sehr wichtigen keltischen Gottheit begreifen und verinnerlichen, um sein späteres Leben ganz in ihrem Geiste gestalten zu können. Wir haben damit eine Initiation Arthurs auf metaphysischer Ebene vor uns, und wenn wir die Eigenschaften Caillechs oder Rhiannons noch einmal rekapitulieren, dann wird klar, auf welch faszinierenden Pfad Merlin seinen Schützling leitete.

Zunächst ist Caillech die ewige Geburts-, Lebens- und Nährkraft der Erde, und mit dieser unerschöpflichen Fülle sollte Arthur sein eigenes Ich verbinden. So würde der künftige Rhi aller britannischen Kelten aus der Stärke der Erdmutter schöpfen können, sobald er den Kampf aufnahm, der seine Bestimmung war. Diesen Kampf wiederum sollte er – weit über das rein Militärische hinaus – mit der Begeisterung eines von Rhiannon inspirierten Künstlers austragen, der mit Hilfe der Göttin ein großes, bahnbrechendes Werk schaffen will. Sein Schwert sollte dabei vom positiven Willen der Gottheit geführt werden, wodurch der Einsatz der Waffe geadelt werden konnte. Zweck dieses letztlich nicht zerstörerischen, sondern daseinsbejahenden Kampfes, bei dem es um ein sehr hohes humanes Ziel ging, sollte die Erneuerung des Keltentums sein: ein mutiger Aufschwung der so schwer bedrängten Völker und Stämme, der noch weit jenseits der Lebensspannen Arthurs und Merlins Einfluß auf die Zukunft nehmen würde. Und abermals sollte Caillech – nunmehr in ihrer verschleierten Gestalt – darin wegweisend wirken; ihr war es ja gegeben, das Schicksal sowohl von Individuen als auch von Kulturen zu erkennen und zu beeinflussen.

Selbstverständlich konnten derartige Einsichten dem jugendlichen Arthur nicht von einem Tag auf den anderen vermittelt werden. Es waren sicher Jahre nötig, ehe der Heranwachsende die Zusammenhänge zwischen dem Wesen der Göttin und seiner eigenen späteren Aufgabe begriff. Doch er hatte einen genialen Lehrer, der ihm den Weg, der ihm vorbestimmt war, in Freundschaft aufzeigte. Hilfreich war dabei bestimmt die Tatsache, daß Merlin zu jener Zeit ebenfalls noch nicht alt war; wir müssen ihn uns nun als Mann in der ersten Hälfte der Dreißiger vorstellen.

Wenn wir uns dieses Bild einmal bewußt vor Augen führen, dann sehen wir den jungen Druiden an der Seite des zwölf-, dreizehn- und vierzehnjährigen Sohnes von Ygerna und Uther Pendragon über die Heidelandschaft von Mona wandern oder mit Arthur bei einem der neolithischen Menhire sitzen. Dabei werden die beiden in angeregte Gespräche vertieft gewesen sein, wobei Merlin sich bemühte, seinem Schüler die metaphysischen Geheimnisse anhand griffiger Beispiele aus der Natur nahezubringen. An anderen Tagen lauschte Arthur, vielleicht in einem Hain, den uralten Bardengesängen seines Mentors. Da diese Dichtungen oftmals zugleich präzise historische Schilderungen waren, eignete er sich auf diese Weise tiefes Wissen über die Geschichte der einst so zahlreichen keltischen Völker an, die beinahe bis zum Beginn des letzten vorchristlichen Millenniums zurückreicht.[5] Er begriff, daß die britannischen Kelten zusammen mit den noch existierenden Stämmen in Erin die letzten Erben einer außerordentlich hochstehenden abendländischen Zivilisation waren, die sich einst von Irland bis Kleinasien erstreckt hatte: der La-Tène-zeitlichen Kultur, die während der vergangenen Jahrhunderte so brutal von ihren Feinden zerschlagen worden war.

Brachte Merlin die Rede auf die Widersacher des Keltentums, so sprach er ganz gewiß nicht nur von den germanischen Invasoren, die seit etwa einer Generation auf der Insel brandschatzten und mordeten, oder den römischen Legionen, welche die einheimische Bevölkerung in der Vergangenheit so brutal unterdrückt hatten. Er wandte

---

[5] Die keltische Geschichte beginnt ca. 800 v. u. Z. mit der Hallstatt-Epoche, an die sich ab etwa 500 v. u. Z. das La-Tène anschließt.

sich zudem entschieden gegen die Praktiken der römischen Kirche, die sich gerade im ausgehenden 5. Jahrhundert anschickte, die Nachfolge des menschenverachtenden Römischen Imperiums anzutreten und statt der ehemals militärischen eine geistige Tyrannei aufzurichten. Der *Große Wissende* entlarvte vermutlich die Engstirnigkeit des christlichen Monotheismus, die jeden Andersdenkenden haßerfüllt ausgrenzte, und verglich sie mit der hohen Weisheit der keltischen Metaphysik, in deren polytheistisch angelegtem Pantheismus Raum für absolute geistige Freiheit war, so daß jeder Mensch den ihm gemäßen Pfad hin zum Göttlichen suchen und finden konnte.

Merlin könnte am Beispiel Irlands, wo zwar niemals fremde Eroberer gelandet waren, aber das Christentum schon sehr früh Fuß gefaßt hatte, die verderblichen Auswirkungen dieser Religion hautnah dargestellt haben. Die einstmals blühende Föderation von fünf gleichberechtigten Völkern, die sich durch den Hochkönigssitz von Tara symbolisierte, war durch das Kreuz in Zwietracht gestürzt worden. Erin hatte seine heidnische und damit nach Ausgleich trachtende Identität verloren und zerfleischte sich jetzt in endlosen Machtkämpfen und Religionskriegen der früher miteinander verbündeten Stämme. Deshalb, so wird die Schlußfolgerung des Druiden gelautet haben, gab es für die britannischen Kelten auch keine Möglichkeit, sich in ihrem Freiheitskampf mit den christianisierten Gälen aus Erin zu vereinen; Britannien würde seinen schwierigen Weg allein aus eigener Kraft gehen müssen. Und damit hätte Merlin den Bogen zurück zu Arthurs Bestimmung geschlagen; er, der bei der Heiligen Hochzeit von Tintagel gezeugt worden war, würde es sein, der unter geistiger Führung seines Mentors und mit Hilfe der Göttin Caillech das Schwert ergreifen mußte, um das Lebensrecht der kornischen, kimmrischen und anderen Volksstämme der Insel zu verteidigen.

Wahrscheinlich leuchteten die Augen des Heranwachsenden auf, wenn sein druidischer Freund von bewaffnetem Widerstand gegen Angeln, Sachsen, Jüten und romanisierte Territorialadlige sprach. Ebenso sicher darf jedoch angenommen werden, daß Arthur dabei nicht an primitives Metzeln, Schänden und Plündern dachte, sondern an intelligente Taktik und Strategie, die der Kampfweise der Feinde überlegen war. In dieser Hinsicht nämlich wurde er – in und bei der Ringwallanlage des Königsgeschlechts der Tudurs auf Mona – ausgebildet. Neben hervorragenden kimmrischen Kriegern, die ihm den handfesten Kampf mit Schwert, Schild und Lanze beibrachten, trat abermals Merlin als sein Lehrer auf. Denn er, der als Barde zugleich Historiker war, kannte die Geschichte der Schlachten, welche die Kelten früherer Jahrhunderte gegen Rom ausgefochten hatten; er war vertraut mit den militärischen Finessen eines Brennus, eines Vercingetorix oder einer Boudicca. Er scheute sich nicht, dieses über viele Generationen hinweg überlieferte Wissen um das Kriegswesen an Arthur weiterzugeben. Er tat es mit dem erdverhafteten Realitätssinn, der das Druidentum neben seiner metaphysischen und philosophischen Großartigkeit von jeher ausgezeichnet hatte; mit jenem scharfen Blick, für das Notwendige, welcher stets der Diesseitswelt mit ihren konkreten Anforderungen gerecht wurde und gleichzeitig niemals die Ausrichtung auf die Anderswelt verlor.

Auf diese Weise wurden die drei sichtbaren Dimensionen mit jener vierten, die gewöhnlichen Augen verborgen bleibt, verknüpft, und erneut konnte so die Göttin Caillech, diesmal in ihrer Erscheinungsform als Rhiannon wegweisend wirken. Ihr Geist, der sich in der Schönheit und Kraft einer edlen Stute verkörpert, würde Arthur quasi doppelt tragen: zum einen auf der spirituellen Ebene des Kampfes, dem er sich stellen mußte; zum anderen ganz real in Gestalt der Pferde, die bei der Art seiner Kriegsführung später eine so wichtige Rolle spielen sollten, wie wir noch sehen werden.

Im Wechselspiel zwischen geistigem Lernen auf höchstem Niveau und körperlich-praktischer Ausbildung reifte Arthur also in seinen prägenden Jahren heran, bis zuletzt der Zeitpunkt gekommen war, an dem er seine letzte Initiation erfahren sollte. Alles spricht dafür, daß dies im frühen Jahr 485 – als Arthur sein sechzehntes Lebensjahr vollendete – geschah, denn schon wenige Monate später zog der Sohn Ygernas und Uther Pendragons zum ersten Mal in die Schlacht. Zuvor leitete wiederum Merlin das Ritual, das ihn zum keltischen Krieger machte – und diese durchaus sakrale Handlung war mit einem ganz bestimmten Schwert verknüpft: mit der legendären Klinge »Excalibur«.

Geoffrey of Monmouth schreibt in seiner *Geschichte der Könige Britanniens*, die in ihren historisch relevanten Kernteilen auf sehr viel ältere bardische Überlieferungen zurückgeht, daß Arthurs Schwert »Caliburn« auf der Insel Avalon geschmiedet worden sei. Damit gibt der englische Geschichtsschreiber nicht nur eine offensichtlich frühere Bezeichnung für »Excalibur« an, sondern legt indirekt auch den bis heute existierenden Ort fest, wo der künftige Heerführer seine »Schwertweihe« erhielt. Und wenn wir uns nun ein wenig näher mit der Ynys Avallach beschäftigen, dann wird deutlich, wie innig sie wiederum mit dem

Geist Merlins verbunden ist, der diese außerordentlich heilige heidnische Stätte ganz gewiß nicht ohne Grund für Arthurs letzte Initiation auswählte.

Das alte Avalon – in unseren Tagen unter dem Ortsnamen Glastonbury auf den Landkarten zu finden – liegt in der südenglischen Grafschaft Somerset. Nähert man sich dem Städtchen auf einer der Straßen, die von Bridgwater, Yeovil oder Bath dorthin führen, dann erkennt man schon von weitem eine eindrucksvolle Anhöhe, auf deren Spitze ein Turm gen Himmel ragt. Dies ist Avalon Twr, die markanteste Erhebung einer Hügelgruppe, die noch im frühen Mittelalter als Insel aus einem Flachwassersee aufstieg. Heute ist das Gewässer verlandet, doch die Erinnerung an die einstige Bedeutung der Ynys Avallach hat sich erhalten. Die neokeltischen Pilger aus aller Welt, die sich dort treffen, suchen und finden nach wie vor die unvergängliche Aura und Weisheit der Druidinnen, die bis weit hinein ins erste nachchristliche Jahrtausend hier wirkten.

Dank ihrer mentalen Kraft hatten die *Großen Wissenden* den Twr von Avalon sowie zwei weitere Hügel zu einem spirituellen Ensemble umgeformt, das der Erkenntnis und Verehrung der Dreifachen Göttin in verschiedenen Bereichen diente. Am Fuß der Erhebung, die seit der christlichen Vereinnahmung der Insel den Namen Chalice Hill (Kelchhügel) trägt, entspringt noch immer eine Quelle, aus der rotes, eisenhaltiges Wasser strömt; hier wurde Ceridwen in ihrer mütterlichen, lebenspendenden Gestalt erkannt. Gleichzeitig manifestierte sich in diesem heiligen Born die Stärke des Roten Drachen: jener guten Macht, die aus der Erde erwächst und jeden Menschen in Einklang mit der Erdmutter bringen möchte. Auf dem Wearyall Hill (Hügel der Mühen), der zugleich Landeplatz für die Schiffe war, die in Avalon anlegten, befand sich die Druidenschule der Insel. Hier begannen und durchliefen diejenigen, die den beschwerlichen Weg zum *Großen Wissen* nicht scheuten, ihre Ausbildung. Wie bereits an anderer Stelle dieses Buches erwähnt, besuchte wohl auch Merlin, zumindest zeitweise, die ebenfalls der Großen Göttin geweihte Akademie – und von daher wußte er natürlich um die immense Bedeutung der dritten Anhöhe: des alles überragenden Twr.

Entlang der Flanken des gleich einer weiblichen Brust geformten Hügels zieht sich der Spiralpfad empor, der für die Eingeweihten zur »Pons perilis«, der »gefährlichen Brücke«, in die Anderswelt führt. Und auf dieser heiligen Wegstrecke bewegte sich im Jahr 485 auch Arthur, um jene besondere Initiation zu erfahren, die ihn befähigen würde, den militärisch-geistigen Kampf aufzunehmen, der ihm von Geburt an vorherbestimmt war. Merlin hatte ihn sehr lange darauf vorbereitet; nun beschritt er zusammen mit seinem Schüler den Weg, der zuletzt dort mündete, wo heute der spätmittelalterliche Turm auf dem Twr steht. Im ausgehenden 5. Jahrhundert hingegen war der Platz durch einen Menhir markiert, bei dem an jenem Tag vermutlich Druidinnen warteten, um ihre weibliche Energie in den Geist Arthurs einströmen zu lassen. In unmittelbarer Nähe der damals schon uralten neolithischen Steinsetzung befand sich der Eingang in das verborgene Reich von Annwn, mit welchem Wort die britannischen Kelten die Anderswelt oder das Reich Caillechs bezeichneten.

Bereits der Aufstieg über den gewundenen heiligen Pfad, der bis heute mit sehr starken Kraftlinien verbunden ist, hatte den Sechzehnjährigen in Trance versetzt. Als Merlin ihn unter den Beschwörungen der Frauen zu der Fels-

Twr von Avalon mit den Spiralen des heidnischen Prozessionsweges.

spalte führte, deren Schatten den gähnenden Abgrund verbargen, folgte ihm Arthur in seltsamer hellwacher Betäubung. Er wartete ab, bis der Körper seines Lehrers im Dunkel des Erdinneren verschwunden war, dann tasteten auch seine Füße nach den schmalen Stufen im Fels. Kaum hüllte die Finsternis ihn völlig ein, spürte der Sechzehnjährige überwältigende Furcht; sein mentaler Zustand verstärkte das quälende Bewußtsein noch, mit seinem ganzen Ich der saugenden, lichtlosen Tiefe ausgeliefert zu sein. Einzig das intensive Verinnerlichen des Wesens der Großen Göttin, deren Schoß ihn aufgenommen hatte, ermöglichte es Arthur, weiter und weiter nach unten zu steigen; letztlich war es allein dieses Wissen um die in der undurchdringlichen Schwärze verborgene Wärme und Güte Ceridwens, das ihn jetzt noch trug. Nur so schaffte er es, sich dem scheinbar Unheimlichen bedingungslos anzuvertrauen; dann, als diese tapfere Hingabe in einem Gefühl grenzenloser Geborgenheit kulminierte, wich von einem Lidschlag auf den nächsten auch die beklemmende Dunkelheit.

Der enge Schlund, durch den sich Arthur eben noch getastet hatte, öffnete sich in einen weiten, von schwachem, unwirklichem Licht erleuchteten Höhlenraum. Feucht glänzten die Wände; das Wasser, das aus dem porösen Kalkstein rieselte, sammelte sich auf dem Grund der Kaverne zu einem bläulich schimmernden Rinnsal, welches sich an einer Stelle zu einem Teich verbreiterte. Stalagmiten von zeitloser Schönheit wuchsen zur Decke empor; da und dort berührten ihre Spitzen beinahe die herabhängenden Stalagtiten. Von großem Glücksgefühl erfüllt, nahm der Sechzehnjährige diese Bilder in sich auf; ein Stück entfernt wartete Merlin geduldig ab, bis er die Aufmerksamkeit seines Schützlings auf sich lenkte. Arthur sah das freundschaftliche Lächeln und zugleich den tiefen Ernst auf dem Antlitz des Druiden, dann ging Merlin langsam bis zum Rand des kleinen Sees. Der Sohn Ygernas und Uthers folgte ihm – im nächsten Moment erkannte er, wie hinter bläulichen Nebeln irisierend, die Konturen der Waffe.

Assoziationen durchzuckten sein Gehirn: Vorstellungen von wertvollen Klingen, Schmuck oder Sakralgefäßen, die in der keltischen Welt von jeher als Opfergaben in heiligen Gewässern versenkt worden waren, um die Große Göttin zu ehren; die Unerschöpfliche, die Quelle alles Seienden war und zu der alles Seiende zurückkehrte. Für einen Augenblick glaubte er, auch hier ein solch ehrwürdiges Relikt vor sich zu haben, aber dann belehrte ihn Merlin eines Besseren. Denn mit einer Geste, die wie ein Befehl war, machte ihm der Druide klar, daß er das Schwert an sich nehmen sollte; daß die Klinge nicht Gabe eines Menschen an die Gottheit, sondern Geschenk der Göttin an ihn, Arthur, war.

Abermals wie in Trance gehorchte der Sechzehnjährige. Seine Hand tauchte ins Wasser, näherte sich behutsam der Waffe, umfaßte den Griff und hob das Schwert heraus. In feinen Kaskaden perlte die Feuchtigkeit von der blitzenden Klinge ab und enthüllte dabei deren ganze herausragende Schönheit: die schimmernde Pracht eines zweischneidigen Langschwerts, das von einem Meister der keltischen Schmiedekunst gefertigt worden war. Arthur richtete sich wieder auf, hob die Waffe hoch und ließ das geheimnisvolle Licht der Höhle sich in ihrem Stahl spiegeln. Dabei spürte er von Herzschlag zu Herzschlag stärker die andersweltliche Kraft, die vom damaszierten Metall der Klinge ausging: die Macht der Göttin, die sich jetzt mit seinem eigenen Willen verband; dem unverbrüchlichen Willen, die ihm übertragene Aufgabe zu erfüllen. Und im selben Moment, da ihn diese spirituelle Begeisterung überflutete, begann der Druide zu sprechen und faßte in Worte, was der Sechzehnjährige zwar empfand, aber verbal nicht hätte ausdrücken können.

Im Geiste Caillechs, so erklärte Merlin, habe Arthur die Jahre seiner Ausbildung durchlaufen. Seine heranreifende Persönlichkeit sei dadurch mit der unerschöpflichen Lebenskraft der Erdmutter verbunden worden, und aus dieser unversiegbaren Quelle heraus könne er nun die Zukunft der britannischen Kelten gestalten. Die verschleierte Göttin werde ihm auf diesem schweren Weg, der das Schicksal des Keltentums bis in ferne Jahrhunderte betreffe, zur Seite stehen; sie werde es Hand in Hand mit der Dreifachen Göttin Ceridwen tun, deren Erscheinungsformen sich mit denen Caillechs verbinden. Hier, in der Tiefe des Twr von Avallach, in die nur derjenige vordringen könne, der seine Furcht und damit die Finsternis überwinde, sei ihm von den Göttinnen das Schwert übergeben worden, das er von nun an als Krieger und Vorkämpfer des Keltentums führen solle. In der heiligen Höhle sei es geschehen, im ewig gebärenden Schoß Ceridwens und vom Grund des vom Fels behüteten Teiches herauf: dem Kessel der Fülle, aus dem Arthur die Klinge seiner künftigen Macht gezogen habe.

Nachdem die Worte des Druiden verhallt waren, verinnerlichte sie der Sohn Ygernas und Uthers in tiefer Meditation am Rand des kleinen Sees. Zeit verstrich; als Arthur zuletzt wieder aufblickte, befand er sich allein in der Höhle. Er begriff, gürtete das Schwert und machte sich an den Aufstieg zurück zur Kuppe des Twr. Ohne die geringste Angst zu empfinden, brachte er diesmal den beschwerlichen Weg durch die lichtlose Kluft hinter sich. Oben erwartete ihn im Kreis der Druidinnen Merlin; jubelnd hießen ihn die Frauen willkommen und bewunderten die Klinge, die der junge Krieger nun der Sonne entgegenstreckte. Zuletzt sprachen die *Großen Wissenden* gemeinsam erstmals den brythonischen Namen aus, den die Waffe von nun an tragen sollte: Caladvwlch – »Blitzendes Schwert«.

Wenig später vernahm Arthur, was ihm die älteste Druidin zusätzlich zu sagen hatte: So wie Caladvwlch zwei Schneiden habe, müsse sich auch sein Träger stets der doppelten Anforderung seiner Aufgabe als Krieger und künftiger Heerführer bewußt sein. Zum einen sei es nötig, die Waffe im Gefecht mit männlicher Stärke zu führen; zum anderen solle die Klinge aber auch im weiblichen Sinn der Göttinnen Ceridwen und Caillech eingesetzt werden. Dies bedeute, daß der Träger des Blitzenden Schwerts, nachdem das Notwendige auf dem Schlachtfeld getan sei, auch Gnade und Barmherzigkeit üben müsse; einzig auf diese Weise könne Arthur später die Tapferkeit eines Kriegskönigs mit der Tugend eines Friedensfürsten verbinden. So

hätten die Könige in den längst vergangenen Zeiten regiert, als die keltische Welt noch in ihrer ganzen Fülle geblüht habe, und so werde es wiederum sein, sofern es dem Sohn Ygernas und Uther Pendragons mit Hilfe der Götter gelinge, den Stahl seiner Waffe sonnenhell und nicht finster als weit in die Zukunft reichendes Zeichen aufblitzen zu lassen.

Als die weise Frau geendet hatte, versprach Arthur, alles zu tun, um diese Verheißung wahrzumachen. Danach geleiteten ihn Merlin und die Frauen hinunter zum heiligen Hain am Fuß des Twr. Unter den Kronen der Apfelbäume, von denen die Ynys Avallach, die Insel der Äpfel, ihren Namen hatte, verbrachte er die Nacht. Am nächsten Morgen verabschiedete er sich von seinem Lehrer und den Druidinnen, bestieg sein Pferd und ritt davon: dorthin, wo in diesem frühen Jahr 485 die keltischen Krieger standen, um ihr Land gegen die germanischen Invasoren zu verteidigen.

So oder zumindest so ähnlich wird sich die letzte Initiation Arthurs zugetragen haben. Die zugegebenermaßen etwas romanhafte Rekonstruktion des geschilderten Rituals beruht einerseits, was die Ynys Avallach und besonders den Twr angeht, auf gesicherten historischen und topographischen Fakten; zum anderen auf altem und in den keltischen Ländern Westeuropas bis heute bewahrtem Wissen über Metaphysik und Philosophie des unverfälschten, also heidnischen Keltentums. Und gerade im Hinblick auf den

Der spätgotische Turm auf dem Twr von Avalon. Darunter liegt der Eingang zur Höhle, in der Arthur seine Große Initiation durch Merlin erfuhr.

Twr und seine derzeit verborgenen, aber tatsächlich existierenden Geheimnisse wird deutlich, wie gravierend das wahre Ereignis des ausgehenden 5. Jahrhunderts den landläufigen Vorstellungen darüber widerspricht.

Die höchste der drei heiligen Erhebungen von Avalon war der »Fels« oder »Stein«, aus dem Arthur sein Schwert »zog«. Indem er auf seinem Pfad durch die beklemmende Finsternis den »Bann« seiner eigenen Furcht überwand, gelang es ihm, in die sakrale Höhle – eine Emanation Annwns oder der Anderswelt – vorzudringen und die besondere Waffe an sich zu bringen. Merlin war dabei der reale und spirituelle Führer; er handelte im Geist und in gewisser Weise sogar als Inkarnation der Göttinnen Ceridwen und Caillech und legitimierte seinen Schüler dadurch als den künftigen Heerkönig der britannischen Kelten. Der konkrete Weg, den der Druide und Arthur zum unterirdischen Teich und damit zum Kessel der Fülle zurücklegten, ist, speziell in der Gegend von Glastonbury, bis heute in Erinnerung geblieben.

So schreibt beispielsweise der britische Eingeweihte Ross Nichols (gestorben 1975), der lange Jahre Oberhaupt des »Order of Bards, Ovates and Druids« war, in seinem Hauptwerk *The Book of Druidry* folgendes: »(Noch) im neunzehnten Jahrhundert gab es auf dem Twr ein Loch im Boden, in das man Gegenstände fallen ließ und sehr tief unten aufkommen hörte. Man fand auch Stufen, die ein Stück in die Tiefe führten, was man jedoch nicht weiter verfolgte. Statt dessen schüttete man alles zu. Warum?... Die Kalkhöhle hat das örtliche Wasserwerk fest verschlossen, so daß jede Erforschung unmöglich ist. Sie haben sie mit Wasser aufgefüllt und reden von Wasserständen und Sicherheitsvorkehrungen...«

Weiter berichten Ross Nichols sowie andere Gewährsleute von den Stalagtiten und Stalagmiten der tief im Inneren des Hügels liegenden Kaverne, die bis zum 18. Jahrhundert frei zugänglich gewesen sein soll. Im Zusammenhang damit wird in verschiedenen Überlieferungen auch der in bläulichem Licht schimmernde Teich erwähnt; weiter heißt es, das aus dem Kalkstein sickernde Quellwasser, das ihn speise und bis in die Gegenwart am Fuß des Twr austrete, besitze Heilkraft. Schließlich wurden immer wieder seltsame Phänomene angesprochen, die sich bis heute auf und um den Twr ereignen: unerklärliche Lichterscheinungen, aber auch heftige Stürme, die entweder über den Hügel brausen, während ringsum völlige Windstille herrscht – oder andererseits den Twr verschonen, während sie gleichzeitig in allernächster Umgebung toben. Der Autor selbst hatte während eines Besuches in Glastonbury am 12. September 1996 ein derartiges andersweltliches Erlebnis, welches eine faszinierende metaphysische Erfahrung im Zusammenhang mit der »hinter den Nebeln« liegenden »jenseitigen« Dimension von Annwn nach sich zog; näheres darüber ist in seinem Buch *Die Botschaft der Druiden* zu finden.

»Brennpunkt« solcher Phänomene ist auffallend oft der spätmittelalterliche Turm, der heute auf dem Twr aufragt: einziger Überrest einer katholischen Kirche, die bis zum Jahr 1553 dort stand, ehe der Tudorkönig Edward VI. (die englischen Tudors stammten in direkter Linie von den walisischen Tudurs, also dem Geschlecht Uther Pendragons und Arthurs ab) sie niederreißen ließ. Der christliche Sakralbau erlitt ein ähnliches Schicksal wie eine Vorgängerkirche, die bereits Anno 1275 durch ein für Britannien höchst ungewöhnliches Erdbeben zerstört wurde; der Twr warf die Kirche, die schon bald nach der Vertreibung der letzten Druiden aus Avalon errichtet worden war, damals förmlich ab. Von beiden katholischen Bauwerken, die dem zutiefst keltischen Geist des Ortes ganz offensichtlich widerstrebten, blieb nichts weiter übrig als besagter Turm – und dies ist auch der Platz, wo sich einst die Felsspalte öffnete, die tief ins Innere des Hügels führte.

Wie eine sehr alte lokale Tradition besagt, erhob sich hier zur Zeit der Druiden ein Menhir. Er markierte und schützte den Zugang zur Höhle und soll später von den christlichen Priestern, welche die erste Kirche erbauten, gestürzt worden sein. Es gelang ihnen jedoch nicht, den heiligen Stein zu entfernen, so daß er in das Fundament des katholischen Sakralbaues eingemauert werden mußte. Nachdem dieser zusammengebrochen war, fand der Menhir seinen Platz im Turmfundament der zweiten, von Edward VI. zerstörten Kirche, und dort, so heißt es, befinde er sich auch in unseren Tagen noch. Irgendwo unter dem Mauerwerk des vom Kreuz gekennzeichneten Bauwerks, das Avallach Twr letztlich schändet, weil es dessen ehrwürdigen heidnischen Geist auf extremste Weise negiert, könnten der heidnische Stein und damit der ganz konkrete Initiationsweg Arthurs wiedergefunden werden.

Derzeit bleibt freilich »nur« die gute Erinnerung daran, daß Merlin, Arthur und die sie begleitenden Druidinnen hier den Menhir in seiner freien Schönheit sahen und niemand es ihnen verwehrte, den Twr in der ganzen heidnischen Fülle seiner Kraft zu nutzen. Dank der walisischen Barden der Jahrhunderte unmittelbar nach diesem Ereignis kennen wir außerdem den echten Namen des Schwerts, das dem künftigen Heerkönig der britannischen Kelten als Zeichen seiner Aufgabe übergeben wurde. In den ältesten

Gesängen, die noch bis ins Mittelalter herauf an den Feuerstellen kimmrischer Bauernhäuser und Adelssitze vorgetragen und später schriftlich aufgezeichnet wurden, hieß die Waffe »Caladvwlch« (ausgesprochen Caladfulch), woraus sich das »Caliburn« Geoffreys und zuletzt die kirchenlateinische Verballhornung »Excalibur« entwickelten.

Mit seinem Schwert Caladvwlch am Sattel war der frisch initiierte keltische Krieger Arthur im Jahr 485 nach Südosten gezogen, wo der uns bereits bekannte Ard Rhi Emrys das südliche Britannien gegen die germanischen Invasoren verteidigte. Vermutlich hatte Merlin ihm sehr lange nachgeblickt und sich dabei an die sieben Jahre erinnert, in denen der Sohn Ygernas und Uther Pendragons sein Schüler gewesen war. Nun mußte der Druide, der während der folgenden Zeit wahrscheinlich in der Abgeschiedenheit der Ynys Avallach blieb, abwarten, wie sich Arthur in seinen ersten Kämpfen bewährte. Sofern dann eintraf, was angesichts der intensiven spirituellen, aber ebenso handfest realitätsbezogenen Ausbildung zu erwarten war, würde Merlin neuerlich in Erscheinung treten, um seinen Schützling auch auf dem nächsten Abschnitt seines einzigartigen Weges geistig zu führen.

Der Rhiotam

ROUGH TWR

Ruppige Wildrinder,
erdfarben ihren Gesang schnaubend,
ausladend breitend ihr Mondgehörn,
durchbrechen den magischen Saum
des zerklüfteten Hügels.

Reiter auf struppigen Pferden
treiben die Herde unter jagenden Wolken,
durch gegenweltliche Nebelfetzen,
heraus aus der anderen Zeit,
wie im Sturm auf dich zu.

Der Muldenstein von Morwenstow,
steht ganz nahe verborgen
im normannischen Gemäuer,
heimlich von zeitloser Girlande umkränzt:
Knoten zur ewigen Welle gemeißelt.

Im Stampfen der Tiergötter,
im jubelnden Schrei der Hirten Rhiannons,
dank der Zeugungskraft Ceridwens,
wird das vom Kreuz geschändete Becken
erneut zum Kessel des Lebens.

Das obige Gedicht entstand im Spätsommer 1996 in Cornwall, wenige Tage nach meinem Besuch in Tintagel und nicht weit vom Schauplatz der Heiligen Hochzeit entfernt.

An jenem Morgen war ich im Dorf Widemouth Bay an

der gleichnamigen Meeresbucht südlich von Bude aufgebrochen und dann über Camelford hinein ins Bodmin Moor gefahren. Mein Ziel war der Rough Twr, der in einer ausgesprochen »magischen« Landschaft liegt: charakterisiert durch dunkelgrüne, bräunliche und violette Heideflächen, neolithische oder bronzezeitliche Steinsetzungen und eben jene unverwechselbaren natürlichen Erhebungen, die von den Einheimischen wegen ihrer ganz besonderen Ausstrahlung nicht einfach als Hill, sondern als Twr bezeichnet werden.

Schon seit geraumer Zeit sah ich den Rough Twr in der Ferne liegen. Eher sanft stiegen seine Flanken an, doch die ebenfalls langgestreckte Kuppe war zu einem surrealen Ensemble zackiger Felsformationen zersplittert, welche urweltliche Assoziationen wachriefen. Hinzu kam die Einsamkeit der Gegend; völlig verlassen wand sich eine einspurige Straße zwischen niedrigen, von seltenen Pflanzen bewachsenen Abhängen dahin. Gelegentlich mußte ich die Fahrt kurz unterbrechen, um ein Weidegatter zu öffnen und es, wenn der Wagen auf der anderen Seite stand, wieder zu schließen. Jedes Mal hatte ich dann das Gefühl, der in wilden Stößen über das Moor fegende Wind träfe mich, weit über das Körperliche hinaus, auch mental. Irgendwann schließlich – die Konturen des Berges hatten sich jetzt bereits sehr scharf ausgebildet – wußte ich auf einmal, daß jeden Moment etwas Unglaubliches geschehen konnte. Und tatsächlich schien ich gleich darauf jäh um eineinhalb Jahrtausende zurück in die Vergangenheit zu stürzen.

Weiches, rhythmisches Huftrommeln ertönte; mit demselben Lidschlag kamen die Tiere, um eine von Sträuchern bedeckte niedrige Erhebung biegend, auf mich zu: halbwilde Rinder mit fahlem, braunem oder schwarzem Fell, an der Spitze ein Stier mit breit ausladendem Gehörn. Ich fand gerade noch Zeit, den Wagen in eine Ausweichstelle zu steuern und hart abzubremsen, dann war die Herde auch schon heran. Ein Teil der Tiere galoppierte vorbei, andere umringten meinen Wagen; als ich die Tür halb öffnete und die Kamera hob, begann der Leitbulle mit den Hufen zu scharren und machte Anstalten, zum Angriff überzugehen. Doch ehe ein Unglück passierte, jagten mehrere Reiter herbei und trieben die Rinder geschickt auf das Heideland abseits der Straße. Diese Berittenen aber, plötzlich wußte ich es unverbrüchlich, waren überlebende Kelten: Nachfahren jener Männer, die in der Epoche Merlins gelebt und Arthur in die Schlacht begleitet hatten.

Ich begriff es aufgrund eigenen uralten Wissens instinktiv; erkannte es aber auch an der Art, wie die kornischen Reiter im Sattel saßen: das eine Knie hochgezogen, das andere Bein gestreckt, wobei der Unterschenkel gegen den Leib des Pferdes trommelte und es auf diese Weise trieb.

Rough Twr in Cornwall, wo dem Autor die keltischen Reiter begegneten.

Nirgendwo sonst in Europa wird so geritten; hier jedoch, nahe des Rough Twr, war die Tradition der britannischen Kelten des 5. und 6. Jahrhunderts bis in die Gegenwart herauf bewahrt worden. Und während mir das, zunächst intuitiv, dann auch vom Verstand her, bewußt wurde, fühlte ich ein unendliches Glücksgefühl – ganz unverhofft war ich jenen wiederbegegnet, die ich einst, eineinhalb Jahrtausende tiefer in der Zeit, als meine Gefährten gekannt hatte.

Ich sah die mir so unendlich vertrauten Gestalten und Gesichter: nicht sonderlich große Männer mit ungebärdigen, wild blitzenden Augen; lachende Münder, da und dort eine Narbe an Stirn oder Wange, auch Zahnlücken; trotzdem oder gerade deswegen strahlte jedes Antlitz grenzenlose Lebenslust und tiefes Vertrauen ins Dasein aus. Die Pferde entsprachen den Reitern: klein, struppig, mager, aber sichtlich zäh, ausdauernd und gutmütig – und nun kam eins der Tiere mit einem dieser prachtvollen Menschen im Sattel auf mich zu. Wir verstanden uns auf Anhieb; das Gemisch aus Kornisch und Englisch, das der Mann aus dem Bodmin Moor sprach, stellte kein Hindernis dar; er erklärte mir, daß er und seine Kameraden die Rinder auf einen neuen Weideplatz bringen würden; unmittelbar dahinter würden weitere Treiber mit einer Pferdeherde folgen. Und so sah ich wenig später auch dieses faszinierende Bild noch: erneut die Kelten des 20. Jahrhunderts, die in den Sätteln zu tanzen schienen, dazu die heranpreschenden Hengste und Stuten – es war angesichts dieses herrlichen Erlebnisses wahrlich kein Wunder, daß ich Rhiannon aus tiefstem Herzen dankte.

Wenig später, als ich das letzte Stück zum Rough Twr wanderte und die berittenen Hirten nur noch von ferne sah, schienen Gegenwart und sehr weit zurück liegende

Vergangenheit völlig miteinander zu verschmelzen. Zeitlos bewegten sich die Reiter und ihre Herden in der Moorlandschaft, über die jetzt in raschem Wechsel Sonnenflecken und Wolkenschatten zogen; so war es an diesem Tag, ebenso war es zur Zeit Merlins und Arthurs gewesen. Schließlich, während einer kurzen Rast bei ein paar Trittsteinen, die das Überqueren eines kleinen Wildbaches ermöglichten, begriff ich auch, wie diese kornischen Kelten hatten überleben können – und zwar nicht allein mit ihrer Art zu reiten, sondern auch mit anderen unverwechselbaren Traditionen, die ich bereits früher zwischen Launceston und Lands End kennengelernt hatte.

Ich erinnerte mich an einen Besuch in Morwenstow: einem wie verwunschen wirkenden Weiler, der etwa eine Autostunde nördlich des Bodmin Moors direkt an der Küste liegt. Dort sah ich »Hawkers Hut«, eine winzige, aus Treibholz gezimmerte Hütte auf einer Klippe, wo der legendäre viktorianische Pfarrer R.S. Hawker im Opiumrausch wildromantische Cornwall-Balladen geschrieben und nach in Seenot geratenen Schiffen ausgespäht hatte. Doch nicht nur deswegen war Morwenstow für mich anziehend; die interessanteste Entdeckung machte ich in der Kirche des Ortes, in der sich normannische Relikte erhalten haben und die mit Sicherheit auf den Fundamenten noch sehr viel älterer Sakralbauten steht. In dieser Kirche gibt es nämlich einen Taufstein, welcher freilich nur vordergründig christliche Bedeutung hat; ursprünglich diente er ganz ohne Zweifel heidnischen Zwecken.

Auf dem flachen Kessel, der eine asymmetrische Form hat, ist trotz der starken Verwitterung noch immer ein typisch keltisches Flechtmuster zu erkennen. Mittig zieht sich ein vielfach verknotetes »Seil«, dessen Ende wieder mit dem Anfang verknüpft ist, um die Steinschale. Zudem wächst an einer Stelle ein menschlicher Kopf aus der Wölbung; es entsteht der Eindruck, als werde dieser soeben aus dem Flechtwerk heraus geboren. All dies zusammengenommen weist unmißverständlich auf die heidnische Herkunft des Taufbeckens hin, und wenn man noch weiß, daß sich ganz in der Nähe der Kirche von Morwenstow eine schon in vorchristlicher Zeit genutzte heilige Quelle befindet, dann lassen sich die Zusammenhänge leicht erkennen. Ehe hier an der kornischen Nordküste der erste christliche Sakralbau errichtet wurde, rieselte das Wasser des von der Quell- und Fruchtbarkeitsgöttin Brigid beseelten Borns in den steinernen Kessel. Erst sehr viel später wurde dieser dann in die Kirche gebracht und als Taufstein verwendet; die zwangschristianisierten Kelten der Gegend jedoch erkannten in ihm nach wie vor einen heidnischen »Kessel des Lebens«. Auf diese Weise vermochten sie ihre keltische Identität hinter der Fassade der zunächst römisch-katholischen und später anglikanischen Religion bis auf den heutigen Tag zu bewahren; gleichzeitig wurde der pagane Muldenstein – vielleicht unter Mithilfe von getarnten Druiden, welche in die Gewänder von Klerikern geschlüpft waren – unzerstört in die Gegenwart herübergerettet.

Unter der Tünche einer letztlich nur vermeintlich christlichen Zivilisation blieb der Geist der alten Zeit erhalten: jener Epoche, in der Merlin, Arthur und andere so entschlossen um das Überleben der keltischen Welt gekämpft hatten. Eingedenk des Vermächtnisses von Camelot wurden der Quellenstein von Morwenstow und viele hundert weitere derartige Relikte überall in Britannien behütet; es geschah oft unter immensen Schwierigkeiten, aber stets in der unverbrüchlichen Hoffnung auf ein neues und freies

Aufblühen des heidnischen Keltentums, so wie es der Fürstensproß aus dem Volk der Demetier in Dinas Emrys prophezeit hatte.

Die Kraft dazu konnte aus den Taten Merlins und Arthurs sowie ihrer Mitstreiter im späten 5. und frühen 6. Jahrhundert geschöpft werden; all jener, die damals den Kampf gegen die fürchterliche Bedrohung des Landes und seiner keltisch-heidnischen Kultur aufnahmen. Vom Wissen um diese hohe Bestimmung motiviert, war der Sohn Ygernas und Uthers im Jahr 485 erstmals in den Krieg gezogen; er hatte es unmittelbar nach der letzten Initiation durch seinen druidischen Lehrer getan und mußte sich auf dem Schlachtfeld beweisen, damit er sodann den Pfad hin zum Königtum und weiter zur Unsterblichkeit zu beschreiten vermochte. Nur so konnte der Same, den Merlin durch das Ritual der Heiligen Hochzeit von Tintagel gesät hatte, die ersehnten Früchte hervorbringen und den keltischen Traum über eineinhalb Jahrtausende hinweg in die Zukunft tragen.

Verwegene Reiter von der Art, wie ich sie im Bodmin Moor gesehen hatte, bildeten während der ersten Schlacht, an der Arthur teilnahm, bestimmt nur eine kleine Kampfgruppe an der Spitze des keltischen Heeres, dessen Angehörige zumeist zu Fuß fochten. Erst später, in seiner Eigenschaft als Rhiotam (Kriegskönig), sollte Arthur die Taktik der Britannier auf wirklich große Reiterverbände umstellen. Vorerst jedoch griffen er und die wenigen anderen im Adelsrang stehenden Berittenen lediglich als Einzelkämpfer ins Gefecht ein. Die Auseinandersetzung, zu der sich die in Notwehr handelnden Britannier gezwungen sahen, fand am Fluß Mearcredesburna oder Arun nahe der englischen Südküste statt. Möglicherweise kämpfte Arthur dort Anno 485 Seite an Seite mit dem schon betagten König Emrys. Historisch gesichert ist, daß die germanischen Mordbrenner, Frauenschänder und Raubkrieger unter dem Befehl eines Häuptlings namens Aelle standen; außerdem befanden sich die Invasoren offensichtlich stark in der Überzahl. Wohl aus diesem Grund endete die Schlacht am Mearcredesburna mit einer Niederlage der Kelten, so daß der sechzehnjährige Arthur gleich bei seinem ersten Gefecht die Kehrseite des Krieges kennenlernte.

Er wäre freilich nicht Schüler eines Druiden gewesen, wenn er sich von diesem Debakel hätte entmutigen lassen. Vielmehr lernte er daraus; unter anderem deswegen, weil er die Gefährlichkeit der Aggressoren – und damit letztlich des Weißen Drachen – nun erstmals hautnah erfahren hatte. In der Folge stellte er sich darauf ein und schaffte es, dem negativen Prinzip das positive keltische des Roten Drachen entgegenzusetzen, das schützen, retten und Humanität bewahren wollte. Arthurs Entschlossenheit, im Sinne dessen zu kämpfen, was Merlin ihn gelehrt hatte, wuchs also an der Niederlage, welche die Britannier am Fluß Mearcredesburna hatten hinnehmen müssen. Während der nächsten Jahre dann, bis 488, entwickelte er sich genau deswegen zu einem Krieger, der den Feinden des Keltentums immer härter zusetzte.

Konkret stieg Arthur von einem einfachen, wenn auch hochgeborenen Kämpfer schnell zu einem Anführer innerhalb des keltischen Heeres auf. Die moderne Forschung hat eruiert, wie das am wahrscheinlichsten geschah: Offenbar befehligte er die Reiterei und bemühte sich, die Zahl der Berittenen Zug um Zug zu vergrößern. Bei der Schlacht am Mearcredesburna hatten vermutlich nur ein paar Dutzend

Krieger hoch zu Roß gefochten, in den Jahren 486 und 487 könnten aber bereits hundert oder zweihundert unter dem Banner dessen gekämpft haben, der aufgrund seines Mutes, seiner Geburt am kornischen Königshof – und ebenso in Erinnerung an Merlins einschlägige Prophezeiungen – mittlerweile als »Eber von Cornwall« bezeichnet wurde.

An der Spitze dieser schnell beweglichen Krieger, die sowohl das Schwert als auch die Lanze führten, griff Arthur die Germanen in überraschenden Überfällen an. Schiffe, die irgendwo an einem Flußufer ankerten, gingen in Flammen auf; kleinere Stützpunkte wurden überfallen, Kolonnen, die versklavte Kelten und Raubgut zur Küste bringen sollten, niedergemacht. Auf solche Weise sorgte der siebzehn- und achtzehnjährige Befehlshaber für ständige Irritation unter den Feinden. Hinzu kam der Einsatz seiner Reiterschar bei den größeren Schlachten, die auch während dieser Zeit stattfanden. Vor allem dank der nun schlagkräftigeren Reiterattacken konnten sich die Britannier besser als bisher behaupten. Anno 488 schließlich schienen sich die Kräfteverhältnisse endlich wieder die Waage zu halten. Die Invasoren mußten sich ab diesem Zeitpunkt auf jene Gebiete beschränken, die bereits fest in ihrer Hand waren, und die Kelten wiederum vermochten jenseits dieser Grenzen feste Verteidigungsstellungen auszubauen.

Gleichzeitig hatten die Britannier im Jahr 488 aber auch den Tod ihres Ard Rhi Emrys zu betrauern; jenes Hochkönigs, der 463 den Usurpator Vortigern in dessen letzter Festung Genoreu belagert und besiegt hatte. Mit wechselndem Erfolg hatte Emrys während des folgenden Vierteljahrhunderts vom freien südwestlichen Teil der Insel aus gegen die germanischen Aggressoren gekämpft. Nun, nach seinem Begräbnis, mußten die Kelten den geeigneten Nachfolger finden – damit war für Merlin die Stunde gekommen, die Ynys Avallach zu verlassen und zusammen mit Arthur den nächsten Schritt zur Verwirklichung seines großen Planes zu tun.

Obwohl erst neunzehnjährig, hatte sich der »Eber von Cornwall« als Krieger und Anführer längst bewährt. Jetzt war er reif, sich einer noch höheren Herausforderung zu stellen und an die Spitze des britannischen Heeres zu treten. Dies allerdings konnte ihm nur gelingen, wenn er sich gegen die übrigen Bewerber – Regionalfürsten oder andere Männer, die sich als Befehlshaber hervorgetan hatten – durchzusetzen vermochte. Die Entscheidung fiel nach keltischem Brauch mit Sicherheit im Rahmen eines Drunemetons, einer Großen Versammlung, die von Druiden geleitet wurde und bei der jeder Teilnehmer gleiches Stimmrecht besaß. Nun, irgendwann im Jahr 488, traten die Delegierten der freien britannischen Stämme zusammen, um denjenigen zu bestimmen, dessen Schwert sie ihr künftiges Schicksal anvertrauen wollten.

Wo die Wahl stattfand, läßt sich nicht mehr präzise sagen; zweifellos jedoch diente ein sakraler Ort als Schauplatz, denn nur dort durfte nach keltischem Gesetz ein Drunemeton abgehalten werden. Anzunehmen ist, daß ein geheiligtes Areal nahe oder direkt bei der Verteidigungslinie gegen die Germanen ausgesucht wurde; dort stand das Gros des Heeres, das einerseits am meisten von der Entscheidung betroffen war, andererseits seine Position aus Sicherheitsgründen nicht verlassen durfte. Da zur fraglichen Zeit der gesamte Südosten Englands von den Angeln, Sachsen und Jüten besetzt war, ist es am wahrscheinlichsten, daß der bewußte Platz irgendwo im heutigen Somerset oder Wiltshire lag, von welcher strategischen Position aus ein Vorstoß der Germanen tiefer ins Landesinnere und in Richtung Cornwall oder Wales gut verhindert werden konnte. Merlin hätte in diesem Fall von Avalon aus nur wenige Tage zu reiten gehabt, um im Verlauf des Drunemetons für seinen Schützling einzutreten – Tatsache ist, daß er es zuletzt schaffte, Arthur jene entscheidende Hilfestellung zu geben, die es dem Sohn Ygernas und Uther Pendragons ermöglichte, die übrigen Bewerber auszustechen.

Um zu verstehen, was geschah, wollen wir uns die entsprechende Szene bildlich ausmalen. Angenommen, die Große Versammlung wurde in Wiltshire einberufen, so könnten sich die Kelten auf einer Bergkuppe im westlichen Abschnitt der Hügelkette getroffen haben, die sich, dem Rand einer Schüssel gleich, um die Tiefebene der Salisbury Plains zieht. Von hier oben geht der Blick weit übers Land, so daß man sich relativ sicher fühlen durfte. Dies, obwohl an einer steilen Hügelflanke in der gegenüberliegenden östlichen Bergkette unübersehbar ein bedrohliches Symbol prangte: das durch Freilegen des hellen Steins erzeugte Bildnis eines riesigen weißen Pferdes, wie man es da und dort noch heute in dieser Gegend sehen kann. Durch derartige Hügelzeichnungen markierten die germanischen Invasoren vor eineinhalb Jahrtausenden die Grenzen des von ihnen eroberten Territoriums. Vermutlich sollten die Tierbilder, die stets in unmittelbarer Nähe starker Erdwall- und Palisadenfestungen lagen, die Erinnerung an Hengist und Horsa wachrufen, welche als erste Eroberer an der britannischen Küste gelandet waren.

Merlin und Arthur werden damit vor allem den Ungeist des Weißen Drachen assoziiert haben, dem der Druide und

»White Horse of Pratton« (Bildhintergrund) in Wiltshire. Durch solche Hügelzeichnungen markierten die Angelsachsen das von ihnen eroberte Territorium.

sein Schützling jetzt entschlossener denn je entgegentreten wollten. Doch zuvor mußte der junge »Eber von Cornwall« den Rang erringen, der ihm die militärischen Mittel dazu in die Hand gab – und dazu wiederum war es nötig, die Delegierten der verschiedenen keltischen Stämme zu gewinnen, die sich, zusammen mit den übrigen Bewerbern um die Würde des obersten Anführers, zum Drunemeton eingefunden hatten. Schauplatz dieser Großen Versammlung war, wie bereits erwähnt, ein sakrales Areal; es konnte sich dabei entweder um einen von heiligen Bäumen umfriedeten Hain oder auch um einen Steinkreis handeln. Dort – unter freiem Himmel und mit dem Blick auf das von den Feinden besetzte Territorium – stellten sich Arthur und seine Konkurrenten zur Wahl; jeder Kandidat wurde dabei von seiner speziellen Anhängerschaft unterstützt.

Diejenigen, die im Rang eines Rhi, beziehungsweise eines Häuptlings standen, führten die Bedeutung der verschiedenen Völkerschaften oder Stämme ins Feld, welche durch sie repräsentiert wurden; Adlige aus schon länger regierenden Fürstenhäusern konnten sich neben ihren eigenen zusätzlich auf die Verdienste ihrer Vorfahren berufen. Im Fall des knapp zwanzigjährigen »Ebers von Cornwall«, der zwar ebenfalls edler Abstammung, aber nicht Inhaber eines fürstlichen Titels war, fielen seine Taten als Krieger und Anführer der Reiterei des Heeres ins Gewicht, die wohl von Angehörigen seines Kampfverbandes herausgestellt wurden. Andererseits wird Skepsis angesichts des beinahe noch jugendlichen Alters Arthurs laut geworden sein – bis schließlich Merlin eingriff und dem Geschehen die entscheidende Wende gab.

Der nun achtunddreißigjährige Druide, der auch als Barde geschult und somit ein mitreißender Redner war, beschwor die Szene herauf, die sich zwei Jahrzehnte zuvor auf der Felsenklippe bei der kornischen Königsstadt Tintagel abgespielt hatte. Im Rahmen einer Heiligen Hochzeit, so klärte Merlin die Anwesenden auf, sei derjenige, der sich jetzt um die Würde des Heerführers bewerbe, am Beltanefest des Jahres 468 gezeugt worden. Ygerna, die Hochkönigin Cornwalls, habe an jenem Tag den Samen Uther Tudurs, des damaligen Ard Rhi der kimmrischen Stämme, empfangen. So sei sowohl real als auch spirituell das Blut von Cymru mit dem Blut von Kernow verbunden worden: das königliche Blut der beiden größten keltischen Völkerschaften Britanniens. Von den Göttern selbst sei auf diese Weise ein unverbrüchliches Bündnis zur Verteidigung des unabhängigen Keltentums geschlossen worden, und das lebende Symbol dafür sei derjenige, der als »Eber von Cornwall« bereits Berühmtheit erlangt habe.

Nun aber sei die Zeit gekommen, da Arthur zusätzlich zu diesem Kriegsnamen, der auf seine kornische Abstammung hindeute, auch das Emblem dessen führen solle, der einstmals in Cymru geherrscht habe: das Banner, das den Roten Drachen des Pendragon zeige. Dies solle das Feldzeichen sein, unter dem Ygernas und Uthers Sohn das keltische Heer in seine künftigen Schlachten führe – und er solle an der Spitze der Kampfscharen reiten mit seinem Schwert Caladvwlch in der Faust, das ihm auf der Ynys Avallach von den Göttinnen Ceridwen und Caillech verliehen worden sei. Aus dem heiligen Schoß des Twr habe Arthur die blitzende Klinge gezogen; die zweischneidige Waffe, die zum einen für außergewöhnliche Tapferkeit, zum anderen für die großherzigen Tugenden eines keltischen Fürsten stehe.

All dies prädestiniere Arthur mehr als jeden anderen, an diesem Tag und im Angesicht der Feinde des Keltentums zum Anführer aller freien britannischen Kämpfer erhöht zu werden: zum Rhiotam, der mit dem Willen der Götter und im Geiste des Roten Drachen Widerstand leisten werde gegen die Bedrohung durch den Weißen Drachen und dessen menschenverachtenden Ungeist. Angeln, Sachsen und Jüten seien die Widersacher; ebenso aber auch die Nachfahren der Legionäre, welche große Teile des Landes und die Menschen darauf noch immer mit den Mitteln der römischen Tyrannei zu unterdrücken versuchten und sich dazu der römisch-christlichen Kreuzreligion bedienten, die in ihrer unsäglichen Vermessenheit die Existenz der alten und wahren Gottheiten leugne. Die Befreiung von all dem könne einzig durch ein entschlossenes, nie zuvor erlebtes Aufbäumen des Keltentums erreicht werden – und der Rhiotam, der die großen Völker von Cymru und Cornwall sowie alle übrigen Stämme dabei führen müsse, sei Arthur, der Sohn der Hochkönigin Ygerna und des Ard Rhi Uther Pendragon!

Nachdem Merlin geendet hatte, kannte die Begeisterung der Großen Versammlung keine Grenzen mehr. Selbst diejenigen, die eben noch gegen den »Eber von Cornwall« konkurriert hatten, mußten einsehen, daß der kaum Zwanzigjährige mehr als jeder andere das Recht besaß, an die Spitze der vereinigten britannischen Heeresverbände zu treten. Denn Arthur stand für alles, was die freien Kelten zu einem Kampfbündnis, wie es seit den Tagen Boudiccas nicht mehr existiert hatte, zusammenschmieden konnte. Den Grundstein dazu hatte Merlin durch das Ritual der Heiligen Hochzeit von Tintagel gelegt, später hatte der Druide seinen Schüler intensiv auf seine Pflicht vorbereitet und durch die letzte Initiation auf der Ynys Avallach das Schicksal Arthurs zudem mit der Kraft und dem Willen der Göttinnen Ceridwen und Caillech verbunden. Und nun, mit der Wahl des jungen Kriegshelden zum Rhiotam, war der von Merlin so meisterlich geknüpfte Knoten vollendet; jetzt würde Arthur die zutiefst zukunftsweisende Aufgabe angehen können, für die ihn der *Große Wissende* von allem Anfang an bestimmt hatte.

Von diesem Geist getragen, muß sich die Erhöhung Arthurs im Jahr 488, kurz nach dem Tod des Ard Rhi Emrys, abgespielt haben. Und von diesem Zeitpunkt an taucht der Rhiotam, der Heerkönig der freien britannischen Kelten, relativ häufig in den ältesten Chroniken der Insel auf. So berichtet etwa der nordwalisische Geschichtsschreiber Nennius, der im 9. Jahrhundert lebte und nach eigenen Angaben wiederum aus sehr viel älteren Quellen kompilierte, folgendes: »Als Hengist tot war, zog Octha, sein Sohn, vom nördlichen Teil Britanniens gegen das Königreich der Kenten. Dann kämpfte Arthur mit den Königen der Briten gegen sie, doch er selbst war der Anführer der Schlachten.«

Diese Aussage stellt einen zusätzlichen Zeitschlüssel dar, an dem sich die Wahl Arthurs zum Rhiotam – zum Kriegskönig, der Befehlsgewalt über alle anderen Fürsten besaß – exakt festmachen läßt. Denn es ist historisch gesichert, daß Hengist, der zusammen mit seiner kriegerischen Gemahlin Horsa und einem ersten angelsächsischen Invasionsheer um 450 in England gelandet war und Anno 488 als erster Herrscher eines germanischen Reiches auf britischem Boden starb. In den beinahe vier Jahrzehnten seit der Bildung des ersten Brückenkopfes hatten Hengist und seine vom Festland nachdrängenden Verbündeten die Kelten immer weiter zurückgetrieben und den gesamten Südosten der Insel okkupiert. Nach der keltischen Niederlage am Fluß Mearcredesburna, in der ein Häuptling namens Aelle, wohl in Vertretung von Hengist, das Heer der Aggressoren befehligt hatte, waren die Britannier in größere Bedrängnis denn je geraten. Dann freilich hatte der »Eber von Cornwall«, und dies war seine erste bedeutende Tat gewesen, mit Hilfe seines zunächst noch kleinen Reiterverbandes das Blatt zumindest so weit gewendet, daß bis zum Jahr 488 wieder eine Art Kräftegleichgewicht erreicht war. Nun jedoch zog abermals eine brandgefährliche Bedrohung am Horizont herauf – denn nach dem Tod Hengists mußte sich dessen Nachfolger Octha als neuer Herrscher der germanischen Stämme beweisen.

Nennius berichtet, Octha sei (offenbar sofort nach seiner Krönung) vom »nördlichen Teil Britanniens gegen das Königreich der Kenten« herangezogen. Wenn wir nun diese Aussage analysieren, so lassen sich aus ihr zwei die historische Situation erhellende Schlüsse ziehen. Zum einen sieht es so aus, als habe Octha zu Lebzeiten seines Vaters quasi als dessen Unterkönig ein kleineres Territorium außerhalb des germanischen Kernreiches regiert; vermutlich eine Region an der Ostküste Nordenglands zwischen den Fjorden Wash und Humber. Auch dort kam es im späten 5. Jahrhundert wiederholt zu Landungen von Stammesverwandten der bereits in Britannien ansässigen Angelsachsen und Jüten, und mit einem dieser frischen Heere könnte sich Octha zur Stärkung seiner eigenen Macht verbündet haben. Zum anderen weist die Interpretation von Nennius' kurzem Report darauf hin, daß es dem neuen germanischen Oberherrn bei seiner ersten militärischen Kampagne darum zu tun war, den seit drei Jahren festgefahrenen Angriffskrieg gegen die freien Kelten mit aller Gewalt wieder in Gang zu bringen. Deswegen ging er gegen ein britannisches Volk vor, das ohnehin schon entwurzelt war – und nun wohl völlig ausgerottet werden sollte.

Diese Menschen bezeichnet der walisische Geschichtsschreiber als Kenten und nennt damit auch gleich die Gegend, wo sie ursprünglich lebten: die Grafschaft Kent im englischen Südosten, die in ihrem Namen die Erinnerung an die einstmals hier eingesessene keltische Bevölkerung bis in unsere Zeit bewahrt hat. Im Jahr 488 allerdings waren die Kenten längst aus ihrer angestammten Heimat vertrieben worden, denn diese bildete jetzt eines der Kerngebiete des Reiches, das Hengist hinterlassen hatte. Höchstwahrscheinlich hatten sich die Überlebenden des Kenten-Volkes, dem Angriffsdruck der germanischen Aggressoren nach Nordwesten ausweichend, in das ausgedehnte Hügelland zwischen den heutigen Städten Oxford und Northampton zurückgezogen. Und dorthin zielte nun der Vorstoß Octhas, welcher auf diese Weise nicht nur die bereits schwer dezimierten Kenten, sondern zudem die weiche Flanke von Cymru nördlich des Severn-Fjords bedrohte.

Dies war die gefährliche Situation, der sich Arthur unmittelbar nach seiner Wahl zum Rhiotam stellen mußte. Und er tat es, wie Nennius und andere Chronisten weiter berichten, mit außerordentlicher Bravour. Es gelang dem Schüler Merlins nicht nur, den germanischen Angriff zum Stehen zu bringen und damit unter anderem die Kenten zu retten; er sorgte zudem dafür, daß die nordöstliche Grenze des von den Britanniern gehaltenen Gebietes auf Dauer durch starke Befestigungen gesichert wurde. An uns ist es nun, die Frage zu stellen, auf welche Weise der Heerkönig, der in diesen Jahren nach 488 so erfolgreich unter dem Banner des Roten Drachen focht, seine Siege erkämpfte – und welchen Anteil sein druidischer Ratgeber daran hatte.

Zunächst beruhte Arthurs Schlagkraft auf einer Art der Kriegsführung, die auf den westeuropäischen Inseln bis dahin völlig unbekannt war. Bis zum Aufstieg des Rhiotam hatten sowohl die Kelten als auch die römischen Legionäre und ebenso die germanischen Invasoren vorzugsweise zu Fuß gekämpft. Lediglich die Befehlshaber und eine kleine Schar anderer hochgestellter Krieger waren beritten gewesen. Arthur hingegen hatte bereits kurz nach der Niederlage am Mearcredesburna den Wert stärkerer Kavallerieeinheiten entdeckt und in der Folge sehr effektiv einen derartigen Verband von zunächst nur wenigen hundert Reitern geführt. Nun, da er die Möglichkeit dazu besaß, baute er diese Kerntruppe, die mit Lanze und Hiebschwert vom Sattel aus focht, Zug um Zug weiter aus, bis er zuletzt – auf dem Höhepunkt seiner Macht – mehrere tausend derartiger Elitekämpfer aufbieten konnte.

Wie die Archäologen bei Ausgrabungen in Camelot nachgewiesen haben, waren um das Jahr 500 allein dort zehn berittene Hundertschaften stationiert; weitere Kavallerieeinheiten standen mit Sicherheit anderswo im Land. Dies war allerdings der Status zu jener Zeit, als der Rhiotam seine spektakulärsten Schlachten, vor allem die von Badon, schlug; vorerst – bei seinen ersten Kriegszügen gegen Octha – wird er noch nicht über derart starke Reitertruppen verfügt haben. Doch wie die Geschichte zeigt, reichte die Kampfkraft seiner Kavallerie trotzdem aus, um zwischen 488 und ungefähr 490 eine Reihe von Siegen über die Germanen zu erringen, so daß diese nicht über den West Glen River vorzudringen vermochten, der in etwa die Grenze zwischen den heutigen Grafschaften Lincolnshire und Leicester bildet: die Region nordöstlich des Hügellandes, in das sich die Kenten zurückgezogen hatten.

Soweit der rein militärische Hintergrund von Arthurs ersten Erfolgen – die vermutlich nicht möglich gewesen wären, wenn sich der junge Rhiotam auf die traditionelle Kriegsführung der britannischen Kelten versteift hätte. Den neuen Weg aber, den er einschlug, hatte ihm schon lange zuvor kein anderer als Merlin gewiesen, indem der Druide seinen Schützling nämlich auf den Pfad geleitet hatte, der zu Caillech führte. Wie wir uns erinnern, erscheint die verschleierte Göttin in einer ihrer Emanationen auch als göttliche Stute Rhiannon – und hier haben wir exakt den so enorm wichtigen mentalen Anstoß, den Merlin seinem Schüler gab. Weil er den Geist Rhiannons in ihrer kämpferischen Erscheinungsform verinnerlichte, konnte Arthur die Kampfweise seines Heeres auf die bisher im nordwestlichen Europa unbekannte Taktik der schnellen und außerordentlich effektiven »Raids« hoch zu Roß umstellen und so den entscheidenden Vorteil über den Aggressor Octha und dessen bedeutend unbeweglichere Fußtruppen gewinnen.

Ermöglicht hatte dies letztlich der druidische Berater des Rhiotam, weil Merlin – ganz nach der keineswegs »blauäugigen« Art der sehr wohl auch praktisch denkenden *Großen Wissenden* – andersweltliche Inspiration handfest auf die irdische Realität umzulenken vermochte. Angesichts der Bedrohung der keltischen Völker scheute Merlin nicht davor zurück, seine Fähigkeiten auch in militärischer Hinsicht anzuwenden – ohne dadurch moralisch abzustürzen. Denn in der Praxis sorgte die revolutionäre Kampftaktik Arthurs dafür, daß die Schlachten jetzt rascher und damit unter geringeren Verlusten als bisher entschieden werden konnten. Der Gegner wurde meist schon im ersten Ansturm »geworfen« und in die Flucht gejagt; das wieder bedeutete weniger Gemetzel als früher, als die ineinander verkeilten Fußkämpfer beider Seiten oft stundenlang aufeinander eingeschlagen hatten, bis im extremsten Fall womöglich noch der letzte Mann der unterlegenen Seite niedergemacht war.

Der Rhiotam kämpfte also in der Tat mit beiden Schneiden seines Schwertes Caladvwlch: der scharfen, die seinen Feinden hart zusetzte, aber ebenso der anderen, welche danach trachtete, unnötiges Blutvergießen zu vermeiden. Oberstes Ziel Arthurs und des hinter ihm stehenden Druiden war dabei stets der Schutz der ihnen anvertrauten Menschen – und dieses Bestreben äußerte sich in jenen Jahren nach 488 zusätzlich im Bau mächtiger Verteidigungsanlagen entlang der Linie, hinter welche Arthur und seine Reiter die germanischen Aggressoren nun zurückgetrieben hatten. Die Archäologen des 20. Jahrhunderts untersuchten eine ganze Reihe solcher Bollwerke im Grenzgebiet zwischen Lincolnshire und Leicester und machten dabei eine verblüffende Entdeckung. Bei den Ringwallanlagen nämlich handelte es sich keineswegs nur um einfache Erdaufschüttungen, sondern sie waren auf sehr spezielle Weise nach dem Prinzip des bereits von Cäsar beschriebenen »Murus Gallicus« konstruiert.

Solche Wälle wurden im vorchristlichen La-Tène auf dem Kontinent, am häufigsten im heutigen Frankreich, errichtet. Im Inneren bestanden sie aus mit Steinen verfülltem Balkenwerk, dieser Kern wurde anschließend noch durch festgestampfte Erde verstärkt. Um die Wallkrone zog sich zusätzlich ein Palisadenzaun, und massive hölzerne Tortürme dienten der Verteidigung der Zugänge. Insgesamt stellte eine derartige »gallische Mauer« eine sehr hoch entwickelte Art der Befestigung dar, die selbst den Römern Achtung abnötigte; mit dem Untergang der keltischen Welt und der Einführung römischer Baumethoden auch in Britannien ging die Fertigkeit zur Konstruktion dieser Verteidigungsanlagen dann aber wieder verloren. Doch jetzt, rund fünfhundert Jahre nachdem der letzte »Murus Gallicus« auf dem Festland hochgezogen worden war, tauchten die gleichen Anlagen plötzlich in England auf – und das kann einmal mehr nur bedeuten: Abermals nutzte der Rhiotam, der die Bollwerke zwischen Lincolnshire und Leicester errichten ließ, uraltes Wissen.

Die Orte, wo diese historischen und architektonischen Kenntnisse bewahrt wurden, können einzig Druidenschulen gewesen sein; infolgedessen kommt wiederum nur Merlin als derjenige in Frage, der Arthur die entsprechenden Hinweise gab, damit dieser die gallische Tradition des Festungsbaues wiederbeleben konnte. Und neuerlich handelten die beiden Freunde in der Absicht, die unvermeidliche Auseinandersetzung mit den Germanen so wenig grausam wie möglich zu führen. Denn keltische Stämme, die jederzeit die Möglichkeit hatten, sich in den starken Ringwallanlagen zu verschanzen, um sich dort gegen etwaige Angreifer zu verteidigen, erhöhten das Risiko der Aggressoren beträchtlich – so daß diese es sich im Gegensatz zu früher sicher sehr genau überlegten, ob sie sich auf eine kriegerische Auseinandersetzung einlassen sollten.

Dank der wertvollen geistigen Führung, die Merlin ihm gab, gelang es dem Rhiotam in jenen Jahren zwischen 488 und 490, den angelsächsischen König Octha in seine Schranken zu weisen und die Nordostgrenze des von den freien Kelten bewohnten Territoriums zu sichern. Doch eine zweite, ebenso große Gefahr bestand nach wie vor durch das germanische Reich, das sich längst im Südosten Englands gebildet hatte. Von dort aus konnten jederzeit weitere Offensiven erfolgen, vor allem weil sich Octha mit dem Gros seiner Truppen nun offenbar dorthin gewandt hatte, um von seinen ererbten Kronländern East Anglia, Kent, Sussex und Wessex aus neue militärische Kampagnen vorzubereiten. Dazu benötigte der Erbe Hengists allerdings einige Zeit; um das Jahr 490 oder kurz danach scheint es eine Phase gegeben zu haben, in der keine größeren Kämpfe stattfanden.

Arthur und Merlin aber ließen sich von diesem trügerischen Frieden nicht täuschen, vielmehr nahm der Rhiotam unter Anleitung des *Großen Wissenden* nun seinen berühmtesten Festungsbau in Angriff: den von Camelot.

Die Badbury Rings, wo Arthur und Merlin ihren größten Sieg errangen.

Camelot und Camlann

Eine Quelle sprudelt in der Nähe des Hohlweges, der zu der weitläufigen Hügelburg über dem Dorf South Cadbury hinaufführt. Der Ort befindet sich etwa zwanzig Kilometer südlich von Glastonbury, der einstigen Ynys Avallach – wir werden ihn im vierten Buchteil *Merlins Vermächtnis: Der Runde Tisch* noch sehr genau kennenlernen. Vorerst soll uns das Wissen genügen, daß hier – auf noch sehr viel älteren Besiedelungsschichten – das historische Camelot lag, wie die Archäologen durch umfangreiche Ausgrabungen während der 60er Jahre des 20. Jahrhunderts nachwiesen.

Bereits während des Neolithikums (4000 bis 2000 v. u. Z.) existierte auf dem Bergrücken eine erste Schanze; im La-Tène, als das Keltentum überall in Europa blühte, wurde die Anlage erweitert und diente vermutlich als Fürstensitz. Wiederum einige Jahrhunderte später, im Zuge der Okkupation Britanniens durch die Römer, erlebte die Ringburg bei Cadbury ein Debakel; die römischen Legionäre brannten Tore und Palisaden, Wirtschafts- und Wohngebäude nieder und zerstörten die keltische Siedlung völlig. Wie die Grabungsbefunde weiter ergaben, lag das leicht ansteigende Plateau bis in die zweite Hälfte des 5. Jahrhunderts verwüstet und völlig verlassen da. Dann aber, exakt in der Epoche, da Merlin und Arthur das letzte bedeutende keltische Königtum aufrichteten, wurde die uralte Hügelfestung stärker denn je ausgebaut – und damit war Camelot entstanden.

Auch wenn in den eineinhalb Jahrtausenden seitdem menschliche Zerstörungswut und die Naturgewalten neuerlich ihr Werk getan haben, ist die Anlage heute noch immer eindrucksvoll genug. Drei mächtige konzentrische Erdwälle mit schluchtartigen Gräben dazwischen ziehen sich um den Bergrücken. Im obersten Ringwall verbirgt sich ein mehrere Meter starkes Schichtmauerwerk; zwischen den Balken, die das Gefüge einst in Fachwerkmanier verstärkten, fand sich neben schweren Quadern auch eine Menge kleinerer rötlicher Steine. Ihre besondere Farbe weist darauf hin, daß sie keineswegs nur als Füllmaterial dienten, sondern zusätzlich »magische« Bedeutung hatten – ganz offensichtlich sollte durch sie die Kraft des Roten Drachen mit der Hügelburg verbunden werden.

Merlin und Arthur handelten also erneut in jenem typisch keltischen Bewußtsein, das stets Profanes und Andersweltliches verknüpfen will, als sie Camelot auf uraltem Kulturboden errichteten. Dasselbe gilt, wenn wir uns jetzt noch einmal die spezielle geographische Lage der

Königsburg vor Augen führen. Von den Wällen der Festung, in deren Schutz einst die Große Halle des Rhiotam, ein von Eichen eingegrenzter heiliger Bezirk sowie zahlreiche Wohngebäude und Stallungen standen, hat man einen ausgezeichneten Blick hinüber auf die Erhebungen von Avalon. In seiner unverwechselbaren Form zeichnet sich der Twr dort vor dem Horizont ab; der heilige Ort, wo Arthur seine letzte Initiation erfuhr, ehe er davonritt, um den Kampf gegen die Feinde des Keltentums aufzunehmen. Und nun, um das Jahr 490, war er zusammen mit seinen Reitern in diese fast bukolische Landschaft Somersets mit ihren weichen Bergketten, kleinen Flußläufen und wie verwunschen wirkenden Hohlwegen zurückgekehrt. Hier, neuerlich eng mit der Ynys Avallach verbunden, würde von nun an das Herz seines Reiches schlagen: Camelot, das gleichermaßen auf der irdischen und spirituellen Ebene lebte.

Wenn wir zunächst die reale, politisch und militärisch relevante Bedeutung der dreifachen Ringwallanlage unter die Lupe nehmen, so sticht sofort ihre optimale strategische Position ins Auge. Für Angreifer aus dem Südosten Englands, wo Octha herrschte, sperrte sie sowohl den Weg nach Cornwall als auch die Vormarschrichtung nach Wales. Camelot schützte infolgedessen die beiden großen keltischen Kernländer, in denen die kornischen und kimmrischen Völker bislang noch unangefochten lebten. Zusätzlich bot diese Riegelstellung den Vorteil, daß die berittenen Krieger des Rhiotam von hier aus schnell zur Süd-, beziehungsweise Ostküste Englands vorzustoßen vermochten: dorthin, woher jederzeit neue Angriffe der Germanen erfolgen konnten. Da Camelot schließlich von weiteren, kleineren Hügelfestungen ungefähr auf der Linie der heutigen Autobahn M3 flankiert wurde, stellte die Königsburg zusammen mit diesen anderen Ringwallanlagen ein ungewöhnlich starkes Bollwerk gegen die Bedrohung durch Angelsachsen und Jüten dar.

Einmal mehr wird hier die »Handschrift« Merlins deutlich, der Arthur ohne Zweifel auf die extrem günstige strategische Position der Bergkette im Süden des Flachwassersees von Avalon hingewiesen hatte. Doch auch in metaphysischer Hinsicht hatte der Druide den Platz in Sichtweite der Ynys Avallach sehr bewußt ausgewählt. Denn beide Orte, wir haben es bereits angedeutet, sind über ihre topographische Nachbarschaft hinaus zusätzlich auf der andersweltlichen Ebene miteinander verflochten. Avalon stellt den weiblichen und Camelot den männlichen Pol dar; die Druidinnen der Insel standen geistig hinter den durch sie inspirierten Kämpfern in der Königsburg und den benachbarten Festungen – und erst aus dem Miteinander beider Kräfte entstand die Macht, die das Keltentum in Britannien noch einmal zu jener hohen Blüte führte, die bis heute unvergessen ist.

Weil Merlin das entsprechende Fundament gelegt hatte, ermöglichte der Zusammenklang von druidischer Weisheit und kriegerischem Mut es Arthur, während der Jahre nach 490 sein Heer von Sieg zu Sieg zu führen. Ungefähr tausend Reiter bildeten nun dessen ständig in Camelot stationierte Kerntruppe, und vor allem sie schlugen jene Schlachten, von denen die Barden noch viele Jahrhunderte später sangen. Sie verteidigten das freie Britannien zunächst erfolgreich gegen die Aggressionen, die neuerlich vom Reich Octhas aus vorgetragen wurden. Dann, als sich das Blatt zu wenden begann, gingen sie ihrerseits zum Angriff über, um die Germanen Zug um Zug so weit wie möglich zur englischen Südküste zurückzutreiben. Anno

493 schließlich erreichten die Auseinandersetzungen auf dem Schlachtfeld von Badon sowohl ihren Höhepunkt als auch ihr Ende, denn dort erlitt Octha eine Niederlage, von der er sich nie wieder erholen sollte.

Ich besuchte die Badbury Rings, so der moderne Name des Ortes, mehrfach; jedes Mal war ich von neuem von dieser beinahe zyklopisch wirkenden Erdwall- und Grabenanlage zwischen Blandford Forum und Wimborne Minster im westlichen Dorset fasziniert. Bereits vor 5000 Jahren wurde der zentrale Hügel von Menschen der Jungsteinzeit erstmals befestigt; in der Bronzezeit entstanden mehrere Grabtumuli an einer seiner Flanken, und der keltische Stamm der Durotrigen errichtete hier während der letzten vorchristlichen Jahrhunderte das Oppidum mit dem dreifachen Wall- und Grabensystem. Die Römer wiederum nutzten die Ringwallanlage ab der Mitte des ersten nachchristlichen Jahrhunderts als Kastell – und Anno 493 hatte sich dort der angelsächsische Herrscher Octha mit einem starken Heer verschanzt.

Wahrscheinlich wollten die Germanen von der als uneinnehmbar geltenden Festung aus noch einmal zur Offensive übergehen, doch Arthur kam ihnen zuvor. In der Schlacht von Badon, die in den mündlichen und schriftlichen Überlieferungen übereinstimmend als der Höhepunkt seiner kriegerischen Laufbahn bezeichnet wird, muß der Rhiotam an der Spitze seiner Reiter und Fußkämpfer beinahe Übermenschliches geleistet haben. Es gelang den Kelten, die dreifach gestaffelten Wälle mit den tiefen Gräben dazwischen zu stürmen; zuletzt wehte das Banner des Roten Drachen auf dem Zentralhügel, während sich Octha mit dem völlig demoralisierten Rest seiner Armee in wilder Flucht absetzte.

Der Sieg des Rhiotam war überwältigend, was sich sogar durch archäologische Funde Südenglands nachweisen läßt. Während nämlich für die Zeit von etwa 460 bis zum letzten Jahrzehnt des 5. Jahrhunderts in weitem Umkreis um die Badbury Rings zahlreiche angelsächsische Bestattungen nachgewiesen werden konnten, finden sich aus den Jahrzehnten nach der Schlacht von Badon in der gleichen Region überhaupt keine germanischen Gräber oder sonstigen Siedlungsspuren mehr. Die Aggressoren waren also sehr nachhaltig geschlagen worden, und dies bedeutete wiederum für die Britannier, daß sie nach beinahe einem halben Jahrhundert ständiger Kämpfe nun endlich wieder auf eine längere Friedenszeit hoffen konnten. Zu verdanken war dies dem Mut Arthurs, aber zumindest in gleichem Maße auch dessen druidischem Berater Merlin; sie hatten durch das Zusammenwirken von *Großem Wissen* und militärischer Tapferkeit den Befreiungsschlag für die von ihnen vereinigten keltischen Völker möglich gemacht.

Nun, nachdem sich das britannische Keltentum innerhalb seiner Grenzen sicher fühlen durfte, konnte Merlin, neuerlich als geistiger Führer des Rhiotam, den nächsten Teil seines großen Planes verwirklichen: den ideellen Aufbau Camelots, der weit über die Lebensspannen des Druiden und seines königlichen Freundes hinaus bis in die fernste Zukunft wirken sollte.

In meinem Buch *Die Botschaft der Druiden* habe ich ein Erlebnis geschildert, das ich im Spätsommer 1996 in der Ringwallanlage über South Cadbury hatte und das ich hier wiedergeben möchte. Nachdem ich mir damals einen ersten Überblick über das schweigend daliegende Areal verschafft hatte, schien sich plötzlich im oberen Drittel des Plateaus etwas Undefinierbares zu verändern, und was ich dabei empfand, faßte ich später in folgende Sätze:

Für einen Moment habe ich das Gefühl, als würden sich dort – auf der andersweltlichen Ebene – noch einmal die Konturen der Großen Halle materialisieren. Unsichtbar und dennoch real glaube ich sie hinter dem Schleier der von feinen Spinnweben durchflirrten Luft des sonnigen Septembertages zu erkennen: die silbergrauen Schattierungen der wuchtigen Balken; das reiche, in unendlicher Vielfalt verflochtene Schnitzwerk am Portal und den Auskragungen; den Hochsitz des Rhiotam im Inneren und dazu das Banner Arthurs, das den Roten Drachen zeigt. Mit dem nächsten Lidschlag ist die Vision verflogen; sehr nachdenklich gehe ich weiter und umrunde die Hügelkuppe ungefähr zur Hälfte. Drüben dann, vielleicht weil mich etwas dazu bringt, eine ungewöhnlich prächtig gewachsene Distel zu berühren, erlebe ich einen zweiten Augenblick tiefer mentaler Entrückung. Durch die Blätter der Hartlaubpflanze hindurch sehe ich in der Kluft zwischen dem innersten und dem mittleren Wall eine Gruppe surreal gewachsener Bäume, deren Äste wie nach einem wilden Peitschen jäh erstarrt und miteinander verschlungen scheinen. In der gleichen Sekunde wird mir bewußt, welche Bedeutung dieser Platz vor eineinhalb Jahrtausenden besaß: Hier, so schießt es mir durch den Kopf, meditierte Merlin. Hier, wo der in die Schlucht wirbelnde und zugleich aus der Erde dringende Anhauch

Rhiannons die Baumleiber von jeher so formt, daß sie zu Emanationen sowohl dieser als auch der anderen Welt werden.

An jenem Nachmittag sah ich den Druiden beinahe leibhaftig vor mir; ihn, der Camelot beseelte und auf diese Weise für die Unsterblichkeit des keltischen Traumes sorgte. Und dann ging mein Blick hinüber nach Avalon, und ich begriff das Prinzip der beiden Orte: die innige Verschmelzung des weiblichen und des männlichen Elements, das diese Landschaft bis heute beseelt. Wo ich eben noch Merlin »erblickt« hatte, schienen nunmehr die Gestalten der Druidinnen auf der Ynys Avallach greifbar zu werden; mit unverbrüchlicher Sicherheit wußte ich, daß die uralten Überlieferungen zutrafen: Neun Frauen mußten es gewesen sein, die das Heiligtum behüteten; dreimal drei Druidinnen – je eine Trias für einen der drei sakralen Hügel von Avalon – ehrten hier von jeher die Große Göttin. Und eine von ihnen hatte am Ende des 5. Jahrhunderts den Namen Morgana getragen, der nichts anderes ist als eine regionale Bezeichnung für die Dreifache Göttin Ceridwen; sie war die Weiseste der Neun gewesen: diejenige, mit der Merlin am intensivsten kommunizierte.

Morganas sowohl durchgeistigtes als auch gütiges Gesicht entsprach in seiner warmherzigen Reife dem Antlitz des jetzt in seinem fünften Lebensjahrzehnt stehenden Druiden; beide zusammen verkörperten das Miteinander, das in der Zeit nach Badon die Brücke zwischen Avalon und Camelot schlug. Aber noch ein zweites Paar prägte die Atmosphäre der beiden so eng verbundenen Zwillingsorte, denn an der Seite Arthurs stand nun die Fürstentochter Gwynhwyfara. Ihr Name bedeutet: »Weißer oder Leuchtender Geist«, und ebenso wie Morgana war auch sie eine sehr hoch inspirierte Frau. Der Rhiotam hatte die Ehe mit einer aus adliger Familie stammenden jungen Druidin geschlossen, die fähig war, ihn mit großer mentaler Kraft in seiner weiteren Entwicklung zu fördern. Nur so war die ganzheitliche Erneuerung des britannischen Keltentums möglich; nach der langen Kriegszeit mußte das weibliche Element wieder ebenso bestimmend werden wie das männliche – dies war der einzige Weg, um den Runden Tisch zu errichten.

Auf welche Weise dies geschah und in welcher Gestalt die »Tafelrunde« sowohl auf der realen als auch der metaphysischen Ebene existierte, soll im Buchteil *Merlins Vermächtnis: Der Runde Tisch* noch sehr eingehend dargestellt werden. An dieser Stelle nur soviel: In den Jahren zwischen 493 und 509, als Arthur auf dem Schlachtfeld von Camlann fiel, gingen außerordentlich wichtige politische, soziale und spirituelle Impulse vom weiblich-männlich definierten keltischen Kraftzentrum Avalon-Camelot aus; bahnbrechende Impulse, die über eineinhalb Jahrtausende hinweg bis in die Gegenwart weiterwirkten und das neue Millennium

Camelot: Links im Bild der innerste, höchste Erdwall, rechts der »surreale« Baum, der den Platz markiert, wo Merlins privater Meditationsplatz in Camelot war – und wo ein starker Ausläufer der Erdstrahlen des »Runden Tisches« mündet.

sehr positiv beeinflussen werden, sofern die Menschheit imstande ist, dieses Geschenk anzunehmen.

Druidischer Geist wird Europa dann in ähnlicher Weise befruchten, wie er große Teile des südlichen Britannien im Übergang vom 5. zum 6. Jahrhundert zum Blühen brachte; den keltischen Völkern und Stämmen jener Zeit freilich war nur eine sehr kurze Phase äußeren und inneren Friedens vergönnt, denn sehr bald schon gewann der Weiße Drache erneut die Oberhand, diesmal jedoch nicht in Gestalt germanischer Aggressoren. Vielmehr erfolgte der Anschlag gegen all das, was Merlin und Morgana, Arthur und Gwynhwyfara geschaffen hatten, durch die Hand eines kimmrischen Fürsten. Medraut hieß derjenige, der die großartige Verheißung des Runden Tisches nicht zu begreifen vermochte und deshalb zum tödlichen Widersacher des Roten Drachen wurde.

Medraut ist der historische walisische Name des Adligen, der die Schuld am frühen Tod des Rhiotam auf dem Schlachtfeld von Camlann trug. Durch Verballhornung entwickelte sich daraus später die Schreibweise Modred oder Mordred; gleichzeitig wurde auch diese geschichtlich gesicherte Gestalt mit einem Kranz von Legenden umwoben. So heißt es in den verfälschenden mittelalterlichen Erzählungen, Mordred sei ein Sohn Arthurs gewesen, den dieser »in Blutschande« mit seiner »Schwester« Morgana zeugte, welche ihn zuvor tückisch »verzaubert« habe. Als Mordred dann erwachsen gewesen sei, habe die verworfene »Magierin« Morgana ihn dazu angestiftet, seinen Vater zu töten, so daß Arthur quasi zum Opfer seines eigenen Inzests geworden sei. Selbstverständlich handelt es sich dabei einmal mehr um den sehr durchsichtigen Versuch, den heidnischen Keltenkönig in Verruf zu bringen, und natürlich muß dabei eine angeblich böse Frau die Rolle der satanischen Verführerin spielen; das entsprechende Erzählmuster findet sich bereits in der biblischen Geschichte von Adam, Eva und deren sogenanntem »Sündenfall«. In Wahrheit stellen sich die Hintergründe der Tragödie von Camlann ganz anders dar. Weder Morgana noch irgendeine andere Frau trugen die Schuld – vielmehr war, wie ernstzunehmende Quellen aufzeigen, allein männlicher Machthunger die fatale Triebfeder.

»Zuletzt fand der Streit von Camlann statt, bei dem Arthur und Medraut fielen«, heißt es nüchtern in den »Annales Cambriae«, den »Annalen von Wales«, die im frühen 12. Jahrhundert niedergeschrieben wurden, aber auf bedeutend ältere Traditionen zurückgehen. Präziser wird Geoffrey of Monmouth in seiner *Geschichte der Könige Britanniens*, die etwa zur selben Zeit entstand. Vor allem er – der auch einen Großteil der Prophezeiungen Merlins überlieferte – ist es, der uns die nötigen Detailinformationen gibt, um die Hintergründe, die zum Tod des Rhiotam führten, wirklich zu verstehen.

Laut Geoffrey war Medraut ein kimmrischer Häuptling, der zudem in einem (ziemlich) klar definierten Verwandtschaftsverhältnis zu Arthur stand: ein »Neffe« des Königs. Da nun aber Arthur der bei der Heiligen Hochzeit von Tintagel gezeugte Sohn Ygernas und Uther Pendragons war und aus dieser ganz besonderen Verbindung gewiß keine weiteren Nachkommen entsprossen waren, womit Arthur auch keine Geschwister im üblichen Sinn haben konnte, muß es sich bei Medraut um den Sohn einer Halbschwester oder eines Halbbruders des Rhiotam gehandelt haben. Weil Medraut weiter einen kimmrischen Namen trug und zudem bei Geoffrey und in anderen ernsthaften Quellen eindeutig als Angehöriger des Volkes der Cymru dargestellt wird, kann er nur aus der Sippe der Tudurs gestammt haben. Uther Pendragon und seine legitime Gemahlin müssen also eine Tochter, beziehungsweise einen Sohn gehabt haben, und diese Halbschwester, respektive dieser Halbbruder Arthurs war wiederum ein Elternteil Medrauts.

Eine solche Herkunft erklärt auch den Häuptlingsrang, den der erwachsene Medraut für sich beanspruchen durfte, und aufgrund dieser einflußreichen Position, die ihm eine starke Gefolgschaft sicherte, war er imstande, sich gegen den Rhiotam aufzulehnen. Geoffrey of Monmouth berichtet, in welcher Weise das geschah: Der »Neffe« des Königs von Camelot habe einen Aufstand vom Zaun gebrochen, während sich Arthur »außer Landes« aufgehalten habe. Daraufhin sei der Rhiotam zurückgekehrt, um Medraut in seine Schranken zu weisen. Es sei Arthur auch gelungen, die Rebellion niederzuschlagen, doch er selbst sei in der entscheidenden Schlacht von Camlann tödlich verwundet worden und – ebenso wie sein Rivale, der ihm die Herrschaft streitig gemacht habe – tot auf der Walstatt geblieben.

So weit Geoffrey, dessen Darstellung sich in allen wesentlichen Punkten mit regionalen walisischen Überlieferungen deckt. Auf dieser Basis wollen wir nun versuchen, das historische Geschehen zu rekonstruieren. Während Medraut gegen ihn rebellierte, habe sich der Rhiotam »außer Landes« aufgehalten, heißt es zunächst in der *Geschichte der Könige Britanniens*. Arthur weilte also zu diesem Zeitpunkt nicht in Camelot und auch nicht in dem von ihm regierten Reich der freien Kelten, sondern jenseits von dessen Grenzen. Dafür kann es nur einen Grund gegeben haben: eine militärische Bedrohung, die von germanischer Seite kam.

Weil die Geschichtsbücher nur aber für die Jahre zwischen der Schlacht von Badon und dem Tod des Rhiotam allein die Aggression eines gewissen Cerdic gegen keltisches Territorium verzeichnen, muß sich Arthur damals gegen diesen angelsächsischen Kriegsherrn gewandt haben.

Cerdic war Anno 495 in Britannien gelandet und hatte sich mit seinem Stamm zunächst an der südwestlichen Grenze des von Octha gehaltenen Sussex festgesetzt. Bis 508 verhielten sich die Neuankömmlinge dort relativ ruhig, dann fielen sie plötzlich über die heutige Grafschaft Hampshire her, griffen die dort lebenden Britannier unter ihrem Rhi Natanleod an, brachten ihnen eine schwere Niederlage bei und okkupierten die eben noch keltische Region, die damit nicht länger zu Arthurs Herrschaftsgebiet gehörte. Und genau das war offenbar für den Rhiotam der Anlaß, Camelot zu verlassen und sein Reiterheer an die südenglische Küste gegenüber der Insel Wight zu führen. Dort, wo in unseren Tagen die großen Industriestädte Southampton und Portsmouth stehen, unternahmen Arthurs Krieger den Versuch einer Rückeroberung der von Natanleod verlorenen Gebiete – das aber war genau die Situation, auf die Medraut womöglich schon lange gewartet hatte.

Der kimmrische Häuptling, welcher als Mitglied des Tudur-Clans im nordwalisischen Gwynedd und damit am entgegengesetzten Ende der südlichen Hälfte Britanniens saß, brauchte kein schnelles Eingreifen des Rhiotam zu fürchten, als er seine Rebellion ins Werk setzte. Zudem besaß er den Vorteil, den ihm die Landschaft im Nordwesten von Cymru bot: die leicht zu verteidigenden Berge, Schluchten und Pässe des Snowdonia-Massivs. Im Schutz dieser natürlichen Festung etablierte Medraut nun seine eigene, von Camelot unabhängige Herrschaft – und brach damit aus dem keltischen Bund aus, den Merlin zum großen Nutzen aller britannischen Völker und Stämme geschaffen hatte. Ohne Zweifel aus Eigennutz und um seines persönlichen Machthungers willen wandte sich der irregeleitete »Neffe« Arthurs gegen den Geist von Camelot. Vom Ungeist des Weißen Drachen befallen, löste er sich aus der Föderation, in der das Ideal des Roten Drachen lebte, und stürzte ähnlich wie einst Vortigern ab in die Despotie.

Es war klar, daß weder Merlin noch Arthur einen solch fundamentalen Anschlag auf ihr großes Werk hinnehmen konnten. Wenn das Bündnis der freien Kelten zerbrach, war alles zerstört, wofür die beiden Freunde ihr Leben lang gekämpft hatten. Deshalb mußten sie Medraut und seinen Anhängern mit aller Entschlossenheit gegenübertreten; dies allerdings war nicht sofort möglich, denn während der Häuptling aus Gwynedd seinen Verrat beging, focht das Heer des Rhiotam mehr als dreihundert Kilometer Luftlinie entfernt an der englischen Südküste gegen Cerdic. Erst nachdem es im Verlauf des Jahres 508 gelungen war, die Angelsachsen nach Wessex zurückzudrängen, so daß die Gefahr zumindest für den Augenblick gebannt war, fanden Arthur und seine Reiter Gelegenheit, in den Nordwesten Cymrus zu ziehen. Irgendwann im Jahr 509 traf der Rhiotam dort ein, und es ist sehr wahrscheinlich, daß Merlin bei ihm war. In der Kampagne gegen Medraut ging es nämlich nicht allein um einen militärischen Erfolg; es mußte zudem der Geist von Camelot zu den abtrünnigen Stämmen von Gwynedd zurückgebracht werden, und deswegen war die Anwesenheit des Druiden nötig.

Geoffrey of Monmouth schreibt in seiner *Geschichte der Könige Britanniens*, es sei Arthur – nachdem er (in das Land seines Vaters Uther Pendragon) zurückgekehrt sei – schließlich gelungen, die Rebellion niederzuschlagen. Dies deutet auf eine Reihe von Kämpfen hin, die vermutlich in der Gegend der heutigen Stadt Machynlleth am Dyfi-Fjord, der die Südgrenze des alten Königreichs Gwynedd bildet, einsetzten und sich dann hinauf in die Berge des südlichen Snowdonia um den berühmten Cadair Idris zogen. Medraut scheint im Verlauf dieser Auseinandersetzung immer mehr geschwächt worden zu sein, womit seine Sache in der Praxis bereits verloren war. Dennoch ergab er sich nicht, so daß dem Rhiotam nichts anderes übrigblieb, als ihn völlig in die Enge zu treiben, um ihn so zu einer letzten, entscheidenden Schlacht zu stellen. Und dieses Treffen fand nach den Worten Geoffreys an einem Ort namens Camlann statt – über dessen Lage sich die Geschichtswissenschaftler jahrhundertelang die Köpfe zerbrochen haben.

Das Schlachtfeld wurde – entgegen der tatsächlichen historischen Situation Anno 509 – in Cornwall, Somerset und sogar Schottland vermutet, doch niemand machte sich die Mühe, in der kleinen Grafschaft Merionethshire um das Städtchen Dolgellau (nördlich von Machynlleth) nachzuforschen. Dort nämlich erinnern sich die Bewohner bis heute an die Tragödie, die sich vor eineinhalbtausend Jahren abspielte, und kennen natürlich auch den Schauplatz: den einzigen topographischen Punkt auf den Landkarten der britischen Inseln, der den Namen Camlann (moderne Schreibweise: Camlan) trägt. Es handelt sich um ein Hochtal am Ausgang des Bergpasses Ochr-y-Bwlch ungefähr zehn Kilometer östlich des Cadair Idris – wer es vor fünfzehn Jahrhunderten eroberte, hatte damit den freien Zugang ins Innere von Gwynedd gewonnen.

Die Schlucht von Camlann (der walisische Name bedeutet: Gekrümmtes Tal) war infolgedessen Medrauts letztes Bollwerk, das er mit allen Mitteln zu verteidigen versuchte – und der Kampf, vielleicht sogar der Zweikampf, zwischen ihm und Arthur wurde so heftig geführt, daß ihn keiner der beiden Verwandten überlebte. Medraut starb unmittelbar nach Empfang einer tödlichen Wunde, der Rhiotam erlag seinen schweren Verletzungen wenig später. So berichtet es Geoffrey of Monmouth, und so lauten auch die regionalen Volksüberlieferungen, die auf Bardengesänge zurückgehen. Übereinstimmend heißt es weiter, der Leichnam Arthurs sei sodann zur Insel von Avalon gebracht worden. Ohne jeden Zweifel wurde dies von Merlin veranlaßt, und als sich der Trauerzug der Ynys Avallach näherte, kamen die dortigen Druidinnen heran, um den toten König auf ihr Eiland zu überführen. Dort richteten sie und Merlin, welcher einundvierzig Jahre zuvor die Heilige Hochzeit von Tintagel geleitet hatte, das Begräbnis des Rhiotam aus – sie taten es zutiefst erschüttert und dennoch im unverbrüchlichen Wissen um die Wiedergeburt Arthurs in ferner Zukunft.

Der Platz, wo Arthur und später auch Gwynhwyfara im selben ausgehöhlten Eichenstamm beigesetzt wurden, liegt auf dem Gelände der mittelalterlichen Abteiruine von Glastonbury. Ein einfaches Schild kennzeichnet die Grabstätte aus dem frühen 6. Jahrhundert, die im Verlauf der endgültigen Christianisierung Britanniens offensichtlich zunächst unkenntlich gemacht, aber im ausgehenden 12. Jahrhundert dank des Hinweises eines walisischen Barden wiederentdeckt und geöffnet wurde. Bei dieser Gelegenheit stellte man fest, daß der Schädel des Rhiotam eine schwere Verletzung wie von einem Schwerthieb trug. Nachdem schriftliche Aufzeichnungen darüber angefertigt worden waren, wurde das Grab leider nicht wieder in den ursprünglichen

Zustand versetzt, sondern man bettete die Gebeine des heidnischen Königs von Camelot und seiner druidischen Gemahlin auf zutiefst ignorante Weise um. Sie liegen seitdem unter einer Steinplatte vor dem Hochaltar der einstigen Abteikirche, was dem paganen Glauben Arthurs und Gwynhwyfaras, die in innigster Verbindung mit den alten Göttern gelebt hatten, ganz gewiß nicht entspricht.

Denn zur Zeit der Beisetzung des Rhiotam standen auf dem Areal, wo er seine letzte Ruhestätte fand, die Baumkreise des Apfelgartens von Avalon; sie bildeten den heiligen Hain Morganas und der acht anderen weisen Frauen. Hier, wo die Erde bis heute in vollkommener Harmonie schwingt, wurde der Leib Arthurs dem Schoß Ceridwens anvertraut und sein Geist in Einklang gebracht mit der andersweltlichen Kraft des nahen Avallach Twr. Tief im Inneren dieses Hügels hatte der Sohn Ygernas und Uther Pendragons durch Merlin seine letzte Initiation erfahren; dort hatte er auf dem Grund des von den Göttinnen beseelten Teiches das Schwert Caladvwlch erblickt und es an sich genommen – und jetzt, nachdem die sterblichen Überreste Arthurs im Apfelhain ruhten, beschritten Merlin und die neun Frauen abermals den Weg vom Gipfel des Twr hinunter in seine geheimnisvolle Tiefe.

Um den Kreis zu schließen und damit gleichzeitig den Samen für einen neuen Zyklus zu legen, gaben sie die Klinge ebenso wie zuvor den Körper Arthurs zurück in die Obhut Ceridwens und Caillechs. Denn erst dann, wenn ihr Träger auf der Bahn seiner Seelenwanderung wiederkehren würde, sollte auch sie von neuem im Licht der Sonne blitzen – und diese Wiederkunft vorzubereiten, war nun die wichtigste Aufgabe, die Merlin im letzten Abschnitt seines eigenen Lebens noch zu vollbringen hatte. Der Druide

Abteiruine von Glastonbury, wo Arthurs und Gwynhwyfaras Grab liegt.

wußte: Es würde eine sehr lange Zeit der Dunkelheit überwunden werden müssen, ehe Camelot, das mit dem Tod des Rhiotam untergegangen war, noch einmal errichtet werden konnte. Geistiges Hoffnungszeichen und unzerstörbarer Traum jedoch würde es bleiben, trotz des Triumphes, den der Weiße Drache durch den Verrat Medrauts auf dem Schlachtfeld von Camlann errungen hatte.

All die folgenden Jahrhunderte bis zum Ende des Zeitalters der »Fische« würde der Widersacher des Roten Drachen fast ständig die Oberhand behalten – den endgültigen Sieg allerdings würde er nicht erringen, sofern es Merlin gelang, die Idee des Reiches von Camelot-Avalon zu bewahren und sie als Schutzschild gegen die Bösartigkeit des Weißen Drachen bis in die ferne Zukunft weiterzugeben. Diese Pflicht nahm der Druide, nachdem Arthurs Seele und Schwert in der Anderswelt geborgen waren, auf sich; er tat es sowohl in poetischer als auch spiritueller Hinsicht – und wurde zudem in der schwierigen Zeit nach dem Verlust des Rhiotam zum fürstlichen Vater seines Volkes der Demetier.

Myrddin Rhi und Myrddin Wyllt

Genau in der Mitte des 5. Jahrhunderts war Merlin in der Fürstenstadt der Demetier, einer bis heute in eindrucksvollen Relikten erhaltenen Hügelfestung nahe der modernen Stadt Carmarthen im Südwesten von Cymru, geboren worden. Nun, wohl schon kurz nach dem Begräbnisritual in Avalon, kehrte er dorthin zurück, um in der gefährlichen Situation nach dem Tod Arthurs seinen Beitrag für den Zusammenhalt des keltischen Bündnisses zu leisten. »Rex et Vates erat – König und Prophet war er«, schreibt Geoffrey of Monmouth über diese Phase in Merlins Leben. Der Druide, der mittlerweile ungefähr in seinem sechzigsten Lebensjahr stand, bestieg den Thron seiner Vorfahren und regierte das Volk, dem er entstammte, als Rhi. Er tat es ganz offensichtlich auf dem hohen humanen Niveau eines Druidenfürsten, indem er nicht nur politische Aufgaben wahrnahm, sondern den ihm anvertrauten Menschen nach dem Zusammenbruch Camelots auch inneren Halt, unter anderem mit Hilfe seiner visionären Gabe, vermittelte.

Dies konnte nach der typischen, psychologisch sehr wirksamen Vorgehensweise der Großen Wissenden, die gerne griffige, volkstümliche Metaphern verwendeten, auf durchaus handfeste und erdverbundene Art geschehen. So pflanzte er, wie die lokale Volksüberlieferung berichtet, zum Beispiel eine Eiche und gab im Zusammenhang damit eine Prophezeiung ab, wonach die wichtigste Ansiedlung der Demetier noch für sehr lange Zeit existieren werde. »Solange Merlins Eiche steht, Carmarthen Town nicht untergeht«, lautet die deutsche Übersetzung der Weissagung – und sie hat sich in vollem Umfang bewahrheitet, wie bei einem Besuch im Carmarthen der Gegenwart deutlich wird.

Die rund 14000 Einwohner zählende Stadt dient heute als Verwaltungszentrum der südwestwalisischen Grafschaft Dyfed, die im frühen Mittelalter an die Stelle des bereits in vorchristlicher Zeit existierenden keltischen Fürstentums der Demetier trat. Aus dieser reichen, mehr als zweitausendjährigen Vergangenheit sind nur noch einige Relikte erhalten, so die Reste eines Kastells und eines Amphitheaters der Römer, die sich zeitweise hier festgesetzt hatten, sowie die Ruinen einer hochmittelalterlichen Normannenburg. Die uralten Mauern wirken wie Fremdkörper angesichts der modernen, allzu nüchternen Architektur und des lebhaften Verkehrs auf den mehrspurig ausgebauten neuen Straßen; Carmarthen ist leider ein typisches Beispiel für mißglückte Altstadtsanierungen in der zweiten Hälfte des 20. Jahrhunderts. Genau dies aber sah Merlin voraus, als er seine Prophezeiung über den Untergang der Stadt abgab und diese Weissagung mit dem Schicksal der von ihm gepflanzten Eiche verknüpfte.

Denn beinahe eineinhalb Jahrtausende lang stand der uralte Baum am östlichen Altstadtrand von Carmarthen; bis in die Neuzeit versammelten sich die Bürger zu den Jahreskreisfesten bei ihm und pflegten, wenn auch christlich übertüncht, noch immer die ehrwürdigen keltischen

Bräuche. Unangetastet und prachtvoll überlebte Merlins Eiche ein Säkulum um das andere – bis im frühen 19. Jahrhundert ein erster Anschlag auf sie verübt wurde. Ein Puritaner, der die im Kern nach wie vor heidnischen Feiern in seiner Engstirnigkeit als gotteslästerlich ansah, vergiftete den mächtigen Baum; damit begann das lange Sterben der Eiche, die so vielen Generationen heilig gewesen war. Mit allen Mitteln bemühten sich die Menschen Carmarthens, Merlins greifbares Vermächtnis zu retten; der langsam verdorrende Baum wurde durch einen Steinsockel gestützt, sein Stamm mit Eisenbändern umwunden. Nochmals fünf Menschenalter lang konnte die Eiche auf diese Weise mühsam am Leben erhalten werden – bis sie 1978 der erwähnten Altstadtsanierung zum Opfer fiel.

Im Zuge des Modernisierungswahnes jener Zeit betrachteten die Politiker die todkranken Überreste von Merlins Baum plötzlich als Verkehrshindernis und ließen den Stamm abschlagen. Immerhin wurde ein Teil davon in die St. Peter's Civic Hall am Nott Square gebracht und wird dort seitdem unter Glas verwahrt; weitere Relikte können im Museum des Dorfes Abergwili, das ein kleines Stück östlich der Stadt liegt, besichtigt werden. Merlins Eiche stürzte also infolge der sogenannten Sanierung, welche das alte Carmarthen unwiederbringlich zerstörte – und damit hatte sich wortwörtlich auch die Prophezeiung des Druiden erfüllt: »Solange Merlins Eiche steht, Carmarthen Town nicht untergeht.«

Eine weitere Weissagung des Königs der Demetier ist mit dem Carreg Fyrddin, Merlins Stein, verbunden: einem Menhir, der sich nahe der Hügelfestung erhebt, wo der Sohn Morvryns geboren wurde. Diese noch immer eindrucksvolle keltische Ringwallanlage krönt einen Bergsporn über dem Dorf Abergwili; den heiligen heidnischen Stein zu ihren Füßen soll Merlin aufgerichtet und sodann vorhergesagt haben, daß dereinst Raben Menschenblut von ihm trinken würden. Seine Vision bewahrheitete sich, ebenfalls in der Neuzeit, auf erschreckende Art, als sich ein Frevler dazu verstieg, den Menhir zu schänden. Es handelte sich um einen Schatzsucher, der sich einbildete, er könne Gold unter dem Carreg Fyrddin finden. Also grub der Mann ein tiefes Loch am Sockel des Steins – doch er fand darin zuletzt nichts weiter als seinen Tod, denn der Menhir kippte um und zerquetschte ihn. Bis man den Leichnam entdeckte, verging einige Zeit, so daß sich mittlerweile tatsächlich Raben bei dem Toten versammelt hatten…

Nachdem der Frevler seine Strafe erhalten hatte, stellten die Bewohner von Abergwili den Stein wieder auf; ehrwürdig wie eh und je erhebt er sich heute auf einem Ausläufer des Bryn Myrddin, wie die Anhöhe über dem Dorf in kimmrischer Sprache heißt. Der Pfad, der zu Merlins Hügel emporführt, ist nicht ganz leicht zu entdecken. Man erkundigt sich am besten zunächst nach dem ehemaligen Bischofspalast von Abergwili; dahinter zieht sich der schmale Weg dann linker Hand den Berg hinauf. Der Anstieg ist steil, um die 150 Meter Höhenunterschied sind zu bewältigen; oben jedoch scheint man zum Lohn dafür dem unsterblichen Geist des Rhi und Druiden plötzlich sehr nahe zu sein.

Stille, die etwas Andersweltliches an sich hat, umgibt den Besucher; weit schweift der Blick hinaus ins Tal des Tywi und fängt sich dann wieder an dem elliptischen Ringwall, dessen einfache, mit dem natürlichen Verlauf der Hügelkuppe harmonierende Kontur Jahrtausende überdauerte. Keltisches Wesen, das sich stets bemühte, im Einklang mit der Großen Mutter zu leben, wird augenscheinlich und zugleich mental faßbar; ähnlich wie in Tintagel schmiegte sich ein britannischer Königssitz hier der Erde an, statt sich vermessen über sie erheben zu wollen. Innerhalb des schützenden Ringwalles gruppierten sich die hölzernen Wohnhäuser, Werkstätten, Vorratslager und Stallungen um die Fürstenhalle: strohgedeckte Gebäude von eher bescheidenen Ausmaßen, die nicht Machthunger, sondern das Bewußtsein des Miteinander atmeten.

Dies war der Ort, wo Merlin ungefähr ab dem Jahr 510 als Myrddin Rhi, als Druidenfürst der Demetier, regierte. Einerseits bemühte er sich um die ganz konkrete Wohlfahrt des ihm anvertrauten Volkes; andererseits sorgte er auf der poetischen und spirituellen Ebene dafür, daß die Botschaft von Camelot bewahrt und bis in die fernste Zukunft weitergetragen werden konnte. Wie wir später noch sehen werden, war er es, der zusammen mit anderen Barden jene unsterblichen Werke der Dichtkunst schuf, in deren Gewand der Geist der freien, heidnischen und humanen keltischen Welt weiterzuleben vermochte. Mit der unverbrüchlichen Entschlossenheit, die er stets in seinem Leben bewiesen hatte, setzte der Druide damit der Bösartigkeit des Weißen Drachen die positive Kraft des Roten Drachen entgegen. Die Feinde des Keltentums hatten jedoch nach dem Tod Arthurs neuerlich mächtigen Auftrieb bekommen – und der gefährlichste unter ihnen war ein britannischer Potentat namens Rhydderch Hael.

In einem der Bardengesänge Merlins, die sich im *Black Book of Carmarthen* erhalten haben und in dem es um seine Auseinandersetzung mit Rhydderch Hael geht, bezeichnet der Rhi der Demetier diesen Herrscher abfällig als »Christenfürsten«, vor dem man sehr auf der Hut sein müsse. Dieser Charakterisierung entsprechen die historischen Taten, beziehungsweise Untaten Rhydderchs, der offenbar vor keinem Verbrechen zurückscheute, wenn es um die Befriedigung seines Machthungers ging. Er war Herr über ein Territorium in der Region des nordenglischen Lake District, hatte dort unter Zwang die römisch-katholische Religion eingeführt und zog aus diesem Verrat an den alten Göttern ohne Zweifel jenen persönlichen Nutzen, mit dem jeder frühmittelalterliche Despot rechnen konnte, der mit der damals rücksichtslos expandierenden Papstkirche paktierte. Damit noch nicht genug, schloß der christianisierte Territorialherr, sich eines weiteren Verrates am keltischen Britannien schuldig machend, ein Militärbündnis mit den Angelsachsen, so daß er sich stark genug fühlen durfte, um das kimmrische Königreich Gwynedd anzugreifen.

Dort hatte einst Uther Pendragon, der Vater Arthurs, regiert; später hatte der Rebell Medraut versucht, das Land zu okkupieren, und nachdem dessen Aufstand niedergeschlagen worden war, hatte ein Rhi mit Namen Gwenddolau den Thron bestiegen. Die walisische Tradition besagt, er habe nach dem Tod des Rhiotam weiterhin die Werte von Camelot verteidigt und sei zudem ein sehr enger Freund Merlins gewesen. Nun, angesichts der Bedrohung durch Rhydderch Hael, bat er den Druidenfürsten aus dem Süden Cymrus um Hilfe. Und Merlin, obwohl mittlerweile bereits gut sechzig Jahre alt, zögerte nicht, noch einmal in den Krieg zu ziehen. Zum einen tat er es sicherlich aus Freundschaft zu Gwenddolau, zum anderen aber ohne Zweifel auch um der Verteidigung des heidnischen Keltentums willen. Der Gefahr einer Zwangsmissionierung des urkeltischen Kernlandes Gwynedd mußte entschlossen entgegengetreten werden; es ging dabei letztlich um politische, kulturelle und metaphysische Freiheit, die durch die Tyrannei des »Christenfürsten« zerstört worden wäre.

Aus diesen Gründen rüstete Merlin also einige Jahre nach der verhängnisvollen Schlacht von Camlann ein Heer aus und ritt an der Spitze seiner Krieger nach Norden. In Gwynedd vereinigte der Druidenfürst seine Armee mit der Gwenddolaus, und zusammen mit den beiden Rhis zog auch der Sohn des nordwalisischen Königs, dessen Name leider nicht überliefert ist, mit in den Kampf. Zunächst war das Kriegsglück mit den heidnischen Kelten, denn es gelang ihnen, Rhydderch Hael und dessen germanische Verbündete aus den Grenzen des Königreichs Gwynedd zu vertreiben und sie weit nach Norden zu jagen. Erst in der heutigen nordenglischen Grafschaft Cumberland stellte sich der »Christenfürst« schließlich zur Entscheidungsschlacht.

Sie fand bei Arfderryd (nahe Carlisle) statt; das genaue Datum ist nicht gesichert, jedoch können die beiden Heere, wenn man die Biographie Merlins in Betracht zieht, kaum später als Anno 515 aufeinandergeprallt sein. Der Druidenfürst der Demetier war zu diesem Zeitpunkt um die fünfundsechzig Jahre alt, beinahe schon ein Greis, dennoch soll er mit Schwert und Schild an der Seite Gwenddolaus gefochten haben. Aber ungeachtet solcher Tapferkeit vermochten Merlin und seine Waffengefährten das Feld nicht zu behaupten. Letztlich, wahrscheinlich weil im entscheidenden Moment angelsächsische Hilfstruppen zu ihm stießen, behielt Rhydderch Hael die Oberhand.

Der Rhi von Gwynedd und dessen Sohn blieben tot auf dem Schlachtfeld, Merlin selbst rettete sich mit knapper

Not und floh zusammen mit den überlebenden kimmrischen Kriegern. Doch dann zog er sich nicht wie die übrigen Angehörigen des dezimierten Heeres in den Süden zurück; vielmehr bewog ihn der tiefe Schmerz über den Verlust seines Freundes Gwenddolau dazu, die Einsamkeit der unberührten Natur zu suchen. Und so wurde er im letzten Abschnitt seines Daseins zu Myrddin Wyllt – zu Merlin in der Wildnis.

Sowohl Geoffrey of Monmouth als auch regionale schottische Überlieferungen berichten, daß sich Merlin in einer abgelegenen Gegend Kaledoniens verbarg. Im frühen 6. Jahrhundert war darunter das Land der Pikten zu verstehen: der Ureinwohner des nördlichen Britannien. Diese Stämme saßen jenseits der ehemaligen römischen Nordgrenze (des Hadrianswalles), also im heutigen Schottland. Kennzeichnend für die Pikten war ihre unverbrüchliche Treue zu den alten Göttern, die sich im Kern ihres Wesens nicht von denen der Kelten unterschieden. Zur fraglichen Zeit hatte das Christentum in diesem Teil Nordwesteuropas gerade erst auf ein paar kleinen Hebrideninseln, die von irischstämmigen Scoten besiedelt waren, Fuß gefaßt, so daß das Heidentum in Kaledonien noch in voller Blüte stand. Merlin durfte sich hier infolgedessen nicht nur vor Rhydderch Hael sicher fühlen, sondern fand im Land nördlich des Solway Firth außerdem eine spirituelle Atmosphäre vor, welche geeignet war, seine seelischen Wunden zu heilen.

Wo genau der betagte Druide in jenen Jahren nach der verhängnisvollen Schlacht von Arfderryd lebte, läßt sich nicht mehr eruieren; am wahrscheinlichsten ist die Vermutung, er habe sich in den Cheviot Hills – den ehemaligen

Kaledonischen Wäldern – aufgehalten. Wo sich in unseren Tagen kahle, höchstens von Heidekraut und Moos bedeckte Hügel von Horizont zu Horizont ziehen, rauschte vor eineinhalb Jahrtausenden dichter Forst, und irgendwo dort befand sich wohl der Hain, den Merlin als Refugium nutzte. In seinen Gedichtzyklen *Grüße* und *Die Apfelbäume*, die sich im *Black Book of Carmarthen* erhalten haben, gibt er selbst einige Hinweise auf seine damaligen Lebensumstände. Im Zyklus *Grüße* berichtet Merlin, sein einziger Gefährte in der Einsamkeit eines Haines aus Wildapfelbäumen sei ein kleines Schwein gewesen, und dieses Tier war so etwas wie ein »Dialogpartner« für ihn. Die gleiche Rolle spielt in der anderen Dichtung ein bestimmter Apfelbaum; auch ihn spricht der Druide immer wieder ganz persönlich an und läßt sich von ihm, ähnlich wie von dem jungen Wildschwein, zu Prophezeiungen über das künftige Schicksal Britanniens und des Keltentums inspirieren.

Wir wollen den Versuch machen, diese poetischen Bilder zu interpretieren, was bei Kenntnis der keltischen Metaphernsprache nicht allzu schwer ist. Zunächst steht die »stattliche schattige Halle«, wie Merlin seinen Apfelgarten bezeichnet, selbstverständlich für einen Druidenhain: ein geheiligtes Areal mit besonderen Kräften, die unter anderem mit positiv wirkenden »Erdstrahlen« oder »Wasseradern« zu tun haben konnten. An diesem Ort nun hatte Merlin Kontakt mit einem kleinen, beziehungsweise jungen Schwein, was auf den ersten Blick natürlich Verblüffung hervorruft. Wenn man jedoch weiß, daß die Dreifache Göttin Ceridwen in ihrem mütterlichen Aspekt von den in metaphysischer Hinsicht oft sehr unbefangen denkenden Kelten auch als »Große Muttersau« bezeichnet wurde, wird die Bedeutung des kleinen Wildschweines klar. Es handelt sich bei ihm um eine jugendliche Emanation der Großen Göttin, die in dieser Erscheinungsform stets den Anfang eines Lebenszyklus symbolisiert. Als »Alte Bache« hingegen würde sie einen solchen Kreislauf beenden und das abgeschlossene Dasein auf dem Pfad über die Anderswelt zur Wiedergeburt führen, um das erneuerte Leben sodann abermals als »Junges Schwein« zu behüten.

Merlin stellte also in seinem Hain eine intensive metaphysische Verbindung mit dem jungen, hoffnungsvollen und zukunftsweisenden Aspekt der Dreifachen Göttin her. Er tat es, um das Weiterleben des Keltentums trotz des Unterganges von Camelot und des tragischen Ausganges der Schlacht von Arfderryd zu sichern – und der spirituelle Kontakt zu Ceridwen wurde dank eines Geheimnisses möglich, das die Obstbäume hüteten. Zerschneidet man nämlich einen Apfel auf bestimmte Weise, so enthüllt das Kerngehäuse ein Pentagramm: einen fünfzackigen Stern, dessen durchgezogene Linie am Ende wieder in den Anfang einmündet. Im Buch *Die Botschaft der Druiden* habe ich die immens wichtige Bedeutung, welche das Symbol des Fünfsternes – zum Beispiel auch auf der Ynys Avallach, der Apfelinsel – für die *Großen Wissenden* besaß, ausführlich erläutert. Hier nur soviel: Das Pentagramm ist der Schlüssel zum Verständnis der fünfdimensionalen druidischen Kosmologie, die vom sichtbaren Dasein über die Anderswelt bis hinaus in die Ewigkeit und Unendlichkeit des Universums reicht.

Wer diese Kosmologie verinnerlicht, ist imstande, in jene Bereiche vorzudringen, die der normalen Erkenntnisfähigkeit verborgen sind. Er ist dann etwa zur Prophetie fähig, und genau dies war das Ziel Merlins, als er – im Einklang mit der Kraft Ceridwens – unter den Wildapfelbäumen meditierte. Sein mentaler Blick durchdrang die Nebel, welche für gewöhnliche Menschen einen undurchdringlichen Schleier zwischen Gegenwart und Zukunft bilden. So wurde es ihm möglich, jene Visionen zu erleben, die er anschließend in seinen Gedichtzyklen *Grüße* und *Die Apfelbäume* niederlegte. Im nächsten Buchteil werden wir diese Weissagungen noch genau untersuchen; zunächst soll uns das Wissen genügen, daß sich eine ganze Reihe dieser Prophezeiungen mittlerweile bewahrheitet hat – und daß sie in ihrer gesamten Tendenz Hoffnung vermitteln; Hoffnung für das Keltentum bis in die Gegenwart und weiter ins neue Jahrtausend hinein.

Merlins tiefster Beweggrund für seinen Rückzug in die Kaledonischen Wälder war infolgedessen keineswegs resignierte Weltflucht; vielmehr ging es ihm darum, den bedrohten keltischen Stämmen und Völkern das Geschenk einer positiven Zukunftsperspektive zu hinterlassen. Letztlich vervollständigte er damit seine Drachenprophezeiung, die er bereits als junger Bursche in Dinas Emrys abgegeben hatte; über ein halbes Jahrhundert hinweg schloß sich nunmehr ein Kreis. Nördlich des Solway Firth vollendete der Druide seine Lebensaufgabe; danach – es muß ungefähr um das Jahr 520 gewesen sein – war die Zeit für ihn gekommen, in den Süden zurückzukehren. Noch einmal wanderte er dorthin, wo er zum ersten Mal als Vates gewirkt und den Untergang des Usurpators Vortigern vorhergesagt hatte: nach Gwynedd, das durch seinen und Gwenddolaus tapferen Kampf und trotz der Niederlage von Arfderryd seine Freiheit hatte bewahren können. Und hier, im Nordwesten von Cymru, begegnete er der weisen Frau, die ihm das Geleit auf dem Weg in die Anderswelt gab.

Niniane (auch Nimue oder Viviane genannt) wird in den mittelalterlichen Sagen, welche die historische Realität verfälschten, als sehr verführerische junge Frau dargestellt, die den greisen Merlin mit allen Mitteln weiblicher Raffinesse dermaßen betört habe, daß er ihr am Ende völlig verfallen gewesen sei. Nachdem er ihr hörig war, habe sie ihn dazu gebracht, ihr seine geheimsten »Zauberkunststücke« zu verraten. Kaum habe ihr Merlin die »magischen Formeln« genannt, habe Niniane sie gegen ihn angewandt und ihn – hier variieren die Geschichten – entweder in einen Felsen, eine Höhle oder ein undurchdringliches Dickicht im Wald von Broceliande gebannt. Und dort müsse der »geprellte Zauberer«, der auf den tückischen Anschlag der jungen »Magierin« hereingefallen sei, nun in alle Ewigkeit ausharren.

Um den realen Hintergrund der Geschichte wiederzufinden, wollen wir uns einmal mehr auf die walisischen Volksüberlieferungen verlassen. Dort werden die Ereignisse bedeutend weniger melodramatisch geschildert; es heißt statt dessen eher nüchtern, Merlin sei von Niniane in einer Höhle beigesetzt worden, über deren Eingang sie anschließend einen Weißdornstrauch gepflanzt habe. Diese Grotte, so die kimmrischen Erzähltraditionen weiter, befinde sich auf der Ynys Enlli (Bardsey Island) vor der Lleyn-Halbinsel im Nordwesten von Gwynedd, wohin sich der hochbetagte Druide am Ende seines Lebens zurückgezogen habe. Hier haben wir nicht nur konkrete geographische Angaben, sondern zudem die Beschreibung eines Rituals, das historisch schlüssig ist. Auf dieser Basis lassen sich die Umstände beim Begräbnis Merlins sowie die Rolle, die Niniane dabei spielte, sehr gut rekonstruieren.

Zunächst ist die Insel Bardsey, die heute unter Naturschutz steht und nicht ohne weiteres besucht werden kann, in den Augen der Waliser eine sogenannte Ynys Vitrin: eine Gläserne Insel, die gleichermaßen in der Diesseits- und Anderswelt existiert. Meistens lassen sich die Konturen ihrer walbuckeligen Form vom Festland aus in allen Einzelheiten erkennen; manchmal jedoch verwandeln sich die eben noch klaren Umrisse in ihre eigene Aura, die dann wie ein Traumgebilde über dem Meer schwebt, während an den benachbarten Inseln keine derartige Veränderung zu beobachten ist. Vordergründig läßt sich dieser Effekt möglicherweise mit einem seltenen Naturschauspiel erklären; auf der spirituellen Ebene hingegen kennzeichnet die Doppelnatur der Ynys Enlli ihre »Funktion« als Tor in die vierte Dimension der druidischen Kosmologie. Diese Parallelwelt ist innig mit den drei gewöhnlichen Dimensionen des Daseins verwoben; allerdings folgen Raum und Zeit in ihr eigenen Gesetzen, außerdem ist die Anderswelt quasi das »Reservoir« der Seelen, wo sich jedes Leben auf seine Wiedergeburt vorbereitet.

Die »Gläserne Insel« Bardsey, wo Merlin begraben liegt.

Von daher ist es also ganz gewiß kein Zufall, daß sich Merlin, als er den Tod nahen fühlte, gerade auf dieses besondere Eiland zurückzog. Und Niniane, die ihn auf seinem letzten Weg begleitete, war keineswegs seine Geliebte, sondern eine Druidin; vielleicht eine der weisen Frauen von Avalon. In ihren Armen hauchte der Greis sein irdisches Leben aus; er tat es im tröstlichen Bewußtsein, daß sein Geist von Niniane behütet werden würde. Nachdem Merlin die Augen für immer geschlossen hatte, setzte die *Große Wissende* seinen Körper in einem Felsengrab auf der Ynys Vitrin bei. Mit Sicherheit kann angenommen werden, daß es sich dabei um eine Kaverne handelte, in der starke anderswеltliche Energien wirksam waren: ein von der Kraft Caillechs in ihrem Aspekt als verschleierte Göttin erfüllter Ort. Hier wurde der verbrauchte Leib dem Erdmutterschoß zurückgegeben; anschließend pflanzte Niniane den Weißdorn über dem Eingang zur Grabhöhle und handelte auch damit wieder auf hohem metaphysischem Niveau. Denn nach druidischer Lehre besitzt speziell diese Pflanze die Eigenschaft, das Wesen eines Toten in sich aufzunehmen und ihm damit selbst nach dem Übergang seines Geistes in die Anderswelt auch im Diesseits noch Heimat geben zu können. Merlins Seele wurde also über den Weißdorn in der Welt der Lebenden bewahrt, obwohl sie gleichzeitig ins »Jenseits« eingegangen war; so würde sein Wesen von nun an umfassender denn je in beiden Dimensionen wirksam sein. Durch die Verbindung mit der heiligen Pflanze schützte Niniane ebenso die innerste, unzerstörbare Substanz des Druiden. Im Strauch, dann in der Weißdornhecke, schließlich in den aus ihrem Humus aufwachsenden Bäumen auf der Ynys Enlli, deren Samen auch zum Festland getragen wurden, um dort einen ausgedehnten Forst zu bilden, würde die Wesenheit Merlins für die Feinde des Keltentums nicht länger faßbar sein. Die Eingeweihten hingegen würden sie auch in Zukunft im Raunen und Rauschen des Waldes – der irgendwann den Narren Broceliande tragen sollte – erspüren können.

Sehr bewußt also – damit sie seinem und anderen Völkern über viele Jahrhunderte hinweg gegenwärtig bleiben sollte – lenkte Niniane die verwandelte Existenz Merlins auf eine Ebene, die sich aufgrund ihres reichhaltigen Erneuerungspotentials räumlich und zeitlich sehr weit erstreckte. Damit wurde zusätzlich erreicht, daß der körperlich verstorbene Druide in seiner verborgenen Gestalt auch dann noch im Wald von Broceliande leben würde, wenn am Ende der langen, finsteren Epoche, die nach dem Zusammenbruch von Camelot begonnen hatte, die Wiedergeburt eines keltischen Europa erfolgen sollte. Der *Große Wissende* des späten 5. und frühen 6. Jahrhunderts, der sich der Obhut Ninianes und damit wiederum der Göttinnen Ceridwen und Caillech anvertraut hatte, konnte auf diese Weise die jahrtausendelange Regenerationsphase der keltischen Welt quasi beobachtend und mental befrachtend überbrücken.

Seit eineinhalb Millennien ruhen die vergänglichen Überreste des herausragenden Druiden im Erdmutterschoß auf der Ynys Vitrin vor der Küste der Lleyn-Halbinsel. Längst haben sich die Pflanzen, die Merlins Seele bewahren, tief hinein nach Gwynedd ausgebreitet. Besonders in Eryri Gwyn – dem »Leuchtenden Adler«, wie das Snowdonia-Massiv in der alten kimmrischen Sprache heißt – ist seine Gegenwart, die nötige Sensibilität vorausgesetzt, auf Schritt und Tritt zu spüren. Aber auch anderswo in dem uralten nordwalisischen Königreich, wo Uther Pendragon regierte und Arthur erzogen wurde, überlebte der keltische Geist trotz brutaler Verfolgungen ungebrochen bis in die Gegenwart.

Er überlebte, weil das Land immerwährend vom unzerstörbaren Mysterium Merlins erfüllt war und nach wie vor

Landschaft in Nordwales (Snowdonia Nationalpark), wo Uther Pendragon regierte und wohin sich Merlin am Ende seines Lebens zurückzog.

ist, – deshalb wissen die Menschen hier auch bis heute um die tiefere Bedeutung des Roten Drachen im Wappen von Cymru. Sie sind – ebenso wie ihre keltischen Schwestern und Brüder in Schottland, Cornwall, Irland, der Bretagne sowie weiteren Regionen Europas – davon überzeugt, daß die Zeit der mentalen Wiedergeburt des La-Tène jetzt schon sehr nahe ist. Mit der Jahrtausendwende brach die Epoche des »Wassermanns« an, der imstande ist, sich mit der Dreifachen Göttin zu paaren, und damit wird sich die erlösende Weissagung des Menschheitslehrers von Camelot erfüllen.

Derjenige, der Merlin war, Merlin ist und abermals Merlin sein wird, kehrt dann in erneuerter Gestalt zurück und wird das Abendland heimführen zu seiner wahren Bestimmung. So wird es geschehen, denn so kündigte es Myrddin, Sohn des Morvryn, im Vermächtnis seiner Prophezeiungen an…

DRITTES BUCH

Merlins Vermächtnis: Seine Prophezeiungen

Die Kaledonischen Weissagungen

Merlin, der Prophet, hat einen sehr umfangreichen Kanon von Zukunftsvisionen hinterlassen. Sie umfassen einen Zeitraum, der vom Frühmittelalter über fünfzehn Jahrhunderte hinweg bis in die Gegenwart und noch weit hinein ins dritte Millennium reicht. Im Mittelpunkt steht das Schicksal des britannischen Keltentums, das nach dem Tod Arthurs und dem Untergang von Camelot schreckliche Verfolgungen erleiden mußte, sich aber nie ergab und unter dem neuen Sternzeichen des »Wassermanns« seine für ganz Europa wegweisende Wiedergeburt erleben wird. Doch auch andere Entwicklungen und herausragende Ereignisse der abendländischen Geschichte, die von dem keltischen Seher lange vor ihrem Eintreffen vorhergesagt wurden, sind in den Visionen enthalten und tragen zu ihrer Faszination bei.

Unter anderem prophezeite Merlin den Freiheitskampf der walisischen Prinzen Llywelyn und Owain Glyndwr im Hoch- beziehungsweise Spätmittelalter, kündigte die Französische Revolution sowie den triumphalen Aufstieg des Britischen Empire an, sprach von den Greueltaten der Hitlerfaschisten in den Konzentrationslagern und weissagte den Bau des Tunnels unter dem Ärmelkanal, wobei er verblüffend präzise Bilder verwendete. Was das dritte Jahrtausend angeht, warnte der Druide vor furchtbaren Umweltkatastrophen und entsetzlichen Mutationen bei Pflanzen, Tieren und Menschen aufgrund von Genmanipulationen; außerdem vor verheerenden Seuchen, wie sie die Menschheit nie zuvor ertragen mußte.

Ehe es auf dem Höhepunkt dieser Globalkatastrophe zu ungeheuren geologischen Zerstörungen und zuletzt zu einem Polsprung mit einer Verschiebung der Klimazonen auf dem Planeten kommt, werden nach den Worten Merlins die Bibelreligionen vernichtet werden. Sie nämlich haben durch ihr Wahnsinnsgebot »Macht euch die Erde untertan!« und ihre Abkehr von den wahren Göttern das unsägliche Verhängnis ermöglicht. Am Ende aber erfolgt – nach generationenlangen weiteren, auch kriegerischen Turbulenzen – die erlösende Wiedergeburt des keltischen Bewußtseins – dies wird die Rettung sein, und so wird für die Überlebenden ein positiver Neuanfang möglich.

Die Prophezeiungen des Druiden, deren große Linie hier nur ganz kurz angerissen wurde, bestehen aus drei Teilen, die wiederum in verschiedenen Textquellen enthalten sind. Wir haben zunächst die *Kaledonischen Weissagungen*, also jene visionären Gedichte, die Merlin gegen Ende seines Lebens in der Einsamkeit der Kaledonischen Wälder verfaßte und zu den Zyklen *Grüße* und *Die Apfelbäume* zusammenstellte. Vom 6. bis zum frühen 12. Jahrhundert wurden diese Visionen in Form von Bardengesängen überliefert, dann im *Black Book of Carmarthen* (welches seinerseits Bestandteil der *Four Ancient Books of Wales* ist) erstmals schriftlich niedergelegt.

Auf ähnliche Weise ist die Drachenprophezeiung zu uns gekommen, die der damals noch halbwüchsige Sohn des Morvryn in Dinas Emrys abgab. Auch sie wurde in der kimmrischen Tradition sehr lange mündlich bewahrt, bis wiederum im 12. Jahrhundert Geoffrey of Monmouth daranging, sie in seiner *Geschichte der Könige Britanniens* für die Nachwelt zu sichern. Im Rahmen dieses Werkes stellt die Drachenprophezeiung – die sich speziell mit dem Los des britannischen Keltentums vor dem Hintergrund des jahrtausendelangen Kampfes des Roten Drachen gegen den Weißen Drachen beschäftigt und sich von daher als eigenständiger Visionsteil definiert – allerdings nur einen von mehreren Bestandteilen des gesamten Kanons der von Geoffrey zusammengetragenen Prophezeiungen Merlins dar.

Der hochmittelalterliche Autor überlieferte zudem jene bereits stichpunktartig angerissenen Weissagungen, die herausragende Ereignisse der vergangenen fünfzehn Jahrhunderte außerhalb der keltischen Welt betreffen – und ebenso jene Prophezeiungen, welche sich schließlich mit dem dritten Jahrtausend beschäftigen. Speziell diese Vision vom neuen Millennium, die aus der Schilderung heute zumeist schon historischer Geschehnisse erwächst, stellt für den modernen Leser sicher das größte Faszinosum dar. Das nicht zuletzt auch deswegen, weil dieser Teil des gesamten Kanons letztlich die erlösende Verheißung am Ende der Drachenprophezeiung noch einmal vertieft und der Menschheit trotz allem Hoffnung schenkt.

Jeweils in einem eigenen Kapitel sollen die drei großen Visionen Merlins nun vorgestellt und interpretiert werden. Zunächst die etwas gekürzten *Kaledonischen Weissagungen*, die – ebenso wie die Prophezeiungen in den folgenden Kapiteln – vom Autor ins Deutsche übertragen wurden, und in denen der große keltische Seher einen ersten Bogen vom Mittelalter bis zum Zeitalter des »Wassermanns« spannt.

GRÜSSE

Höre, junges Wildschwein,
glückliches kleines Schwein!
Wühle nicht arglos auf den Berggipfeln,
wühle heimlich im Walddunkel.
Damit dich nicht Rhydderch Hael,
der Christenfürst, ausspähe.
Und ich will prophezeien, und so wird es eintreffen:
Ein tapferer Fürst herrscht in Britannien
bis zum Abertaradr,
und die Kimmerier werden glücklich sein.
Sein Name lautet Llywelyn
vom Stamme von Gwynedd.
Ein Mann ist er, der von keinem übertroffen wird.

Llywelyn der Große stammte aus dem Geschlecht der keltischen Könige von Gwynedd. 1218 befreite er einen großen Teil Cymrus von der Normannenherrschaft und lenkte die Geschicke des Landes bis 1240 als souveräner Prinz von Wales. Sein Enkel Llywelyn ap Gruffydd erweiterte das freie Gebiet noch, ehe er 1282 in der Schlacht von Cilmeri fiel, so daß Wales erneut unter englische Herrschaft geriet. Der Name Llywelyn hatte somit beinahe ein Jahrhundert lang für kimmrische Unabhängigkeit im Geist des Roten Drachen gestanden.

Höre, junges Wildschwein!
Es wird nötig sein,
vor den Gefolgsleuten des Meergottes zu fliehen,
damit wir nicht aufgestört und gehetzt werden,
wenn man unsere Spuren entdeckt.

Und wenn unsere Flucht gelingt,
will ich nicht über meine Müdigkeit klagen.
Und ich werde weissagen
in Gegenwart der neunten Woge
und angesichts des letzten ergrauten Mannes
im ausgeschundenen Land Dyvedd:
Es wird eine Siedelstätte errichtet,
aber nicht in einer Kirche des Christenglaubens,
sondern in einem Ringwall fern in den Hochlanden
und mitten unter wilden Tieren.
Bis aber Kynan dorthin wandert, um sie zu sehen,
soll kein Pflug seine Furchen ziehen
über die Äcker des Hochlandes.

Nach dem Tod des Prinzen Llywelyn ap Gruffydd mußten sich dessen Anhänger in die einsamen Randgebiete von Wales und in die schottischen Borge, wohin das Christentum noch nicht vorgedrungen war, flüchten. Mühsam konnten sich die freiheitsliebenden Clans dort in der unwirtlichen Wildnis behaupten. Weiter prophezeit Merlin, daß sich ihr Los erst in ferner Zukunft bessern werde – dann, wenn Kynan, ein legendärer kimmrischer Rhi, zusammen mit einem erneuerten Keltentum wiedergeboren werde und das Land erneut zum Blühen bringe.

Höre, junges Wildschwein!
Es wird dringend not tun, die Götter anzuflehen.
Denn fünf Häuptlinge der Normandie
werden furchtbar in ihrer Wut sein.
Sobald das fünfte Haupt über das Meer kommt,
um die prächtigen Wohnstätten Erins zu stürmen,
und dort Aufruhr und Kriegsgeschrei erweckt

und den Sohn gegen seinen Vater hetzt,
rennen sie – die Erde kennt das Geheimnis –
auch gegen die stürzenden Wohnstätten der Briten an
und kehren niemals heim in die Normandie.

Zweifellos spricht Merlin hier die Normanneninvasion unter William dem Eroberer in der Mitte des 11. Jahrhunderts an. William war Sproß einer Herzogsdynastie und konnte auf vier gekrönte Ahnen zurückblicken. Ehe er England eroberte und dort die Normannenherrschaft begründete, waren andere Invasoren seines Volkes bereits in Irland gelandet.

Höre, junges Wildschwein, schlaf nicht allzu lang!
Denn es wird eine traurige Nachricht eintreffen:
Nachricht über unbedeutende Häuptlinge,
die Verrat in ihren Herzen tragen,
und über kleinmütige Bauern,
die mit geringer Münze geizen.
Über die salzigen Wogen der See
kommen schwerbewaffnete Männer.
Sie reiten Pferde mit doppelten Flanken,
und ihre Speere besitzen doppelte Spitzen,
mit denen sie gnadenlos töten.
Sodann liegen im Land des Krieges
die Äcker verwüstet da,
und der Anblick eines Grabes wirkt freundlicher
als das traurige Dasein der klagenden Lebenden.
Sobald danach Hornrufe erschallen
und die Krieger diesem Ruf in die Schlacht folgen
und Eidogs Söhne davonziehen übers Meer,
wird in Caer Sallawe ein friedlicher Morgen dämmern.

Die Streitrösser der Normannen hatten insofern »doppelte Flanken«, als zu ihrer Kampfausrüstung Schabracken mit den Wappen ihrer Reiter gehörten. Was die Lanzen der Ritter angeht, so besaßen sie auswechselbare Spitzen: scharfe für die Schlacht und stumpfe für den Turnierplatz. Unter den »Söhnen Eidogs« sind Waliser zu verstehen, die vor der Übermacht der Normannen in die noch unbesetzten Landesteile Irlands flohen. Dadurch kam es zur Beendigung der Kämpfe im kimmrischen Caer Sallawe sowie den anderen walisischen Städten.

Höre, junges Wildschwein,
hellhöriges Schwein!
Von unerfreulichen Dingen
hat eine Elfe mir berichtet.
So sage ich vorher einen schlimmen Sommer:
Zwischen Brüdern wird Verrat herrschen in Gwynedd.
Jahrelang wird das Volk von Gwynedd den Tribut verweigern.
Dann schickt der Nordwind siebenhundert Schiffe,
welche sich in Milford Haven versammeln.

In Milford Haven, einer Hafenstadt in Pembrokeshire, ging Anno 1407 eine französische Flotte vor Anker. Sie sollte an der Seite Owain Glyndwrs kämpfen, der im Jahr 1400 zum Prinzen von Wales gekrönt worden war und Cymru noch einmal die Freiheit geschenkt hatte. Infolgedessen konnten die Waliser der englischen Krone auch die Steuern verweigern – allerdings nur bis 1414, denn dann mußte Owain die Waffen strecken.

Vernimm, junges Wildschwein, jetzt am lichten Tag
das Gezwitscher der Vögel!

Sie verkünden, daß weißer Frost aufsteigt,
der die Früchte viele Jahre lang vernichtet.
Die Bischöfe, die in ihren Kirchen predigen,
werden hinterhältige Diebe ermutigen,
und Mönche werden gegen Bezahlung
Vergebung für die Sündenlast gewähren.

Mit scharfen Worten prangert Merlin den Ablaßhandel der katholischen Kirche an, der vor der Reformation auch in Britannien wahrhaft gotteslästerliche Blüten trieb.

Höre, junges Wildschwein, eile nach Gwynedd!
Lege dich nicht allein zur Ruhe,
sondern suche dir einen Gefährten.
Und wenn Rhydderch Hael,
jetzt, während er sein nächtliches Gelage feiert,
weiß, daß ich letzte Nacht schlaflos lag,
so bedeutet dies nicht sonderlich viel.
Unterm Distelgestrüpp lag ich, wadentief im Schnee,
tropfende Eiszapfen bildeten sich an meinem Mantel.
Bedauernswert ist mein Los!
Aber bald schon wird da sein der Tag harten Kampfes
unter den Fürsten von Powys und Gwynedd.
Nach einer langen, ruhigen Zeit
steigt der geschweifte Stern empor
und verteidigt die Grenzen von Gwynedd
gegen seine Feinde.

Als der letzte legitime Prinz von Wales, Owain Glyndwr, um 1345 geboren wurde, erschien am Himmel ein vielfach bezeugter Komet. In seinem Drama *Henry IV.* läßt Shakespeare den Freiheitshelden dazu sagen: »Als ich zur Welt kam, war des Himmels Stirn voll feuriger Gestalten.« Anno 1400 brach der Aufstand Owains im nordwalisischen Gwynedd los; schon bald bekämpfte er die Engländer in Powys, einer Region, die direkt an Gwynedd grenzt.

Höre, junges Wildschwein!
Sind die Knospen des Dornbusches nicht schon sehr grün
und leuchten die Bergflanken nicht außerordentlich klar?
Also will ich erschauen im Llywain-Wald eine Schlacht.
In blassem Rot glänzen die Bahren
nach dem Sturmangriff, den Owain anführt.
Nur kurzer Wortwechsel wird geführt unter den Dienern,
Verrat und Meineid herrschen unter den Kindern des Landes.
Dann, nach der Wiederkunft Cadwalladers,
der die Insel Mona erstürmt,
wird der Stern der Sachsen sinken
über der edlen britannischen Insel.

Hier erkennt Merlin Einzelheiten des Angriffs Owain Glyndwrs auf die von den Engländern besetzte walisische Stadt Ruthin, deren Eroberung am Anfang des kimmrischen Aufstandes von 1400 stand. Zuvor hatte der Adel von Gwynedd Owain nach nur kurzer Beratung zum Prinzen gewählt; etliche dieser nunmehrigen »Diener« Glyndwrs, die zuvor der englischen Krone untertan gewesen waren, machten dadurch ihren früheren »Verrat und Meineid« an Wales wieder gut. Unmittelbar nach seinem Sieg von Ruthin eroberte Owain die Insel Mona (Anglesey) und befand sich damit in einer guten strategischen Position gegenüber den »Sachsen«, also den Engländern.

Höre, junges Wildschwein!
Sehr große Wunder werden verzeichnet in Britannien,
und ich werde befreit sein von meinen Sorgen.
Wenn die Bewohner der Gegend um Mona erscheinen
und die Menschen Britanniens befragen,
brechen aufregende Zeiten an.
Es erscheint ein strahlender Drache,
und er wird Glück verheißen.

Das Land um Mona ist das nordwestliche Wales, wo auf dem uralten keltischen Göttersitz Twr Branwen über der Stadt Harlech die gleichnamige Burg steht. Hier war Owains Hauptquartier, und von hier aus berief er Anno 1404 das Parlament von Machynlleth ein. Auf demokratische Weise »befragte« er so die Waliser nach ihrem politischen Willen, und er tat es inmitten »aufregender Zeiten«. Allerdings konnte der »strahlende Drache« des 15. Jahrhunderts erst Vorbote des für später verheißenen Glücks sein: der endgültigen walisischen Unabhängigkeit, für die im Mai 1999 durch eine frei gewählte Nationalversammlung der Grundstein gelegt wurde.

Höre, junges Wildschwein!
Wie fabelhaft ist es doch,
daß sich die Zeiten immerfort wandeln!
Daß es nicht so ist, wie die Sachsen es überall verkünden;
sie, die Zwietracht verursachen
mit den edlen Menschen Britanniens;
sie, die den Unfrieden schüren!
Und ehe mein Ende naht, will ich weissagen:
Daß die Sachsen von den Britanniern überwältigt werden!
Und daß wir sodann den Freudenruf vernehmen,
der für eine so lange Zeitspanne unterdrückt wurde!

Ähnlich wie in seiner Drachenprophezeiung spricht Merlin hier die Wiedergeburt des Keltentums im dritten Jahrtausend an. In Britannien zeichnet sich diese Tendenz bereits ab: Schottland und Wales besitzen seit 1999 eigene Parlamente und bilden zunehmend gleichberechtigte Teile einer britischen Föderation. Aber auch anderswo in Europa entwickelt sich die »Einheit in Vielfalt« immer stärker, was im Prinzip ebenfalls ein Wiedererwachen des keltischen Geistes bedeutet.

Lausche, junges Wildschwein!
Hörst du das Lied,
das die gefiederten Völker jubelnd anstimmen
bei Caer Rheon?
Eine erblicke ich, die ich erhöhen will
auf dem Hügel des Volkes,
damit sie von dort herniederschaut
auf die heiteren Gestalten der Liebenden.
Und ich will prophezeien eine Seeschlacht,
dann die Schlacht von Machadwy
sowie eine Schlacht auf einem Fluß.
Zudem die Schlacht von Cors-Bochno
und eine Schlacht auf Mona.
Eine Schlacht, bei der die Angreifer hin- und herwogen,
und die Schlacht von Caerleon.
Die Schlacht von Abergwaith
und die Schlacht von Jaethon.
Zuletzt aber, wenn man am Land's End
keinen Rehbock mehr finden kann,
wird ein Kind voller Liebreiz
hoch erhöht werden über Britanniens Stämme.

Abermals haben wir hier eine Prophezeiung, in der die Wiedergeburt des Keltentums vorhergesagt wird. Kennzeichnend für dieses erneute Aufblühen des druidischen Geistes wird eine starke weibliche Komponente sein, symbolisiert durch eine junge keltische Königin. Ehe sie freilich »auf dem Hügel des Volkes« erhöht, also demokratisch gewählt werden kann, wird Britannien noch von zahlreichen Kämpfen erschüttert. Dann aber erscheint die »liebreizende« Führungspersönlichkeit der Zukunft – und die Zeit ist jetzt schon nahe, denn auf der Halbinsel von Land's End in Cornwall gibt es mittlerweile tatsächlich kein freilaufendes Wild mehr.

Höre, junges Widschwein, kleines gesprenkeltes!
Vernimm die Stimmen der Vögel,
die großes Wissen besitzen.
Die Barden wird man zurücksetzen,
man wird ihnen keine Ermutigung mehr zukommen lassen.
Obwohl die Barden vor der Tür ausharren,
wird man sie um ihren Lohn betrügen.

Diese Weissagung betrifft eindeutig das ausgehende 20. und beginnende 21. Jahrhundert mit seinem rapiden Verfall von Dichtung und Literatur. Die »Barden«, worunter ernsthafte Schriftsteller zu verstehen sind, können ihre humane Aufgabe vielfach nicht mehr erfüllen.

Höre, junges Wildschwein, zitterndes kleines Schwein!
Nimm meine Decke, sie ist dein,
aber mir wird keine Rast vergönnt sein.
Dennoch werde ich nicht leiden
angesichts des Ausgangs der Schlacht von Arfderryd.

Ebensowenig werde ich leiden,
wenn das Himmelsgewölbe einstürzt
und die Wasser der Erde über ihre Ufer treten.
Und ich prophezeie:
Nach einem König namens Henry
wird in sturmdurchtosten Zeiten
wieder ein Hochkönig herrschen.
Erst wenn eine Brücke geschlagen wird über den Taff
und eine andere über den Towy,
werden all die Kämpfe zu einem Ende kommen.

In dieser letzten Prophezeiung des Zyklus *Grüße* warnt der Visionär vor der Globalkatastrophe, die er in einem der Kanons, die durch Geoffrey of Monmouth überliefert wurden (siehe Kapitel *Die Vision vom neuen Millennium*), in beklemmenden Einzelheiten schildert. Ebenso geht er hier bereits kurz auf die Zeit nach diesen Katastrophen ein. Dezidiert nennt er den Namen des letzten englischen Königs, an dessen Stelle wieder ein keltischer Ard Rhi treten wird. Schließlich definiert Merlin die Zeit, welche die Wiedergeburt des Keltentums einläutet: Wenn über die südwalisischen Flüsse Taff (Tawe bei Swansea) und Towy (Tywi bei Carmarthen) große Brücken führen. Dies ist durch den Autobahnbau im ausgehenden 20. Jahrhundert inzwischen Realität geworden.

DIE APFELBÄUME

Süß duftender Apfelbaum,
eine stattliche schattige Halle bildest du!
In deinem Wurzelwerk suchen die Wildhunde Schutz,
die den Forst durchstreifen.
Das Lied meiner Prophezeiung aber verkündet:
Die Wiederkunft von Medraut
und Arthur: dem Anführer der Heere.
Noch einmal reiten sie zum Schlachtfeld von Camlann,
nicht mehr als sieben Männer überleben
den zwei Tage tobenden Kampf.
Wenn danach Cadwallader von neuem
seinen Thron besteigt
und der Held, der den Göttern vertraut ist,
abermals seine Heere anführt,
dann bittet Gwynhwyfara, ihre Taten zu besingen.

Fast nahtlos setzt diese einleitende Prophezeiung aus dem zweiten Zyklus der Kaledonischen Weissagungen die Aussagen der *Grüße* fort. Wir befinden uns inmitten der Turbulenzen der »Endzeit«, in der sich der Weiße Drache noch einmal furchtbar gegen den Roten Drachen aufbäumt. Abermals kämpfen Arthur und Medraut auf dem Schlachtfeld von Camlann gegeneinander, doch diesmal siegt der wiedergeborene Rhiotam, der hier mit Cadwallader, einem sagenhaften keltischen Helden, verglichen wird. Ihm zur Seite stehen die alten, ewigen Götter, und wenn gleichzeitig Gwynhwyfara »ihre Taten besingt«, so bedeutet das: Nach der Heimkehr ins Heidentum wird das weibliche Element wieder gleichberechtigt neben dem männlichen stehen; Yin und Yang sind von neuem vereint.

Süß duftender Apfelbaum,
der du überreichen Segen an Früchten trägst
und im einsamen Wald von Celyddon gedeihst!
Alle empfinden Sehnsucht nach dir,
Sehnsucht nach deinen herrlichen Früchten.
Doch sie werden vergeblich nach dir suchen;
vergeblich, bis Cadwallader zurückkehrt
und zur Unterhandlung von Rhyd Rheon erscheint.
Und bis neuerlich Kynan ins Feld zieht,
um den Sachsen Widerpart zu bieten.
In jener Zeit werden die Britannier abermals siegen,
weil ihr schönes königliches Haupt sie anführt.
Jeder Britannier wird sich dann wiederfinden
im Genuß seines Eigentums.
Hörnerschall wird Frieden und Glück verkünden.

Die Menschen sehnen sich nach den (verborgenen) Früchten des Apfelbaumes: der Schönheit des Pentagramms, dessen durchgezogene Linie Erde, Anderswelt und Kosmos in perfekter Harmonie verbindet. Aber die ganze Fülle des uralten druidischen Wissens wird erst mit dem neuen Aufblühen des Keltentums im Zeitalter des »Wassermanns« wiedergefunden werden. Ehe dieser geistige Aufschwung, nach zweitausendjähriger Finsternis jedoch erfolgen kann, muß der Weiße Drache durch den unsterblichen Mut keltischer (Geist-)Krieger endgültig überwunden werden.

Wunderbarer Apfelbaum mit leuchtenden Blüten,
auf deiner Erdscholle gedeihst du inmitten des Gartens!
Und die Elfe schenkt Weissagung
mit Worten von sehr hoher Bedeutung:
Die Ebenen der Seelen werden schweben

über der grünen Vereinigung
zu Beginn der von Stürmen durchtobten Stunde
vor den Herrschern.
Der keineswegs heilige Mann
wird überwältigt vom Schützen,
der von seinem Bogen Sonnenstrahlen abschnellt.
Das Sonnenkind wird in kühnem Lauf voranstürmen,
wenn die Sachsen vernichtet werden.
Und das Bardentum wird abermals erblühen.

In dieser abschließenden Strophe der Kaledonischen Weissagungen gebraucht Merlin eine Reihe mitreißender poetischer Bilder. Er beschwört die »Ebenen der Seelen«, die anderweltlichen Dimensionen, welche für die eingeweihten Menschen eine Brücke zum Göttlichen darstellen. Dann eine frappierend aktuelle Metapher: Unter der »grünen Vereinigung« könnte man sehr wohl die modernen Ökobewegungen verstehen, die im Prinzip vom keltischen Geist beseelt sind und damit »zu Beginn der von Stürmen durchtobten Stunde« – der Globalkatastrophe – auf der Seite des Roten Drachen kämpfen. Der »keineswegs heilige Mann« ist der letzte Papst. Sein Thron wird zu Beginn des dritten Millenniums stürzen; so prophezeit es Merlin, und so sagten es unmißverständlich auch andere herausragende Visionäre wie Nostradamus, Sibylle von Prag, Johannes von Jerusalem, Alois Irlmaier oder Malachias vorher.

Der »Schütze« schließlich, der Christentum und Monotheismus überwinden wird, trägt in der keltischen Mythologie den Namen Lug. Es handelt sich um den Sonnengott, der im ewigen Kreislauf der Natur als »Sonnenkind« gezeugt wird, in der Fülle seiner Manneskraft die »Sonnenstrahlen von seinem Bogen abschnellt«, im Herbst lächelnd altert und am Tag der Wintersonnenwende von der Großen Göttlichen Mutter wiedergeboren wird. Sein Licht wird in der Epoche des »Wassermanns« über einer erneuerten Erde leuchten und seinen Abglanz im Bewußtsein der nun wieder blühenden keltischen Kultur finden.

Die Drachenprophezeiung

Der Kampf des Keltentums gegen seine Widersacher ist das große Thema von Merlins berühmtester Vision. Geoffrey of Monmouth hat sie in seinem Werk *Geschichte der Könige Britanniens* überliefert und sie dort mit einer Fülle weiterer Weissagungen verknüpft, auf die wir im nächsten Kapitel eingehen wollen. Hier die Prophezeiungen, welche das Schicksal der keltischen Völker Westeuropas vom ausgehenden 5. Jahrhundert bis hinein ins dritte Millennium betreffen. Sie schildern einen langen Weg durch die Finsternis, der aber zuletzt im strahlenden Licht münden wird. Unmißverständlich drückte dies der junge Merlin aus, als er dem Usurpator Vortigern in Dinas Emrys gegenüberstand und folgendermaßen zu diesem Verräter am Geist des Keltentums sprach:

Richte dein Augenmerk auf den Roten Drachen,
denn er ist es, der unterliegen wird. Der Weiße Drache, der für die
Sachsen kämpft, welche durch deine Schuld Britannien verheeren,
wird die Höhle des Roten Drachen besetzen. Der Rote Drache
kämpft für die Menschen Britanniens, die vom Weißen Drachen
bedrängt werden. Er kämpft für die Berge und Täler Britanniens,

die verwüstet, und die Ströme in seinen Tälern, die sich blutrot färben werden.

Der Eber von Cornwall wird die Erlösung von der Heimsuchung durch die Eroberer bringen, denn er wird ihre Nacken unter seine Hufe treten und sie zerstampfen.
In die Obhut des Ebers werden die britannischen Inseln gegeben werden; bis zu den Wäldern Galliens hin wird er herrschen.
Vor dem Zorn des Ebers wird sich das Haus des Romulus ängstigen; das Ende des Ebers aber wird von einem Mysterium verschleiert sein.

Des Ebers Taten werden gepriesen werden in den Gesängen seiner Völker; seine Heldentaten werden wie nahrhaftes Fleisch und belebendes Getränk für die Barden sein.

Abermals wird der Weiße Drache sich aufbäumen und wird sodann eine Tochter Germaniens nach Britannien holen.
Britanniens kleine Gärten müssen von neuem landfremden Samen tragen; der Rote Drache aber wird sich nach dem entferntesten Ufer des Teiches hinwegsehnen.

Tiefe Trauer ob des Geschehenen befällt den Roten Drachen; zuletzt freilich, nach ungeheurer Anstrengung, wird es ihm gelingen, seine Kraft zu erneuern.

Jetzt wird sich der Weiße Drache großen Bedrängnissen ausgesetzt sehen. Die Gebäude, die er in seinem kleinen Garten errichtete, werden eingerissen werden. In den kleinen Gärten Britanniens wird der Same des Weißen Drachen vernichtet; was von seiner Nachkommenschaft dann noch lebt, wird ausgetilgt werden. Sie werden die Bürde nicht enden wollender Sklaverei ertragen und werden ihre eigene Mutter mit ihren Schaufeln und Pflugeisen verwunden. Wenn dies geschehen ist, wird der Rote Drache von neuem seine wahre Gestalt annehmen; er wird kämpfen und sich dabei selbst in Stücke reißen. Es werden sich zwei weitere Drachen erheben. Der eine wird vom Stachel der Gier zu Tode gebracht werden, der andere jedoch wird unter den Mantel der Herrschergewalt zurückkehren.

So werden die unterdrückten Völker zuletzt den Sieg erringen; es wird so geschehen, weil sie sich der Grausamkeit der Eroberer nicht beugen werden.

Im Rückblick auf die Geschichte Britanniens der vergangenen eineinhalb Jahrtausende lassen sich diese Prophezeiungen Merlins sehr leicht interpretieren. Dies um so mehr, als der Seher uns in seinen einführenden Sätzen sofort den entscheidenden Hinweis gibt.

Eindeutig definiert er die symbolische Bedeutung der gegeneinander kämpfenden Drachen. Der Rote Drache versinnbildlicht sowohl die keltischen Völker und Stämme Britanniens als auch die Natur dieses Landes: seine Berge, Täler und Flüsse. Merlin drückt so die innige Verflechtung des menschlichen Lebens mit allen anderen Daseinsformen aus, wie die druidische Weisheit sie lehrt. Letztlich wird der Rote Drache vor diesem geistigen Hintergrund zum »Wappentier« all jener, die um diese überlebensnotwendige Symbiose wissen und für sie streiten: der historischen und modernen Kelten Britanniens und ebenso aller anderen Länder. Der Weiße Drache hingegen steht für das keltenfeindliche Prinzip, das den druidischen Geist negiert. Es will gewaltsam erobern, unterdrücken und in seiner

Machtgier Imperien bilden. Es haßt in seiner Bösartigkeit die Gesetze der Natur, zerstört Berge und Täler und besudelt die Flüsse mit Blut.

Derjenige, der noch im ausgehenden 5. Jahrhundert gegen den Weißen Drachen aufsteht, ist der »Eber von Cornwall«: Arthur in seiner Eigenschaft als Rhiotam. Er gebietet der germanischen Aggression Einhalt, schenkt dem bedrängten Keltentum neue Hoffnung und gewinnt dadurch Einfluß bis Gallien; vermutlich meint Merlin hier speziell die von Kelten besiedelte Bretagne. Über diese historisch nicht völlig geklärte, jedoch durchaus nachvollziehbare Realität hinaus macht der Visionär mit seiner Anspielung auf Gallien aber auch allgemein den europäischen Anspruch des keltischen Geistes deutlich.

Dessen schlimmster Feind wiederum ist das »Haus des Romulus«: der römische Imperialismus, welcher das föderalistische druidische Denken negiert. Hochinteressant an dieser Weissagung ist nun der Fakt, daß das Römische Reich seine Legionen zu Lebzeiten Arthurs längst von der britischen Insel zurückgerufen hatte. »Romulus« muß also noch etwas anderes repräsentieren, und der Sinn wird klar, wenn man die geschichtliche Situation um das Jahr 500 betrachtet. Damals hatte die römisch-katholische Kirche bereits die verderbliche religiöse Nachfolge der vorangegangenen politischen Diktatur angetreten; das römische Unterdrückungsprinzip trat also nun im christlichen Priestergewand auf. Nach wie vor freilich mußte diese autoritäre und intolerante Theologie die humane Lehre des toleranten keltischen Miteinander fürchten.

Im Rahmen der gleichen Einzelvision nennt Merlin einen der Gründe, warum dies bis in die fernste Zukunft so bleiben wird: Weil der Tod des Rhiotam ein Mysterium sein wird – und der »Eber von Cornwall« deshalb Unsterblichkeit erlangt. Arthur und seine Taten werden unvergessen bleiben; das aber ist, so die nächste Prophezeiung, vor allem das Verdienst der Barden. Diese keltisch inspirierten Dichter aller Epochen werden das Andenken an ihn am Leben erhalten und damit ihren Beitrag zur Wiedergeburt des Rhiotam leisten.

Bis es allerdings soweit ist, wird der Weiße Drache das Keltentum über viele Jahrhunderte hinweg bedrängen. Zu diesem Zweck wird er eine »Tochter Germaniens nach Britannien holen« – was, abgesehen von der Anspielung auf die Angelsachsen, zunächst ziemlich rätselhaft klingt. Interpretiert man die »Tochter« jedoch ganz einfach als Partnerin oder Mitstreiterin des Weißen Drachen, dann wird der Sinn klar: Der Feind des keltischen Geistes verbündet sich noch intensiver als in der Mitte des ersten Jahrtausends mit der Machtgier, die jetzt von Mittel- und Nordeuropa ausgeht.

In der Tat fielen bald nach dem Tod Arthurs weitere germanische Völker in Britannien ein und eroberten bis zum 9. Jahrhundert fast die ganze Insel mit Ausnahme Schottlands, das seine Freiheit mehr oder weniger bis 1603 bewahrte. Anno 1066 erfolgte die Invasion der germanischen Normannen, welche im Pakt mit der römisch-katholischen Kirche einen äußerst brutalen Feudalismus durchsetzten. Diese imperialistische Herrschaftsform dauerte im Prinzip bis in die frühe Neuzeit an, ehe schließlich 1714 die Kurfürsten von Hannover – abermals germanischer Abstammung – eine neue englische Königsdynastie begründeten und noch im 18. Jahrhundert die Errichtung des Britischen Empire in Angriff nahmen, welches wiederum vom Ungeist des Weißen Drachen befallen war.

Merlin beschreibt also eine sehr lange Fehlentwicklung, welche den Roten Drachen zwingt, sich »nach dem entferntesten Ufer des Teiches« zurückzuziehen und dort zu trauern. »Das Ende des Teiches« lag konkret in den einsamen Landesteilen von Cornwall, Wales und Schottland, wo das Keltentum seine Identität in äußerster Bedrängnis und unter größten Opfern verteidigte. Zu Beginn des dritten Jahrtausends jedoch ist die Zeit gekommen, da es nach »ungeheurer Anstrengung seine Kraft erneuert« – und mit dieser Aussage ist der Punkt im Kontext der Drachenprophezeiung erreicht, an dem der herausragende Druide die Entwicklungen im neuen Millennium anspricht.

Jetzt wird sich der Weiße Drache »großen Bedrängnissen ausgesetzt sehen, und die Gebäude in seinem Garten werden eingerissen werden«. Seine Anhänger werden »die Bürde nicht enden wollender Sklaverei ertragen und werden ihre eigene Mutter mit ihren Schaufeln und Pflugeisen verwunden«. Unwillkürlich denkt man bei diesen Sätzen an die Aussagen indianischer Weiser, welche die Versklavung des modernen Menschen durch hemmungsloses Konsumdenken anprangern und der westlichen Zivilisation vorwerfen, ihre »Mutter Erde« schamlos zu vergewaltigen. Laut Merlin wiederum wird gerade wegen dieser Frevel die vermessene »Nachkommenschaft« des Weißen Drachen ausgetilgt werden; es wird so kommen, weil die Staaten, welche dem Dämon eines neuen Kapitalismus verfallen sind, nicht nur ihre eigenen, sondern auch die Lebensgrundlagen anderer Völker vernichten werden.

Während dies geschieht, wird andererseits »der Rote Drache von neuem seine wahre Gestalt annehmen«. Darunter ist nichts anderes zu verstehen, als daß sich die keltischen Völkerschaften, die in Westeuropa überlebt haben, auf ihre große Vergangenheit besinnen und daraus neues Selbstbewußtsein entwickeln werden. Dieser Prozeß, der mit Nationalismus im negativen, chauvinistischen Sinn nicht das geringste zu tun hat, ist bereits in vollem Gange denn im Mai 1999 wurden in Schottland und Wales erstmals nach vielen Jahrhunderten wieder eigene Parlamente gewählt. Vorerst ist die dadurch erreichte Autonomie noch begrenzt, aber schon sehr bald wird sie zur Bildung völlig unabhängiger keltischer Staaten mit äußerst positiven Konsequenzen in allen Bereichen führen.

Dazu sagt Merlin weiter, diese Rückkehr zur »wahren Gestalt« werde gleichzeitig bedeuten, daß sich der Rote Drache kämpfend selbst in Stücke reiße. Auch das entspricht der derzeitigen Realität, weil der Weg zur Unabhängigkeit von Wales und Schottland vorerst nur getrennt, also »in Stücken« möglich ist. Eine weitergehende »pankeltische« Bewegung, die auch Cornwall, Irland, die Bretagne sowie andere europäische Regionen, die einst vom Geist des La-Tène erfüllt waren, unter einem Dach vereinigen könnte, ist gegenwärtig noch nicht durchzusetzen. Sie wird jedoch bereits in naher Zukunft zum Leben erweckt werden, denn einzig auf diese Weise kann der Rote Drache nach seiner anfänglichen »Zerstückelung« in neuer Gestalt wahrhaft wiedergeboren werden.

Mit Beginn des »Wassermann«-Zeitalters steigt diese faszinierende Verheißung am Horizont herauf – und dies ist die Situation, da der Kampf, der vor zwei Jahrtausenden begann, seinen Höhepunkt erreichen wird. Es geschieht, weil auch der »alte« Weiße Drache sich offenbar noch einmal »häutet«, und diese beiden »weiteren Dra-

Der Autor in Dinas Emrys, wo Merlin seine berühmte Drachenprophezeiung abgab. Die Fundamente der Festung des Emrys sind noch sichtbar.

chen«, wie Merlin sie in seiner Prophezeiung nennt, werden im dritten Millennium den finalen Entscheidungskampf austragen. Der erneuerte Rote Drache wird dabei seinen tückischen Widersacher endgültig überwinden, denn nur der Weiße Drache kann aufgrund seines bösartigen Wesens vom »Stachel der Gier«, der sich nun nach den ehernen Gesetzen der Natur gegen ihn selbst richtet, getötet werden.

Der Rote Drache dagegen, der sich im Einklang mit der Großen Mutter sowie den übrigen heidnischen Göttern befindet, kehrt unter den »Mantel der Herrschergewalt« zurück. Er wird die Zukunft Britanniens und des Abendlandes gestalten, und dies wird auf der Grundlage der uralten und zugleich hochaktuellen druidischen Lehre geschehen. Jener heidnischen Weisheit, die trotz schrecklichster Verfolgungen bewahrt werden konnte, weil die »unterdrückten Völker« (oder eben das keltische Bewußtsein) letztlich der »Grausamkeit der Eroberer« (die vom Ungeist der Menschenverachtung, der Intoleranz und der herzlosen Machtausübung besessen waren) stets widerstanden.

So lautet die Botschaft, welche der keltische Menschheitslehrer in seiner Drachenprophezeiung niederlegte, und den gleichen – sowohl kämpferischen als auch zutiefst humanen – Geist atmet der dritte Kanon seiner Weissagungen, mit dem wir uns im folgenden Kapitel beschäftigen wollen.

Die Vision vom neuen Millennium

Abermals spannt sich der Bogen der in diesem Kapitel vorgestellten Prophezeiungen vom ersten bis zum dritten Jahrtausend. Sie setzen unmittelbar nach der Epoche Merlins ein und enden mit der Wiedergeburt des europäischen Keltentums im nunmehr anbrechenden Zeitalter. Besonders die Schilderungen, die sich auf das neue Millennium beziehen, zählen weltweit zu den eindrucksvollsten Zeugnissen der Präkognition. Einerseits enthalten sie erschütternde Katastrophenszenarien, andererseits zeigen sie der Menschheit eine faszinierende Zukunftsperspektive auf.

Ebenso wie die Drachenprophezeiung wurde auch der folgende Kanon erstmals von Geoffrey of Monmouth in seiner *Geschichte der Könige Britanniens* kompiliert. Die beiden Zyklen folgen dort direkt aufeinander, so daß der Eindruck entsteht, es handle sich um eine zusammenhängende Vision. Geoffrey schreibt jedoch in einem anderen Buch, seiner *Vita Merlini*, der halbwüchsige Seher habe in

Dinas Emrys allein die Drachenprophezeiung abgegeben; die übrigen Visionen habe der *Große Wissende* erst im Mannesalter erlebt. Diese stellen also durchaus einen eigenständigen und außerdem den umfangreichsten Teil von Merlins präkognitivem Vermächtnis dar, was allerdings auch bedeutet, daß zahlreiche der Weissagungen (freilich nur solche, die dem ersten, beziehungsweise zweiten Jahrtausend zuzuordnen sind) »lediglich« regionale Bedeutung haben. Aus diesem Grund wird auf den folgenden Seiten für das erste und zweite Jahrtausend eine Auswahl von allgemeinem Interesse vorgestellt; die Visionen für das dritte Jahrtausend hingegen sind komplett enthalten.

DIE PROPHEZEIUNGEN BIS ZUM JAHR 2000

Nach der Zeit des Ebers werden sechs seiner Abkömmlinge das Zepter in Händen halten. Dann wird sich der germanische Lindwurm erheben. Dieser Lindwurm wird vom Seewolf erhöht; die Herrschergewalt des Lindwurms wird bis zu den Wäldern Afrikas reichen.

In den sechs Menschenaltern nach Arthur regierten offenbar noch Nachfahren von ihm als Kleinkönige in den keltischen Rückzugsgebieten. Mit der sechsten Generation befinden wir uns ungefähr im Jahr 700. Damals traten die germanischen Wikinger in die Geschichte ein, deren gleich Wölfen über die See jagende Kriegsschiffe oft einen Lindwurm- oder Drachenkopf am Bug trugen. Im Verlauf der folgenden Jahrhunderte stießen diese »Meerdrachen« dann bis Sizilien und Nordafrika vor.

[Es] wird erscheinen … der Mann von Bronze.
Über lange Jahre hinweg behütet er die Tore Londons vom
Sattel eines ungebärdigen Rosses aus.

Dieser gepanzerte Mann ist der angelsächsische König Alfred der Große (871–899). Er verteidigte England fast zwei Jahrzehnte lang mit äußerster Tapferkeit gegen dänische Invasionsversuche.

Sodann wird der Prinz von Bronze sein Grab finden, und
an seiner Stelle wird man den germanischen Lindwurm krönen.
Dem Prinzen von Bronze wird eine Grenze gesetzt, die er
nicht überwinden kann. 150 Jahre lang muß er im Schmerz der
Erniedrigung ausharren, danach freilich sitzt er für weitere
drei Jahrhunderte erneut auf dem Thron.
Derjenige, der gegen ihn aufsteht, ist der Nordwind …

Das Reich, das Alfred begründet hatte, ging 1066 unter, als der Normannenherzog William mit seinen »germanischen« Drachenschiffen über die See kam und England eroberte. Rund 150 Jahre später, um 1200, gelangte das Geschlecht der Plantagenets, das teilweise auf Alfred den Großen zurückging, auf den englischen Thron, so daß das Blut des »Prinzen von Bronze« quasi restituiert wurde. Um 1500 begann schließlich die Epoche der Tudorkönige, die aus dem nördlichen Wales stammten und damit die letzten Erben Alfreds sozusagen auf den Flügeln des Nordwindes vertrieben.

Die Steine werden in jener Zeit ihre Münder
auftun und sprechen.

Sehr deutlich werden hier die Jahrhunderte des Kathedralenbaus kenntlich – die Fassaden dieser gotischen Kirchen sind wahrhaft mit »sprechenden« Steinplastiken übersät.

Ein Bauer aus Alba wird … erscheinen, und eine Schlange wird ihm züngelnd mit Rücken hängen. Er wird … die Erde Albas pflügen, damit aus ihr eine leuchtende Ernte … aufwachsen kann. Die Schlange aber wird danach trachten, ihr Gift zu speien; sie will verhindern, daß die grüne Saat zur Reife gelangt.

Mit diesem Bauern aus Alba (Alba ist die keltische Bezeichnung für Schottland) kann nur der Freiheitskämpfer William Wallace gemeint sein, der im ausgehenden 13. Jahrhundert zum Aufstand gegen die Engländer aufrief. Ein Rivale aus dem eigenen Clan verriet ihn jedoch an die Feinde, die ihn gefangennahmen und hinrichteten; Wallace hatte damit in der Tat eine »Schlange« im Rücken. Somit konnte der Freiheitsheld die »grüne Saat« nicht mehr reifen sehen, denn erst etliche Jahre nach seinem Tod, nämlich Anno 1314 auf dem Schlachtfeld von Bannockburn, gewannen die Schotten unter Robert the Bruce noch einmal ihre Selbstbestimmung.

Die Vergeltung für seinen Verrat wird den germanischen Lindwurm einholen; nur mit knapper Not entkommt er in seine Höhle. Zuletzt wird er … für kurze Zeit abermals stark werden, doch er wird schlimm leiden unter der Entvölkerung der Normandie.

Hier spricht Merlin wohl die spätmittelalterlichen Machtkämpfe zwischen den Häusern Lancaster und York, die sogenannten Rosenkriege, an. Aufgrund dieser Auseinandersetzungen ging die von William begründete Dynastie unter; England verlor seine Besitzungen in der Normandie.

Am Ende wird aufstehen ein brüllender Löwe; ein Untier,
das schrecklich ist in seiner furchtbaren Grausamkeit.
Fünfzehn Teile wird dieser Löwe zu einer Einheit zusammenfügen;
er allein wird die Menschen zuletzt unter seiner Gewalt haben.

Gemeint ist hier offenbar Edward IV. aus dem Haus York. Er beendete 1461 die schrecklichen Bürgerkriege und vereinte das bis dahin zerrissene England von neuem unter seinem Zepter.

Die Nachkommen des Löwen verwandeln sich und
werden zu Fischen des Meeres. Zugleich wird der Adler von
Snowdonia auf dem Gipfel horsten.

Nach dem Ende der Rosenkriege gelangte Anno 1485 das Haus Tudor auf den englischen Thron. Dieses Geschlecht stammte bekanntlich aus Gwynedd, in dessen Herzen das Snowdonia-Massiv liegt. Jetzt »horsteten« die Nachfahren Uther Pendragons auf dem Gipfel der Macht, während der mit ihnen rivalisierende Adel des Hauses York gleich Fischen über das Meer nach Frankreich fliehen mußte.

Man wird Mönche in ihren Kutten zur
Eheschließung nötigen; bis zu den Gipfeln der Alpen wird man
ihr Wehklagen vernehmen.

Im Zuge der Reformation zerstörte Heinrich VIII. (1491 bis 1547) die römisch-katholischen Klöster in England; in manchen Fällen wurden danach die Mönche zur Heirat genötigt.

In Zorn wird Alba ausbrechen. Ihre nächsten Nachbarn
wird sie zu sich rufen, auf diese Weise wird sie sich selbst aufgeben
bis zum Blutvergießen.
Dann wird man in ihrem Rachen einen Bissen
entdecken, der an den Gestaden von Armorica geschmiedet wurde.
Mit Gold wird der Adler der gebrochenen Übereinkunft
ihn überziehen; sodann wird der Adler frohlocken in seinem
dritten Nest.

Alba ist die keltische Bezeichnung für Schottland, steht aber ebenso für Maria Stuart. Diese letzte schottische Königin verbündete sich in ihrem Thronstreit mit Elisabeth I. heimlich mit der französischen Krone (Armorica), doch Elisabeth Tudor entlarvte die Verschwörung. Anschließend brach sie die bis dahin eherne Übereinkunft, wonach kein Monarch die Todesstrafe über einen anderen verhängen durfte, und ließ Maria Stuart im Jahr 1587 köpfen. Elisabeth konnte nun über ihr »drittes Nest« frohlocken: Schottland, welches sie jetzt zusätzlich zu England und Irland regierte.

Die mit den gekräuselten Haaren werden darauf verfallen,
sich in schreiend bunte Stoffe zu kleiden. Solche Gewänder werden
sehr deutlich die Gedanken ihrer Träger widerspiegeln.

Äußere Prunksucht und innere Überheblichkeit: Kennzeichen des barocken Adels vor der Französischen Revolution.

Die Füße der bellenden Tiere wird man abschneiden.

Vielfach ließen die pervertierten Edelleute des Absolutismus auf diese Weise die Hunde der Bauern verstümmeln, damit die Tiere nicht mehr zur Jagd verwendet konnten, die allein dem Adel erlaubt war.

Vom Sechsten werden die Wälle Irlands geschleift werden;
er wird Erins Forste in eine baumlose Ebene
verwandeln. Die unterschiedlichen Teile wird dieser Sechste zu
einem Ganzen zusammenfügen; sodann wird man ihn
krönen mit dem Schädel eines Löwen. In seinem Ursprung wird die
Ursache für seinen schwankenden Charakter enthalten sein;
durch sein Ende wird er emporsteigen zu den Hochstehenden.
In all seinen Ländern wird er die Siedelstätten der Heiligen
wiederherstellen; er wird die Hirten neuerlich an den ihnen gemäßen
Orten ansiedeln. Ebenso wird er zwei Städte mit Leichenlaken
verhüllen; den Jungfrauen hingegen wird er jungfräuliche
Geschenke darbringen. So wird er die Unterstützung des Donnerers
finden und sich einen Platz zwischen den Gepriesenen erringen.
Aus seinem Samen wird ein Luchsweibchen entsprießen,
welches seinen Pfad in alle Dinge erschnüffeln und die Vernichtung
seines eigenen Blutes betreiben wird.
Das Luchsweibchen wird die Schuld daran tragen,
daß die Normandie ihre beiden Inseln vermißt und sie die Würde
verliert, die sie einst besaß.

Diese – nur teilweise schlüssig zu interpretierende – Prophezeiung bezieht sich zunächst auf den Lordprotektor Oliver Cromwell (1599–1658). Er führte Krieg gegen das katholische Irland, vernichtete die bis dahin ausgedehnten Wälder des Landes, führte die religiöse Diktatur des Puritanismus ein und sorgte dafür, daß Anno 1649 der englische König Charles I. enthauptet wurde. Richard Cromwell, der Sohn und kurzzeitige Nachfolger des Lordprotektors, war zwar verschlagen wie ein Luchs, ansonsten aber politisch unfähig, was schließlich zur Restitution des – allerdings geschwächten – Königtums führte.

Nach dieser Zeit tritt der Löwe der Gerechtigkeit auf den Plan. Sein Gebrüll läßt Galliens Burgen erbeben und die Drachen Britanniens erzittern. In der Zeit des Löwen wird aus der Lilie und der Nessel Gold gesaugt; von den Hufen der muhenden Rinder wird Silber triefen.

Hier spricht Merlin ganz klar die Französische Revolution an. Sie hatte durch ihren Kampf gegen die Despotie zunächst positive Auswirkungen auf ganz Europa. Dann jedoch pervertierte sie, so daß nicht nur die Schlösser gestürmt und die Adligen enteignet wurden, sondern bald auch das einfache Volk schwer zu leiden hatte. In dieser Phase wurden auch den Bürgern (Nesseln im Gegensatz zu den adligen Lilien) und Bauern (Viehhaltern) hohe Steuern und sonstige Opfer aufgezwungen.

Aus dem Stamm Conans wird ein wilder Eber entstehen; er prüft die Schärfe seiner Hauer in den Wäldern Galliens. Dort fällt er all die größeren Eichen, achtet jedoch darauf, die kleineren zu bewahren.

Wahrscheinlich spielt der Prophet hier auf Robespierre an, welcher teilweise britannischer Abstammung war. Robespierre ließ Tausende von Adligen köpfen, weitete sein »Terrorregime« jedoch nicht auf das einfache Volk aus.

Vor diesem Eber werden die Fürsten Arabiens und Afrikas erzittern; die Kraft seines Angriffs trägt ihn bis zum entferntesten Ende Spaniens.

Der »Eber« Robespierre verwandelt sich in den »Eber« Napoleon, welcher bekanntlich militärische Vorstöße bis Ägypten und Spanien unternahm.

[Bald werden] abermals Hungersnöte und vielfaches Sterben zu beklagen sein. In den Städten werden die Menschen um ihre Gemeinsamkeit trauern. Von schwarzen Tränen wird Britanniens Erde durchweicht sein; zur Hemmungslosigkeit werden die Menschen getrieben. Die später Geborenen werden sich über die höchsten Dinge erheben wollen; die Gunstbeweise, die den Zuwanderern gelten, werden immer noch maßloser werden…

Im 19. Jahrhundert trat an die Stelle der Französischen die industrielle Revolution, die sich besonders dramatisch in England auswirkte. Merlin prangert hier offenbar diese Fehlentwicklung an: furchtbare soziale Not, Verlust der alten Gemeinsamkeit, Umweltverschmutzung, materielle Gier bis hin zur Zügellosigkeit und staatlich geförderte Zuwanderung ausländischer Kapitalisten.

Erscheinen wird sodann der Eber des Handels. Er führt die versprengten Herden zurück zu ihren Weiden… Aus seiner Brust werden die Hungrigen Nahrung saugen; seine Zunge wird die Not derer lindern, die unter tödlichem Durst leiden. Seinem Mund werden Ströme entspringen, welche die verdorrten Kehlen laben.

Nachdem im späteren 19. Jahrhundert das Britische Empire seine größte Bedeutung erreichte und England – freilich auf Kosten der ausgebeuteten Kolonien – wirtschaftlich in nie gekanntem Ausmaß prosperierte, milderte sich auch die Not der einfachen Menschen wieder.

Sorgloses Dasein läßt die Führer nachlässig werden. Daraufhin verwandeln sich die Untertanen in schlimme Bestien. Aus dem Volk wird sich ein reißender Löwe erheben; er mästet sich an menschlichem Blut. Ein Sichelträger wird zum Erntehelfer des Löwen, wenn sich aber der Geist des Sichelträgers verwirrt, wird der Löwe ihn vernichten.

Kein Zweifel: In den »Führern« werden hier zunächst die verantwortungslosen westlichen Staatsoberhäupter des frühen 20. Jahrhunderts kenntlich. Sie machten den Aufstieg eines anderen »Führers« möglich: Adolf Hitler, der die Massen mobilisierte und sich dann wahrlich an Menschenblut mästete. Der »Sichelträger« ist kein anderer als Röhm, welcher als Befehlshaber der Mörder- und Schlägerorganisation SA einen wichtigen Beitrag zum Aufstieg Hitlers leistete, später aber zusammen mit anderen perversen Offizieren der SA liquidiert wurde.

Man wird die Leiber der Mütter aufschlitzen; vor der natürlichen Zeit werden die Säuglinge geboren werden. Das Leid der Menschen wird furchtbare Ausmaße annehmen; diejenigen, die im Land geboren wurden, trachten auf diese Weise danach, die Macht wiederzugewinnen.

»Diejenigen, die im Land geboren wurden« (und daraus eine verbrecherische Rassentheorie entwickelten), sind zunächst die deutschen Nationalsozialisten. In der Tat schnitten die Schergen der SS, vor allein in Osteuropa, die Bäuche von schwangeren jüdischen und anderen »rassefremden« Frauen auf. Auch von amerikanischen Soldaten in Vietnam und Serben im Kosovo wurden später derartige Greueltaten verübt.

Zu einer schmalen Fahrrinne wird die See schrumpfen,
über deren Wogen die Männer nach Gallien segeln.
Steht ein Mann am britannischen oder gallischen Ufer, so wird
ein Mann am gegenüberliegenden Gestade seine Stimme
vernehmen können. Die Landmasse der britannischen Insel wird
höher emporwachsen.

In einer sehr präzisen Vision erkennt Merlin hier den Tunnelbau unter dem Ärmelkanal am Ende des 20. Jahrhunderts. Außerdem kündigt der Seher den modernen Telefon- und Funkverkehr von Küste zu Küste an. Frappierend ist die Metapher, wonach die Landmasse Englands »höher emporwachsen« werde. Dies wäre perspektivisch für einen Beobachter der Fall, der sich tief unter dem Meeresboden im Kanaltunnel befände; es scheint tatsächlich so, als hätte sich Merlin bereits um das Jahr 500 mental dorthin versetzt.

DIE PROPHEZEIUNGEN FÜR DAS 3. JAHRTAUSEND

Von der Spitze des Twr [Tower] von London wird ein
Baum emporwachsen. Sein Stamm gabelt sich lediglich in drei Äste,
trotzdem wird er Britannien in seiner ganzen Länge und
Breite mit seinem Laubdach bedecken. Als Feind dieses Baumes
fällt der Nordwind über ihn her und reißt den dritten Ast… hinweg.
Die beiden anderen Äste nehmen den Platz des weggerissenen
ein… bis der erste den zweiten… erwürgt. Der letzte Ast wird…
ein Nistplatz für die Vögel sein, die aus fremden Ländern
heranfliegen. Den Vögeln Britanniens wird dies zum Schaden

gereichen; sie verlieren ihre Kraft zum freien Flug, weil sie sich vor dem Schatten des letzten Astes fürchten.

Das Motiv eines Baumes, der auf einem bedeutenden Bauwerk wächst und dadurch eine schlimme Entwicklung ankündigt, findet sich auch bei dem großen deutschen Propheten Matthäus Lang oder Mühlhiasl (1753–1809), der präzise den Ausbruch des Ersten und Zweiten Weltkriegs sowie die Gefahr einer dritten derartigen Katastrophe im 21. Jahrhundert vorhersagte. Ähnlich ist die hier vorliegende Weissagung Merlins zu interpretieren. Der dunkle Schatten des Tower-Baumes fällt über ganz Britannien; das Unheil wird folglich sehr groß sein. Die drei Äste wiederum stehen dafür, daß sich die katastrophale Entwicklung in drei Schritten vollzieht; gemeint sind offenbar die beiden Weltkriege und ein noch ausstehendes drittes Unheil in dieser Richtung. Diese dritte Katastrophe »erwürgt« die zweite, wird also noch verheerender als die vorhergehende sein. Bevor diese »Endzeit« anbricht, kommen zahlreiche »Vögel« aus fremden Ländern nach Britannien: ein Bild für die globalisierte, von den USA dominierte Gesellschaft. Und weil die Briten (wie auch die übrigen Europäer) von dieser Entwicklung überfordert sind, stehen sie dem Herannahen des Verhängnisses mehr oder weniger hilflos gegenüber.

Auf Gloucesters Mauern wird eine Eule nisten, ein Esel wird in ihrem Nest aus dem Ei schlüpfen. Die Schlange … erzieht den Esel und bringt ihm viele betrügerische Fertigkeiten bei. Dann krönt der Esel sich selbst und wirft sich über das Erhabenste auf. Zur Zeit des Esels erbeben die Berge … die Wälder des Landes sterben. Denn ein feuerspeiender Drache erscheint; der Lindwurm setzt die Bäume durch den Ansturm seines Atems in Brand. Sieben Löwen mit Ziegenschädeln kriechen aus dem Drachenleib. Ihr stinkender Atem verdirbt die verheirateten Frauen; zu billigen Huren werden die Frauen, die zuvor ihren Männern treu waren. Der Vater wird seinen Sohn nicht mehr erkennen; hemmungslos gleich Rindern werden die Menschen sich begatten.

Merlin beschreibt zunächst die Situation im Übergang vom zweiten zum dritten Millennium: Gewissenlose Scharlatane halten die politische und wirtschaftliche Macht in Händen. Dank ihrer verderblichen Aktivitäten (Neokapitalismus) wird die Umwelt zerstört, doch die Natur rächt sich. Wir erkennen die vielen Erdbeben und das Waldsterben des ausgehenden 20. Jahrhunderts. Aber auch den Werteverlust und das Zerbrechen der traditionellen sozialen Strukturen prangert der keltische Visionär an. Statt sich gegen das Verhängnis zu stemmen, betäuben sich viele Menschen; zum Beispiel mit hemmungslosem Sex.

[An den Bäumen] werden Äste und Wurzeln ihre Plätze vertauschen. Dieses Geschehen wird in seiner Merkwürdigkeit als ein Wunder angesehen werden.

Die Natur spielt verrückt. Wahrscheinlich ist die Gentechnik daran schuld, durch die eine fehlgeleitete »Wissenschaft« in den Bauplan des Lebens eingegriffen hat. Doch noch immer werden die furchtbaren Folgen nicht in ihrem vollen Ausmaß erkannt; die Menschen bestaunen die Folgen von Genmanipulationen als »Wunder«.

In diesen Tagen werden auf den Lichtungen der Wälder die Eichen in Flammen stehen. Aus den Ästen der Lindenbäume werden Eicheln wachsen.

Ein Bild, das an eine Horrorfiktion erinnert. Aber ganz ähnliche Mutationen wie diejenige, die Merlin für Britannien beschreibt, wurden bereits nach der Reaktorkatastrophe von Tschernobyl beobachtet. Dort trugen Nadelbäume plötzlich Laub, und die Blätter erreichten teils eine gigantische Größe. Auch in der Fauna kam es zu erschreckenden Veränderungen; bislang schwarze Amseln etwa vererbten ihren Jungen weißes Gefieder. In England (und anderswo auf dem Globus) könnten Strahlungen aus Kernkraftwerken oder atomaren Wiederaufbereitungsanlagen, womöglich im Zusammenhang mit Genmanipulationen, derartige und noch sehr viel grauenhaftere Reaktionen an Pflanzen, Tieren und Menschen hervorrufen.

Aus sieben Mündungen wird die Meerenge des Severn jäh herausschießen; sieben Monate wird der Fluß Usk vor Hitze kochen. Ehe Fische des Usk sterben in der Glut und an den Schlangenwesen, welche der Fluß ausstößt.

Dies klingt nach Erdbeben und Vulkanausbrüchen im südwestlichen England. Die geologischen Kataklysmen haben auch tödliche Folgen für das biologische Leben.

In Bath werden die warmen Heilquellen erkalten; ihr einstmals wohltuendes Wasser wird den Tod bringen.

Bereits die Kelten und nach ihnen die Römer schätzten die Heilkraft der Quellen von Bath in der Nähe von Bristol.

Nach der Katastrophe im Severn-Gebiet scheinen dort radioaktive und andere Gifte aus der Erde zu dringen.

Das Sterben von zwanzigtausend Menschen
wird in London betrauert werden; in Blut wird sich das
Themsewasser verwandeln.

Als Folge der Umweltkatastrophe kommt es zu einem Massensterben in den britischen Großstädten. Und womöglich nimmt das Wasser der Flüsse aufgrund der darin gelösten Giftstoffe eine blutrote Farbe an.

Blutregen fällt; die Menschheit wird von einer furchtbaren
Hungersnot gequält.

Offenbar sind die giftigen Substanzen bereits im gesamten Wasserkreislauf des Globus enthalten. Logischerweise kommt es dadurch zu einem Zusammenbruch der Landwirtschaft, so daß nicht mehr ausreichend Nahrungsmittel erzeugt werden können.

Drei Quellen dringen in Winchester aus der Erde.
Drei Ströme ergießen sich aus diesen Quellen, sie zerschneiden
die britannische Insel in drei Teile.
Wer aus dem ersten Strom trinkt, gewinnt ein langes
Leben; er ist gefeit gegen jegliche Krankheit. Wer aus dem zweiten
Strom trinkt, stirbt an unersättlichem Hunger; Blässe
und Furcht zeichnen sein Antlitz.
Wer aus dem dritten Strom trinkt, wird einen jähen
Tod erleiden; unmöglich wird es sein, seinen Leib beizusetzen.
Die Menschen bemühen sich, der hemmungslosen
Ausbreitung derartiger Todesfälle entgegenzutreten;

alles versuchen sie, um die Leichen mit verschiedenen Materialien zu bedecken. Doch welcher Stoff auch dazu verwendet wird, er verwandelt sich augenblicklich in eine andere Materie. Sobald sie einen solchen Leichnam berührt, erstarrt Erde zu Stein; Stein wird flüssig, Holz vergeht zu Asche, und aus Asche wird Wasser.

Winchester liegt nördlich des Fjords von Southampton; nordwestlich schneidet sich der Severn tief in die südenglische Landmasse ein, nordöstlich die Themsemündung. Falls nun deren Fluten – weil etwa infolge einer Klimaveränderung der Meeresspiegel ansteigt – ins Innere Britanniens durchbrechen und sich vereinigen würden, so gäbe es plötzlich im Westen, Osten und Norden der Stadt Winchester drei völlig vom Wasser umgebene Landesteile. Merlin warnt nicht nur davor, sondern sagt zudem, diese neu entstandenen Gewässer seien auf nie zuvor gekannte Weise verseucht. Welcher Art diese Gifte sind, deutete der Seher in seinen vorangegangenen Prophezeiungen an. Und so könnte es tatsächlich geschehen, daß schreckliche, sich selbst reproduzierende Substanzen mit radioaktiven und genmanipulierten Bestandteilen die beschriebenen Auswirkungen auf den Menschen hätten: widernatürliche Resistenz gegenüber Krankheiten, biologische Unfähigkeit zur Nahrungsverwertung trotz exzessiver Nahrungsaufnahme und Materieumwandlungen, wenn bestimmte Stoffe mit kontaminierten Leichen in Berührung kommen.

Männer sind trunken vom Wein, den man ihnen im Übermaß kredenzt. Sie drehen ihre Kehrseiten zum Himmel und heften ihre Augen auf die Erde. Die Sterne wenden den Blick ab von diesen Männern und verändern ihren

vertrauten Lauf. Weil die Sterne vor Zorn beben,
verdorren die Ernten; vertrocknen wird sämtliche Feuchtigkeit
des Firmaments.

Einmal mehr spricht der keltische Visionär den »trunkenen Taumel« der postmodernen westlichen Zivilisation an. Im Übermaß »saufen« und »schlingen« ihre Angehörigen noch immer alles in sich hinein, was sie an sich raffen können, während sie gleichzeitig schon von schweren Katastrophen heimgesucht werden. Darin kommt es auf der Erde nach weiteren Naturkatastrophen zu einem globalen Kataklysmus, was sich auch durch das (scheinbare) Abweichen der Sterne von ihren vertrauten Bahnen ausdrückt.

In der Farbe von Bernstein glüht Merkur auf.
Das helle Sonnenlicht verdunkelt sich angesichts dessen;
Entsetzen packt diejenigen [Menschen], die zu Zeugen
werden. Merkur… verändert seinen Schild; vom Helm des Mars
wird der [erschrockene] Blick auf Venus gelenkt.
Einen Schatten wirft der Helm des Mars; ein Toben, aufgrund
dessen Merkur seine Kreisbahn [fliehend] überrennt.
Orion, der Eiserne, zückt sein Schwert. Die Sonne, wäßrig, quält
die Wolken. Jupiter meidet den Pfad, der ihm bestimmt
war; Venus wird aus ihrem Lauf gedrängt.
Saturn wütet; sein Groll strömt wie eine Sturzflut hernieder
und vernichtet die Sterblichen mit geschwungener Sichel.
In Tränen aufgelöst sind die zwölf Häuser der Sterne,
weil sie Zeugen werden, wie ihre Bewohner Amok laufen.
Die Zwillinge reiben sich aus ihrer… Umarmung; sie senden
den Wassermann zu den Quellen. Schief taumeln die
Schalen der Waage; sie taumeln, bis der Widder sie mit

seinem Gehörn stützt. Ein Blitz fährt aus dem
Schweif des Skorpions; mit der Sonne ringt der Krebs.
Die Jungfrau erklettert den Rücken des Schützen;
von seinen Schultern hängen ihre jungfräulichen Blüten. Wild
durch den Tierkreis jagt der Streitwagen des Mondes;
in Tränen brechen die Plejaden aus.
Keiner findet zurück zu der Aufgabe, die jedem zugemessen war.
Ariadne versperrt ihre Tür; sie verbirgt sich in den sie
umhüllenden Wolkenbänken.

Scheinbar, weil von wankender irdischer Perspektive aus gesehen, geraten Planeten und Sterne am Firmament außer Kontrolle. Tatsächlich ist aufgrund der verheerenden Kataklysmen auf dem blauen Planeten die Erdachse gekippt, so daß ein Polsprung erfolgt. Neben Merlin prophezeiten weitere Seher eine derartige Katastrophe für das dritte Millennium; so unter anderem Sibylle von Prag, Hildegard von Bingen und Matthäus Lang (Mühlhiasl). Frappierend ist Merlins Kompetenz aber auch in astrophysikalischer Hinsicht. Seine Formulierung »die Sonne, wäßrig« beispielsweise beweist das Wissen des keltischen Druiden um die chemische Natur der Sonne, die hauptsächlich aus Wasserstoff besteht.

Von einem Herzschlag auf den anderen bäumen sich die
Meere tobend auf; von neuem öffnet sich die Arena der Sturmwinde.
Die Sturmwinde treten zum Kampf gegeneinander an;
das Kampfgetöse hat schlimme Vorbedeutung, und sein Toben
schallt von einem Sternzeichen zum nächsten.

Seebeben, Sturmfluten und Orkane suchen die Erde während des Kippen der Erdachse heim.

Der Tod packt die Menschheit, alle Völker vernichtet er.
Die Überlebenden verlassen die Stätte ihrer Geburt; ihre Saaten
werden sie in die Felder der Toten anderswo säen.

Eine Wiederbesiedelung verwüsteter Gebiete nach der Globalkatastrophe sprechen abermals auch andere Präkognitive an. Besonders deutlich werden dabei der Mühlhiasl, der bayerische Hellseher Alois Irlmaier, der Eismeerfischer Johansson und der »Bauer aus dem Waldviertel« in Österreich. Und diese Visionäre nannten zudem die Verluste an Menschenleben, die zu beklagen sind: zwischen 25 und 35 Prozent der Erdbevölkerung.

[Dann aber] wird ein Mädchen als Abgesandte einer
Stadt im Carnuten-Wald erscheinen. Dank seiner Heilkunst wird
dieses Mädchen viel Leid lindern. Das Mädchen befragt
die Orakel; danach läßt es die verderblichen Quellen… versiegen.
Ein stärkender Trank erneuert die [dadurch verbrauchte]
Kraft des Mädchens; sodann wird es Schottlands Forste
in seiner Rechten und die… Mauern Londons in seiner Linken
tragen. Wo immer das Mädchen erscheint, werden
hinter ihm schweflige Fußspuren sein… Der davon aufsteigende
Rauch, erschreckt die Gallier; [gleichzeitig] verschafft er
den unterseeischen Lebewesen Nahrung. Aus den Augen des
Mädchens werden Tränen des Mitleids strömen; die ganze Insel
wird erfüllt sein von seinen herzzerreißenden Schreien.
[Zuletzt] wird ein zehnendiger Hirsch das Mädchen töten.
Vier seiner Geweihsprossen tragen Kronen aus Gold, sechs der
Sprossen verwandeln sich in Ochsenhörner. Und mit Hilfe
dieser Hörner bringt der Hirsch die drei Eilande Britanniens mit
ihrem gräßlichen Untergrund in Aufruhr.

Im französischen Carnuten-Wald lag in keltischer Zeit der bedeutendste Druidenhain Galliens. Ein »Mädchen«, das von dort stammt, könnte infolgedessen eine Neodruidin sein oder für eine entsprechende Gruppe stehen, die imstande ist, das *Große Wissen* von neuem zu nutzen und damit den Auswirkungen der Globalkatastrophe entgegenzutreten. Durch die Verbindung spiritueller und naturwissenschaftlicher Kraft können unter anderem die schottischen Forste sowie städtische Restzivilisationen erhalten werden. Wie es aussieht, werden dazu auch chemische Substanzen verwendet, was Folgen bis hinüber nach Frankreich hat. Weiter werden offensichtlich Leichen von Menschen und Tieren in die See gespült; Meeresgetier verschlingt die Kadaver. Während seiner Rettungsaktion wird das »Mädchen« von »Kronen« und »Ochsenhörnern« attackiert und findet den Tod. Realer Hintergrund dieser Metapher könnte ein Krieg zwischen Monarchisten und Demokraten sein; die dadurch ausbrechende Anarchie würde dann weitere druidische Maßnahmen zur Reinigung des »gräßlichen Untergrundes« Britanniens unmöglich machen.

Ein Reiher kommt aus dem Wald von Galtres in Yorkshire; zwei volle Jahre lang umkreist er die Insel. Sein nächtlicher Schrei ruft alle geflügelten Wesen Britanniens zusammen. Auf die von den Menschen [wieder] angelegten Äcker stoßen sie hernieder und verschlingen die Ernten. Eine Hungersnot peinigt die Menschen, danach sind unzählige Tote zu beklagen.

Im Verlauf der Umweltkatastrophe erringen für den Zeitraum von zwei Jahren gewaltige Vogelschwärme, die möglicherweise mutiert sind, die Herrschaft über Britannien.

Am Ende dieser furchtbaren Notzeit wird der Reiher … das Tal von Galabes … aufheben und es in einen hohen Berg verpflanzen. Auf dessen Gipfel wurzelt er eine Eiche ein und baut in ihren Ästen sein Nest. Er legt drei Eier; ein Fuchs, ein Wolf und ein Bär schlüpfen aus ihnen. Der Fuchs verzehrt seine Mutter und setzt sich den Kopf eines Esels auf. In dieser grauenhaften Gestalt terrorisiert er seine Geschwister und jagt sie fort in die Normandie. Dort … stören sie den mit Hauern bewehrten Eber auf. In einem Boot kehren sie zurück, um neuerlich auf den Fuchs zu stoßen. Ein Kampf beginnt; rasch stellt sich der Fuchs tot und erweckt damit das Mitleid des Ebers. Zum Leichnam des Fuchses steigt der Eber empor; er steht über ihm und bläst ihm seinen Atem in Augen und Antlitz. Der Fuchs … verbeißt sich in den linken Huf des Ebers und trennt ihn ab, ebenso raubt er ihm das rechte Ohr und den Schwanz und schleicht sodann weg, um sich in den Berghöhlen zu verstecken. Der betrogene Eber bittet Wolf und Bär, ihm die geraubten Gliedmaßen wieder anzufügen … Sie versprechen ihm [dies], und der Eber erwartet die Rückgabe seiner Körperteile. Unterdessen kehrt der Fuchs … zurück, jedoch im Gewand eines Wolfes. Unter dem Vorwand einer Unterredung nähert er sich dem Eber und frißt ihn auf. Nun verwandelt sich der Fuchs selbst in einen Eber; er täuscht vor, seine Glieder verloren zu haben, und erwartet so seine Brüder. Kaum erscheinen sie, tötet er sie mit seinen Hauern … sodann krönt er sich selbst mit dem Löwenhaupt.

Wenn ein Tal in einem Berg verschwindet, so bedeutet das in der Metaphorik Merlins, daß in der Natur das Unterste zuoberst gekehrt ist. Schreckliche Mutationen entstehen, die verschiedenartigen Mißgeburten bekämpfen einander.

Zur Zeit des Fuchses wird eine Schlange geboren.
Sie bringt den Tod zu den Menschen.

Ihr langer Schwanz umschlingt London; gefräßig fällt sie über alle her, die sich der Stadt nähern.

Wie es aussieht, haust eine Spezies der auch für die Menschen sehr gefährlichen mutierten Kreaturen in der Region von London.

Ein Esel ruft nach einer… Ziege und tauscht den Körper mit ihr. Das Bergrind wütet, ruft den Wolf und durchbohrt Esel und Ziege reit seinen Hörnern. … Es verzehrt deren Leiber, das Rind selbst wird verbrannt… Seine Asche… wandelt sich um in die Körper von Schwänen, diese schwimmen davon über trockenes Land… Die Schwäne fressen den Fisch im Inneren des Fisches und den Mann im Inneren des Mannes. Nachdem sie gealtert sind, verwandeln sie sich in Seewölfe; unter der Oberfläche der See führen sie ihr trügerisches Spiel fort…

Erneut werden hier mutierte Kreaturen genannt. Stärkere Arten (»Rind«) vernichten schwächere (»Esel« und »Ziege«); dann greifen die Menschen ein und verbrennen das überlebende »Rind« samt seinen außer Rand und Band geratenen Genen. Aber sogar die Rückstände bergen noch große Gefahren in sich; weitere Mißgeburten (»Schwäne«) entstehen daraus. Sie schädigen den »Mann im Inneren des Mannes«, also seine DNS; ebenso verändern sie als »Seewölfe« den biologischen Bauplan maritimer Lebewesen.

Die Geheimnisse der Kreaturen, die in der See leben, werden enträtselt; Gallien erzittert vor Furcht.

Wissenschaftler analysieren die DNS der maritimen Ungeheuer und gehen wohl auch anderweitig gegen sie vor. Im

Zusammenhang damit kommt es zu schrecklichen Ereignissen in Frankreich, vermutlich vor allem an dessen Küsten.

Die [bis dahin ausgetrocknete] Themse beginnt wieder zu fließen. Sie saugt ihre Nebenflüsse in ihr Bett und tritt über ihre Ufer. Die nahe gelegenen Städte werden überflutet; der Strom reißt die Berge weg, die seinen Lauf hemmen. [Zuletzt] vereinigt sich die Themse mit den Quellen von Gwent: mit jenen Gewässern, die mit Bösartigkeit und Lüge gesättigt sind.

Merlin erkennt hier eine »apokalyptische« Überschwemmungskatastrophe, die jedoch nicht nur negative Auswirkungen hat. Die Flut schwemmt offenbar auch die Giftstoffe ins Meer, die vor allem in Gwent (Grafschaft im hochindustrialisierten Südosten von Wales) noch immer austreten und das Grundwasser Britanniens verseuchen.

Die Jungen … verlassen die dichten Wälder und dringen … in die Städte ein, um dort [die Schuldigen an der Katastrophe] zu jagen. Sie werden … Blutbäder unter [ihren Feinden] verursachen … Über die Nacken der Brüllenden [der Rinder] werfen sie Ketten; neuerlich leben sie die Tage ihrer Ahnen.

Zornig erhebt sich eine neue Generation, die bereits wieder im Einklang mit der Natur lebt, gegen den vor allem in den Megastädten hausenden Ungeist und Machbarkeitswahn, welcher den Planeten weitgehend zerstörte. Danach tritt an die Stelle der Atomfabriken, Rüstungsindustrien und biochemischen Laboratorien wieder eine bodenständige Landwirtschaft.

Das Mauerwerk der Städte stürzt zusammen, tödliches Unglück dezimiert ihre Bewohner. Als Quelle der Gesundung wird Porchester erkannt; von dieser [kleinen] Stadt bricht die Pflegetochter des Peitschenmannes auf. Mit einer Arzneischale in Händen erscheint diese Tochter und heilt Britannien innerhalb kurzer Zeit.

Nachdem die letzten Zentren des Ungeistes zerstört sind, setzt der positive Umschwung voll ein. Und wie schon einmal ist die »Heilerin« eine Frau; eine Druidin, die bestimmt etwas mit dem Mädchen aus dem Carnuten-Wald zu tun hat.

Es erscheint ein Mann mit einer Trommel und einer Laute, und dieser Mann zähmt die Wildheit des Löwen. Die … Völker [Britanniens] werden beschwichtigt; sie drängen den Löwen, die Arzneischale zu ergreifen. Während er abwartend in seinem Bau … ausharrt, überprüft er das Maß. [Dann aber] reckt er seine Pranken in Richtung Schottland. Alba wird darob trauern; [seine Bewohner] werden die Tore ihrer Tempel aufstoßen.

Nach dem Auftreten der »Heilerin« kann in Britannien wieder eine staatliche Ordnung errichtet werden. Dann freilich verfällt England in seinen alten Wahn, Schottland dominieren zu wollen. Die dort lebenden Kelten »stoßen daraufhin die Tore ihrer Tempel auf« – sie bekennen sich also konsequent wieder zu ihrer ursprünglichen heidnischen (nicht imperialistisch ausgerichteten) Identität und stellen sich dem englischen Machtstreben auf diese Weise entschlossen entgegen.

Das Frömmlertum achtet den Mann, der das Gute von jenen erbte, die sich nicht zum Gott [des Frömmlertums] bekannten.

Dies wird so sein, bis der Mann [die keltischen Völker] sich erneut in die Tracht seiner Väter kleidet. Die Zähne eines wilden Ebers trägt er als Schmuck, so erklimmt er die Gipfel über den höchsten Berggipfeln und steigt [immer] höher…

Unter dem »Frömmlertum« ist das Christentum zu verstehen; es attackiert diejenigen, die wieder in heidnischer Tradition leben. Doch das Christentum kann sich nicht noch einmal durchsetzen; vielmehr hat das keltische Heidentum seine Identität endgültig wiedergefunden und steigt jetzt unaufhaltsam zu neuer Blüte auf.

Alle Menschen werden sehen, wie die Kirchen untergehen. Der Kult der [christlichen] Religion wird mit seinen Wurzeln ausgetilgt.

Diese Prophezeiung Merlins deckt sich wiederum mit einer ganzen Reihe ähnlich lautender Visionen anderer herausragender Seher. Sie alle sagten den Untergang der christlichen Kirchen als Folge einer Globalkatastrophe im frühen dritten Jahrtausend vorher.

Cadwallader lädt Kynan zu sich; beide schließen einen Bund mit Alba. Dann werden die Fremdlinge erschlagen, so daß die Flüsse sich blutrot färben.

Die legendären Könige Cadwallader und Kynan stehen für Wales; sie vereinigen Cymru mit Schottland zu einem keltischen Kampfbündnis. Dies ist nötig, weil der keltischen Renaissance noch immer starker Widerstand entgegenschlägt. Er geht von den (geistigen) Fremdlingen aus, die nichts aus der ökologischen Katastrophe gelernt haben und

– im Fall des Christentums – nach wie vor an der verderblichen biblischen Irrlehre »Macht euch die Erde untertan!« festhalten.

Als Fahnenträger [der Feinde des Keltentums] steht ein
Wolf auf. Er befehligt die Heere und schlingt seinen Schweif um
Cornwall. [Aber] ein Streitwagenkämpfer stellt sich dem
Wolf entgegen und verwandelt die Männer Cornwalls in
einen Eber… Dieser Eber zieht die Landesteile in Mitleidenschaft;
am Ende jedoch versteckt er sein Haupt tief im Severn.

Der »Wolf« erinnert an Rom, dessen Gründer Romulus und Remus von einer Wölfin gesäugt wurden. Nunmehr bedroht dieser »Wolf« (der alte menschen- und naturverachtende Ungeist) in einem letzten Aufbäumen gegen die Renaissance des europäischen Heidentums noch einmal Cornwall. Das Keltentum aber siegt – nach harten Kämpfen – auch hier, weil der Geist des »Ebers von Cornwall« wiedergeboren wird. Zuletzt »versteckt« der kornische Eber »sein Haupt tief im Severn«; er zieht sich auf dem Weg durch ein Gewässer in die Anderswelt zurück.

Ein Ausbruch erfolgt aus den Bergen der Bretagne;
sie wird mit der Krone des Brutus gekrönt. Wales frohlockt vor
Freude, Cornwalls Eichen erblühen.
Das [britannische] Eiland wird [von neuem] Brutus' Namen tragen;
der Name, den die Fremden der Insel gaben, wird erlöschen.

Offenbar nach einem Aufstand in den Bergen wird auch die Bretagne wieder keltisch. Dort und in dem mit ihr wiedervereinigten Britannien wird das alte Königreich des Brutus – des legendären ersten Königs der Britannier – von neuem existieren. Die Bezeichnung England (Land der Angeln), die fälschlich oft für ganz Britannien verwendet wird, existiert dann nicht mehr.

Auf einem leuchtendweißen Pferd sitzt ein grauhaariger Greis. Den Fluß Periron in Wales leitet er in ein neues Bett; mit seinem weißen Zepter mißt er den Bauplatz für eine Mühle aus.

Hier ist ein Druide zu erkennen, der die Kraft eines Flusses sanft für eine neokeltische Siedlungsgemeinschaft nutzt und diese dank seiner Weisheit zu einem friedlichen Leben in Harmonie mit der Natur anleitet.

Nach dem Eber wird der Widder aus der Venusburg auftauchen,; golden ist sein Gehörn, silbern sein Bart. Dichten Nebel stößt er aus seinen Nüstern, ganz Britannien wird davon bedeckt. Friede wird in den Tagen des Widders regieren, die Ernten fallen… im Übermaß aus. Ähnlich wie Schlangen schreiten die Frauen, von großer Anmut ist jeder ihrer Schritte. Die Venusburg wird von neuem erbaut; fortwährend treffen die Pfeile Cupidos ihr Ziel.

Der Widder mit dem goldenen Gehörn und dem silbernen Bart symbolisiert drei keltische Götter: den gehörnten Cernunnos, der in sich die irdische und kosmische Lebenskraft bündelt, außerdem die Sonnen- und Mondgottheiten, die alles Leben befruchten und beeinflussen.

Diese Dreifaltigkeit erwächst aus der Venusburg; der Dreiklang ist infolgedessen Ausfluß weiblicher Kraft. Im Nebel wiederum erkennen wir die »Nebel von Avalon«: die Brücke zur Anderswelt. Keltisches Bewußtsein ist also in seiner ganzen Fülle zurückgekehrt – und mit ihm lange vermißte Lebensfreude, die sich unter anderem in Gestalt der liebreizenden Frauen äußert. (Der Vergleich mit den Schlangen drückt in der keltischen Metaphorik Zärtlichkeit, Erotik und zugleich große Klugheit aus; wenn er von der Venusburg, beziehungsweise von Cupido spricht, verwendet Geoffrey of Monmouth in seiner mittelalterlichen Übersetzung aus dem Kimmrischen aber auch lateinische bzw. griechische Begriffe.)

Drei Menschenalter bezeugen, was ich prophezeite.
Danach werden die in London beigesetzten Könige aus
ihren Grabstätten erhoben werden.

Ein Zeitraum von drei Generationen (etwa ein Jahrhundert) wird von der Menschheitskatastrophe bis zur Wiedergeburt des Keltentums verstreichen. Zumindest einer der Könige, die seit Urzeiten in London ruhen, kann definiert werden: der Gott und Rhi Bran, dessen Grab sich der Sage nach unter dem Tower befindet. Seine und die Wiederauffindung der anderen heidnischen Könige bedeutet, daß ihr Geist künftig wieder in Britannien und Europa leben wird.

Ein Riese, leuchtendweiß und schimmernd in seinem Glanz,
wird einen leuchtenden Menschen zeugen.

Merlins Weissagung endet mit einer faszinierenden Verheißung für das neue Millennium. Nach all den Katastrophen wird die Menschheit ins Licht finden – und dies wird geschehen, weil geistige »Riesen«, nämlich Druiden, sie auf diesen Weg führen.

Mit dem Anbruch dieses neuen Zeitalters ist die dunkle Kluft zwischen dem Untergang Camelots im frühen 6. Jahrhundert und der Wiedergeburt des Keltentums im dritten Millennium überbrückt – und wiederum Merlin war es, der bereits vor eineinhalbtausend Jahren alles tat, um den endgültigen Sieg des Roten Drachen trotz zahlloser Rückschläge zu ermöglichen. Er erzog Arthur im druidischen Geist und sorgte dafür, daß der Rhiotam seinen heldenhaften Kampf gegen die germanischen Aggressoren, die romanisierte Adelskaste Britanniens und das Vordringen des Christentums führte. Aus der Erinnerung an dieses letzte Aufbäumen des keltischen Freiheitswillens konnte der Mythos von der Unsterblichkeit Arthurs und seiner Mitstreiter geboren werden: jener Frauen und Männer, die sich einst um den Runden Tisch von Camelot versammelt hatten.

Die äußere Gestalt der historischen Tafelrunde ist längst vergangen, doch ihr wahres Wesen blieb unzerstörbar, und deshalb vermittelt der Runde Tisch bis heute eine Botschaft, welche unendlich wertvoll für Europa und die ganze Welt ist …

VIERTES BUCH

Merlins Vermächtnis: Der Runde Tisch

Die Seele des Silbury Hill

Der Rutengänger schritt das Areal der Avebury Rings in der südenglischen Grafschaft Wiltshire mit halbgeschlossenen Augen ab; konzentriert bewegte er sich zwischen den im Kreis angeordneten Menhiren des ausgedehnten Cromlech. Jedes Mal, wenn er nahe an einen der Monolithen herankam, reagierte der Gabelzweig in seinen vorgestreckten Händen: Er schlug unvermittelt scharf nach unten aus und beschrieb eine volle, sehr schnelle Drehung. Hingerissen beobachtete ich den etwa dreißigjährigen Mann in Jeans und Pullover, der mit Hilfe seiner Wünschelrute eines der verborgenen Geheimnisse der Avebury Rings sichtbar machte. Ganz offensichtlich war es so, daß der gegabelte Zweig starke Erdkräfte anzeigte – und diese wiederum waren bereits im Neolithikum vor rund 5000 Jahren durch die auffälligen Steinsetzungen markiert worden.

Das war, unter anderem, sicher deswegen geschehen, weil bestimmte Erdstrahlen imstande sind, die Psyche sensitiver Menschen zu beeinflussen. Sie können, wie das am Beispiel des Rutengängers deutlich wurde, paranormale Reaktionen hervorrufen, wobei diese Phänomene oft weit über den radiästhetischen Bereich hinausgehen und auf der spirituellen Ebene wirksam werden. Dies gilt natürlich besonders dann, wenn sich zahlreiche solcher Kraftpunkte wie Knoten an einer Schnur entlang aufreihen. Auf diese Weise konnte der uralte Prozessionsweg von Avebury von den Eingeweihten, die mit den entsprechenden Techniken vertraut waren, durchaus als Pfad hin zu andersweltlichem, also hochgradig erweitertem Bewußtsein genutzt werden. Es ist absolut nicht ausgeschlossen, daß die heidnischen Inspirierten am Ende des sakralen Weges beispielsweise große Erleuchtungen erlebten: Visionen, die sehr wichtig für die britannischen Stämme oder Völker waren, deren Repräsentanten sich vor Jahrtausenden regelmäßig bei den Avebury Rings versammelten.

Dies ging mir durch den Kopf, während sich der Rutengänger von einem der ausgesprochen charaktervollen Steine zum nächsten bewegte; gleich darauf hatte ich plötzlich das Gefühl, einen weiteren Aspekt des Cromlech zu begreifen. Unvermittelt wurde mir klar, daß in den Avebury Rings, die in der Mitte oder dem »Sommer« des »Stier«-Zeitalters errichtet wurden, bereits das auch später im Keltentum so wichtige Prinzip des Miteinander enthalten ist. Denn die rund einhundert Menhire des riesigen Steinkreises nördlich der Salisbury Plains stehen zwar zunächst jeder für sich auf einem bestimmten Kraftpunkt der Erde, erst in ihrer Gesamtheit aber bilden sie eines der ganz großen – gleichermaßen geophysikalisch und spirituell definierten – Heiligtümer Westeuropas. Und dann, nachdem mir das bewußt geworden war, verstand ich auch, warum kein Monolith dem anderen gleicht, vielmehr jeder auf sehr auffällige Weise sein absolut unverwechselbares »Antlitz« besitzt: Weil einzig eigenständige, charaktervolle und damit ihrerseits besonders kraftvolle Individuen ein noch ungleich stärker wirksames Ganzes zu bilden oder zu schaffen vermögen.

Auf einmal war ich mir völlig sicher, daß die Avebury Rings in diesem ihrer Aspekte – in dem sich ihr Wesen allerdings keineswegs erschöpft – ein Modell für das ideale menschliche Miteinander darstellen: völlig freie Entfaltung der individuellen Persönlichkeit im Einklang mit den ewigen Kraftquellen der Erde, woraus dann durch die gleichberechtigte Zusammenarbeit vieler wertvoller, sich gegenseitig tolerierender Menschen der Verbund einer Kultur entsteht. Es konnte für mich keinen Zweifel mehr geben: So dachten und handelten die von tiefer Weisheit beseelten Frauen und Männer, welche die höchst eindrucksvolle Anlage vor fünf Jahrtausenden planten, und ebenso die Bauern und Jäger, welche die Menhire aufstellten sowie die gewaltigen Wälle und Gräben errichteten, die das Heiligtum umfrieden.

Sie gaben damit eine Botschaft an die zahllosen Generationen weiter, die nach ihnen kommen sollten: an all die

Die Avebury Rings in Britannien.

friedlichen, humanen Stammeszivilisationen, die während der Zeitalter des »Stiers« und des »Widders« in Britannien existierten. In der darauffolgenden Epoche der »Fische« hätte das wunderbare neolithische Vermächtnis weiterhin bewahrt und genutzt werden können, wäre mit den römischen Legionen und anschließend der gleichermaßen machtbesessenen und allem Heidnischen gegenüber intoleranten christlichen Religion nicht der Ungeist des Weißen Drachen auch bis Nordwesteuropa vorgedrungen. Doch so trat, endgültig nach dem Untergang Camelots, das dem Roten Drachen fundamental feindlich gesinnte Prinzip seine Herrschaft an, und von der alten Weisheit blieb – geistig gesehen – über sehr lange Zeit hinweg nichts mehr weiter als schweigende Erde und stummer Stein. In dieser Gestalt, aus der trotz allem jederzeit neues spirituelles Leben erblühen kann, überdauerten die Avebury Rings; sie überdauerten ebenso wie andere heidnische Heiligtümer, zum Beispiel der Silbury Hill, der ganz in der Nähe des Cromlech liegt.

Der Silbury Hill.

Nachdem ich die Ausstrahlung des Steinkreises verinnerlicht hatte, wanderte ich ein Stück weiter in südlicher Richtung: auf den geheimnisvollen Mound zu, der sich nahe der hier von Marlborough nach Chippenham führenden A4 erhebt. Schon bald zog mich der an diesem Tag unter teilweise bedecktem, frühherbstlichem Himmel liegende Silbury Hill in seinen Bann. Seine völlig regelmäßig geformte Silhouette, die mich in ihren weichen, harmonischen Proportionen an eine weibliche Brust erinnerte, schien im sanften Sonnenlicht von zeitloser Schönheit und Wärme erfüllt; die grasenden Rinder auf den Weiden ringsum verstärkten diesen Eindruck von tiefem Frieden noch. Wenig später, als Wolkenschatten über seine Flanken zogen, bekam der Mound etwas Magisches; seine sich sachte verdunkelnde Oberfläche wirkte nun, als wollte sie sich dichter um die von ihr gehüteten Rätsel schließen.

Besonders in solchen Momenten war die mythische Faszination der Geschichten, die ich über den Silbury Hill gehört oder gelesen hatte, schier zum Greifen nahe. Ein Fürst aus grauer Vorzeit, so eine dieser Überlieferungen, ruhe tief im Inneren des Hügels; andere Legenden wiederum sprechen von neolithischen, bronzezeitlichen und keltischen Astronomen, die von der Spitze des Mound aus über Jahrtausende hinweg den Sternenhimmel beobachtet hätten. Einen aufsehenerregenden Fund soll schließlich ein aus der Gegend stammender Freizeitarchäologe in der ersten Hälfte des 20. Jahrhunderts gemacht haben. Es heißt, er habe ein uraltes Gefäß aus Bergkristall sowie eine Art Kronreif aus Edelmetall entdeckt, allerdings sind diese Gegenstände mittlerweile auf mysteriöse Weise wieder spurlos verschwunden.

Erhalten blieb jedoch die sehr starke Ausstrahlung des Mound; je näher ich ihm kam, desto intensiver spürte ich sie: zutiefst erdverwurzelt und zugleich auf hoher Ebene spirituell. Und diese Aura war es wohl auch, die mich davon abhielt, mich dem Silbury Hill an diesem Tag ganz zu nähern und ihn zu besteigen. Es war ein Gefühl tiefer Ehrfurcht, welches mich dazu bewog, dem letzten Stück des Pfades nicht weiter zu folgen; statt dessen suchte ich mir einen etwas abgelegenen Platz am Rand eines Gebüschstreifens und setzte mich ins hohe Gras. Lange blieb ich dort, bald strömte etwas wie meditative Ruhe in mich, und in diesem leicht entrückten Bewußtseinszustand nahm ich den Geist des Hügels am intensivsten wahr. Hinter den Schleiern der Zeit glaubte ich das Wesen jener vielen tausend Menschen zu erkennen, die den Mound vor Jahrtausenden errichtet hatten. Es war eine gigantische Arbeitsleistung gewesen; dennoch, auch das wußte ich auf einmal, war jede Handvoll Erde mit großer Behutsamkeit niedergelegt worden.

Erst am späten Nachmittag jenes Herbsttages verließ ich den heiligen Platz und fuhr zurück nach Warminster, wo ich stets wohne, wenn ich mich im Bannkreis von Stonehenge, Avalon, Camelot, Avebury, Badbury und anderen prähistorischen oder keltischen Stätten dieser Gegend aufhalte. In meinem Tagebuch machte ich mir eine Reihe von Notizen zum Silbury Hill und dachte dabei abermals über sein Geheimnis nach – doch erst ungefähr zwei Jahre später kam ich einen entscheidenden Erkenntnisschritt weiter. Die intuitive Ahnung, die ich beim meditativen Betrachten des Mound gehabt hatte, wurde auf überraschende Art bestätigt – diesmal dank der modernen Archäologie.

Zunächst konnten die Wissenschaftler unserer Tage nachweisen, daß mit der Aufschüttung des Silbury Hill vor rund 4500 Jahren begonnen wurde. Es war dies die Epoche, da sich das Zeitalter des »Stiers« in der letzten seiner insgesamt vier fünfhundertjährigen Lebensphasen – den »Jahreszeiten« eines Tierkreiszeichens – vollendete. Etwa zur selben Zeit wurden in Ägypten die berühmten Pyramiden von Gizeh erbaut, und auch der Stonehenge soll nach modernsten archäologischen Erkenntnissen nicht erst vor knapp 4000, sondern bereits vor 4500 Jahren fertiggestellt worden sein. Die Errichtung des Silbury Hill fällt also in eine Epoche, in der auch anderswo Monumente entstanden, die einen faszinierenden Aufschwung in der Menschheitsgeschichte markieren. Dieser sowohl architektonische als auch spirituelle Aufbruch war aber nur deshalb möglich, weil sich zahlreiche inspirierte Menschen zu den großen Gemeinschaftswerken zusammenfanden.

Was das im Fall des Silbury Hill bedeutete, wird klar, wenn wir uns mit den Berichten über die Ausgrabungen und Bodenuntersuchungen beschäftigen, die dort von den Archäologen Mitte der 90er Jahre des 20. Jahrhunderts durchgeführt wurden. Demnach besteht der Mound, der einen Basisdurchmesser von 168 Metern, eine Höhe von 38 Metern und einen Durchmesser von 30 Metern auf dem Gipfelplateau besitzt, aus zahlreichen, in kurzen zeitlichen Abständen nacheinander aufgebrachten Erdschichten. Diese Schichten, die ähnlich wie Tortenböden übereinanderliegen, sind wiederum segmentförmig unterteilt, und die Erde eines jedes Segments stammt aus einer anderen Region Britanniens. Dafür aber gibt es nur eine einzige Erklärung: Über viele Jahrhunderte hinweg müssen sich Menschen aus den unterschiedlichsten Gegenden der Insel regelmäßig nahe der damals schon uralten Avebury Rings getroffen haben, um nach genau festgelegter Ordnung Erde aus ihren jeweiligen Stammesgebieten zum langsam wachsenden Mound aufzuschütten. Nach langer Zeit schließlich hatte der Silbury Hill seine vollkommene Form erreicht; aus zahllosen individuellen Beiträgen zu seiner Substanz war ein Ganzes entstanden: der heilige, einer weiblichen Brust gleichende Hügel, der in seiner Harmonie bis heute jeden Besucher tief berührt.

Dank der modernen Archäologie können wir die bis vor kurzem noch verborgene Botschaft, die im Silbury Hill enthalten ist, wieder verstehen. Die prähistorischen Stämme Britanniens, die zweifellos von geistig außerordentlich hochstehenden Frauen und Männern geführt wurden, hinterließen denen, die nach ihnen kommen sollten, mit dem Mound ein Vermächtnis von zeitloser Bedeutung. Denn der Silbury Hill ist nichts anderes als ein Modell für die zur Vollkommenheit gelangte menschliche Gesellschaft, die im Inneren von gleichberechtigter Vielfalt lebt und genau deswegen in ihrer Gesamtheit um so kraftvoller und positiver nach außen wirkt. Die Erde ihrer jeweiligen regionalen Heimat, welche die einzelnen Stämme wieder und wieder im friedlichen Miteinander auf dem Mound niederlegten, symbolisiert die individuellen Erscheinungsformen des menschlichen Daseins in allen ihren Spielarten; der ganze Hügel steht für eine übergreifende Kultur, die nichts unterdrückt, sondern alle ihre Wurzeln als gleich wertvoll begreift und sie entsprechend einbindet.

Die britannischen Stämme, welche dieses Zivilisationsmodell ganz offensichtlich verinnerlicht hatten, waren daher imstande, gewaltfrei miteinander zu leben. Im Bewußtsein ihrer Einheit, die ihrerseits wieder die Vielfalt achtete und wollte, gelang es ihnen, wie die Archäologen ebenfalls nachgewiesen haben, über sehr lange Zeiträume hinweg kriegerische Auseinandersetzungen zu vermeiden.

Das prähistorische Gesellschaftsmodell funktionierte jedoch nicht nur auf dieser Ebene optimal; es brachte die Menschen zudem in Einklang mit dem Geist der Großen Göttin. Denn das ewige Gesetz dieser Gottheit (und der mit ihr korrespondierenden anderen Götter) beinhaltet die enge Verflechtung aller Erscheinungsformen des Lebens; keine Wesenheit – egal ob Luft, Wasser, Erde, Stein, Pflanze, Tier oder Mensch – könnte ohne die andere existieren; einzig im Zusammenwirken trägt und schafft sich das Dasein unentwegt neu. Jedes Element des Ganzen ist gleich wertvoll und gleichermaßen beseelt, und auch das Wissen darum wurde im Silbury Hill niedergelegt und strahlte auf die Abordnungen der Stämme aus, die sich regelmäßig an diesem heiligen Ort versammelten.

Dank der sozialen und metaphysischen Kraft seiner vielen Erbauer, die ihr positives Wollen mit dem Geist der Großen Göttin verknüpften, wurde der Mound geschaffen. Über Jahrtausende hinweg befruchteten seine Aura und das Wissen der prähistorischen Britannier um seine innere Struktur – seine Seele – das Leben auf der Insel. Von einer Generation zur nächsten wanderten die Delegationen der Stämme aus Nord und Süd, Ost und West hierher; auch dann noch, als der Silbury Hill längst vollendet war. In regelmäßigen Abständen erneuerten die jungsteinzeitlichen, dann die bronze- und schließlich eisenzeitlichen Menschen ihren friedlichen Bund, und unzweifelhaft wußten auch die Kelten, die ab dem fünften vorchristlichen Jahrhundert in Britannien siedelten, um die Bedeutung des Mound. Gerade diese Völker des La-Tène versuchten ja, den Geist des gleichberechtigten Miteinander über ganz Europa auszubreiten; vor allem sie waren damit prädestiniert, das Erbe jener Stämme anzutreten, die zwei Jahrtausende zuvor begonnen hatten, den Silbury Hill aufzuschütten.

Im letzten Quartal des »Stier«-Zeitalters waren an einem heiligen Tag nahe der Avebury Rings die ersten Körbe mit Erde aus allen britannischen Landesteilen entleert worden; während der fünfhundert Jahre, in denen sich die Epoche des »Widders« vollendete, hüteten die Kelten das uralte Heiligtum. Ihre Druiden sorgten dafür, daß der lebenspendende und friedenstiftende Geist der Großen Göttin auch in die keltische Gesellschaftsordnung hineinwirken konnte.

Die politische und soziale Struktur des La-Tène-zeitlichen Britannien ist ein Beweis dafür. Regionale Kleinkönigtümer, die unter der Führung frei gewählter männlicher oder weiblicher Rhis sowie eines Drunemetons, einer regelmäßig zusammentretenden Volksversammlung, standen, garantierten die individuelle Freiheit jedes einzelnen Stammes; gleichzeitig existierte aber auch die verbindende Kraft des Hochkönigtums, das – je nach historischer Situation – entweder einen ganzen Landesteil wie etwa Cymru oder das gesamte keltische Britannien repräsentierte. Im Inneren der keltischen Stammesgesellschaften herrschte völlige Gleichberechtigung zwischen den Geschlechtern, und die sozialen Strukturen waren durchlässig; dank der Druidenschulen konnte jeder talentierte Jugendliche, egal ob fürstlicher oder bäuerlicher Abstammung, seinen Weg machen und später wichtige Funktionen übernehmen.

Unter anderem aus diesen Gründen erlebte Britannien, ähnlich wie das übrige keltisch geprägte Europa, im letzten vorchristlichen Halbjahrtausend ein »Goldenes Zeitalter«. Der philosophische Austausch mit anderen Kulturkreisen, insbesondere dem griechischen, ägyptischen und phönizischen, blühte; Handelsschiffe aus den noch nicht von Rom unterjochten Mittelmeerländern legten in den britischen Häfen an. Lebensfrohe Städte wie Tintagel und herausragende geistige Zentren wie Avalon entstanden; in letzteren fanden sich Suchende aus dem gesamten Abendland, Kleinasien und Nordafrika ein, um sich in der Weisheit der Druiden unterrichten zu lassen. Niemand, gleichgültig welcher Hautfarbe oder welchen Glaubens, wurde ausgeschlossen; auch der jugendliche Jesus soll, so besagt eine durchaus ernstzunehmende Überlieferung, von seinem Verwandten Joseph von Arimathea, einem reichen Zinnhändler, zu Studienzwecken auf die Ynys Avallach gebracht worden sein.

Falls dies so war, muß Jesus, der im Mai des Jahres 7 v. u. Z. geboren wurde, gegen Ende des ersten nachchristlichen Jahrzehnts, das gleichzeitig der Beginn des »Fische«-Zeitalters war, im Hain der Druidinnen von Avalon geweilt haben. In dieser Zeit konnte er noch vom Geist des freien Keltentums profitieren, nur eine Generation später aber sahen sich die Britannier der Aggression des Römischen Reiches ausgesetzt. Im Jahr 43 okkupierten die Legionen Roms zunächst den Südosten der Insel, in der Folge errichteten die Militärtribunen und Statthalter des Imperiums ihre Terrorherrschaft – und die ungleich höherstehende keltische Kultur konnte nur noch in ihren Refugien im Westen Britanniens weiterbestehen. Ab dem 4. Jahrhundert richtete das Christentum, das nun zur römischen Staatsreligion avanciert war und oft gewaltsam verbreitet wurde, weitere geistige und soziale Verheerungen an. Gegen Ende des ersten Quartals in der Epoche der »Fische« schließlich, als sich zumindest die römischen Legionen auf den Kontinent zurückzogen, der Ungeist des Imperiums aber in den romanisierten Landesteilen erhalten blieb, erfolgte die Invasion der Germanen, die das Keltentum abermals furchtbar traf.

Ein halbes Jahrtausend war nun schon vergangen, seit die positive Kraft des Silbury Hill letztmals über ganz Britannien hatte ausstrahlen können. Sehr viele Menschen hatten die Erinnerung an die Bedeutung des Mound nahe der Avebury Rings verloren; ähnliches galt für andere heilige Stätten, die einst nicht weniger wichtig für die Stämme und Völker der Insel gewesen waren. Vereinsamt und vergessen lagen die paganen Heiligtümer da; dort wo das Christentum Macht gewonnen hatte, waren Steinkreise und andere Monumente zerstört worden. Mehr und mehr schien das Heidentum in den Untergrund verdrängt zu werden – dann jedoch kam einer, der nach wie vor über die Fülle des alten Wissens verfügte und alles daransetzen wollte, um die heidnische Weisheit zu retten und sie bis in die fernste Zukunft zu bewahren.

Merlin, der in Cymru aufgewachsen war, wo weder die Römer noch bis zum 5. Jahrhundert das Christentum wirklich Fuß gefaßt hatten, war von den Druiden auf Mona erzogen worden; später hatte er seine Ausbildung höchstwahrscheinlich an anderen Orten der Initiation, vor allem auf der Ynys Avallach, vervollkommnet. Irgendwann – es muß so gewesen sein – suchte er, vielleicht sogar direkt von Avalon aus, die nur wenige Tagereisen entfernten Avebury Rings und den ihnen benachbarten Silbury Hill auf – und dort wurde ihm von der Großen Göttin eine Erleuchtung geschenkt, die ihn anschließend befähigte, die Botschaft des Mound in erneuerter Form und auf wahrhaft geniale Weise wiederzubeleben...

Während ich diese Sätze formuliere, liegen die Fotos, die ich vor einigen Jahren vom Silbury Hill machte, auf meinem Schreibtisch. Wie so oft schon betrachte ich sie und lasse mich von der magischen Stimmung einfangen, die selbst noch auf den Lichtbildern um den heiligen Hügel zu weben scheint. Wieder glaube ich den Wind zu spüren, der damals über die Ebene strich; ich höre das Wildgras flüstern, die Insekten summen und vernehme dann und wann das schläfrige Muhen eines weidenden Rindes. Und jetzt ist mir ganz so, als sähe ich den Demetier von den Höhen der Tan Hills am Horizont heruntersteigen und näher kommen. Alterslos wirkt die Gestalt Merlins; rüstig, aber nicht eilig schreitet er heran, und manchmal bauscht sich sein schafwollener Umhang mit dem erdfarbenen Karomuster im Luftzug.

Gleich darauf sehe ich den Druiden direkt am Fuß des Silbury Hill; instinktiv folgt er dem uralten, längst wieder von Pflanzen überwachsenen Prozessionspfad nach oben. Auf dem heiligen Spiralweg besteigt er den Mound, mit dessen Aufschüttung drei Jahrtausende vor seiner Geburt begonnen wurde; er erreicht das Gipfelplateau, kommt zur Ruhe und läßt die für den Eingeweihten immer noch spürbare Kraft tief in sich strömen. Merlin meditiert; sein Geist durchdringt die Nebel, die Diesseits- und Anderswelt gleichermaßen scheiden und verbinden. Dreitausend Jahre sind vor dem Dritten Auge des *Großen Wissenden* wie ein Tag; er sieht die lange Kette der britannischen Stämme vom Neolithikum bis zum La-Tène entstehen und wieder vergehen und fühlt den Hügel unter seinen Füßen von Jahrhundert zu Jahrhundert allmählich emporwachsen, bis die das Land nährende Brust der Großen Göttin zu voller Schönheit erblüht ist. Er verinnerlicht das Miteinander, das dank der Erkenntnis des mütterlichen Wollens so vielen Generationen Frieden und Einklang schenkte – zuletzt erlebt er den Schock des Zusammenbruchs der alten Welt und wird Zeuge, wie der Silbury Hill im Vergessen versinkt.

Merlin weint, doch dann spürt er – trotz allem – die sanfte Berührung der Göttin. Sie, er weiß es unverbrüchlich, ist ewig, und deshalb ist auch die Seele des Mound unzerstörbar: die Seele, in welcher der wahre Geist Britanniens und des Abendlandes ruht. Und nun breitet der Druide die Hände aus und empfängt aus der Tiefe des Erdmutterschoßes das Geschenk. Sehr sanft und liebevoll überkommt ihn die Vision, harmonisch sind ihre Bilder; sie entsprechen der vollkommenen Ausgewogenheit des Mound und finden ihren Widerhall im Cromlech, der ein Stück entfernt auf der Ebene steht. Dann, während Merlin aus seiner Trance erwacht, frischt der Wind auf, dreht sich und richtet die Wipfel der Sträucher auf dem Silbury Hill nach Südwesten aus; dorthin, wo Avalon und die Ringwallanlage liegen: das Heiligtum und die Hügelfestung, die zum Herzen von Arthurs Königtum werden sollen. Wiederum begreift der *Große Wissende*, er dankt der Göttin und verläßt langsam den Mound; wenig später liegt die Ebene um den Silbury Hill wieder menschenleer da.

So könnte es gewesen sein, als Merlin hierherkam und aus der verborgenen Weisheit der Vergangenheit schöpfte, um den ihm anvertrauten keltischen Völkern Britanniens und mit ihnen dem gesamten Abendland einen hoffnungsvollen Weg in die Zukunft zu weisen. Während ich noch einmal die Fotos betrachte, fühle ich förmlich, daß sich die Seele des Silbury Hill, der für eine ganze Reihe paganer Heiligtümer von ähnlich friedlicher und konstruktiver

Bedeutung steht, dank des Druiden zum innersten Wesen – zur göttlichen und zugleich zutiefst menschlichen Idee – des Runden Tisches von Camelot umformte. Und nun ging Merlin hin, um das konkrete Abbild dieser Idee für seine Zeit neu zu schaffen…

Der Eichenhain

Heutzutage wird die einstige Hügelfestung von Camelot über dem Dorf South Cadbury in Somerset als Weideland genutzt. Doch unter der Grasnarbe haben sich, wie die Archäologen während der 60er Jahre des 20. Jahrhunderts nachwiesen, faszinierende Relikte von Arthurs Königsburg erhalten. Sehr starkes keltisches Mauerwerk, das aus Felsquadern, Fachwerk und rötlichen »Drachensteinen« besteht, verbirgt sich unter dem Humus des innersten Walles. Im oberen Drittel des leicht ansteigenden Hügelplateaus entdeckten die Wissenschaftler die Fundamente der hölzernen Thronhalle des Rhiotam; ringsum standen zahlreiche Wohngebäude und Stallungen für rund tausend Pferde. Auf dem Gipfel der Erhebung schließlich gab es vor eineinhalbtausend Jahren einen von Eichen umgrenzten heiligen Bezirk – und dessen Ausstrahlung wirkt, im doppelten Sinne, unzerstörbar bis in die Gegenwart fort.

Dort wo die Archäologen Reste des Wurzelwerks jener Bäume freilegten, die den Hain zu Merlins Lebzeiten umfriedeten, weben bis heute unsichtbare Kräfte, welche, ebenso wie bei den Menhiren der Avebury Rings, Wünschelruten ausschlagen lassen oder Pendel zum Schwingen bringen. Sehr viel präziser als die rein am Materiellen orientierten Ausgräber vermochten moderne Sensitive, die mit derartigen Hilfsmitteln arbeiteten, die Natur des sakralen Zentrums von Camelot zu bestimmen. Das heilige Areal besitzt die Form einer Ellipse, an derem Rand entlang sehr starke, aus dem Erdinneren aufsteigende Energieströme fließen. Diese Erdkräfte bündeln sich in den beiden Brennpunkten des Ovals, und die Energien der Pole korrespondieren nach dem Prinzip des Yin und Yang miteinander.

Ferner läuft vom ehemaligen Eichenhain aus ein Kraftstrom nach Südosten: genau dorthin, wo sich in der Kluft zwischen innerstem und mittlerem Erdwall jene bereits im Kapitel *Camelot und Camlann* erwähnte surreal gewachsene Baumgruppe erhebt, deren Äste wie nach einem wilden Peitschen jäh erstarrt und miteinander verschlungen scheinen. Als ich diesen Platz im Spätsommer 1996 zum ersten Mal sah, assoziierte ich – ohne damals noch irgend etwas über die oben erwähnten radiästhetischen Befunde zu wissen – unwillkürlich: Hier, wo der in die Schlucht wirbelnde und zugleich aus der Erde dringende Anhauch Rhiannons die Baumleiber von jeher so formt, daß sie zu Emanationen sowohl dieser als auch der anderen Welt werden, meditierte Merlin...

Zweifellos war dem Druiden von Camelot die verborgene energetische Struktur des Festungshügels bekannt. Mehr noch: Merlin nutzte sie sehr bewußt, um an ihrem Kulminationspunkt – der Kuppe, respektive der Gipfeltafel des leicht ansteigenden Plateaus – das zu errichten, was später als »Tafelrunde« beziehungsweise »Runder Tisch« in die Legenden eingehen sollte. Der geistige Führer des letzten freien Keltenreiches schuf auf diese Weise ein heidnisches Heiligtum von außerordentlich starker Strahlkraft, das auf verschiedenen Ebenen wirksam werden konnte.

Der Hain besaß sowohl soziale und politische als auch sakrale Bedeutung; unter Berücksichtigung individueller Eigenständigkeit verknüpfte er die Prinzipien des Weiblichen und Männlichen, zudem verband er Diesseits- und Anderswelt über die Grenzen von Zeit und Raum hinaus. Indem er das spirituelle Herz der Hügelfestung zum Schlagen brachte, krönte Merlin die bereits bestehende, sich gegenseitig ergänzende Dualität von Avalon und Camelot. Wir wollen nun den Versuch unternehmen, den Geist des Eichenhaines oder eben den des Runden Tisches in seiner ganzen Fülle zu begreifen.

Wie wir eingangs gesehen haben, formen sich die Erdströme im obersten Bereich des Gipfelplateaus von Camelot zu einer Ellipse mit zwei besonders starken Kraftknoten in den Brennpunkten. Der Rand dieses Ovals war vor eineinhalb Jahrtausenden mit Eichen bepflanzt, welche das Rund weithin sichtbar markierten. Diese im keltischen Bewußtsein heiligen und beseelten Bäume, die das Areal vielleicht schon seit langer Zeit umfriedeten, entsprachen in ihrer Bedeutung den Menhiren der Avebury Rings oder den Erdsegmenten des Silbury Hill, wie wir sie im vorangegangenen Kapitel kennengelernt haben. Jede einzelne Eiche war in Form und Charakter unterschiedlich ausgeprägt und besaß damit ihr ganz individuelles »Antlitz«; gleichzeitig fügte sich der Baumkreis zum größeren Ganzen zusammen.

Der Eichenring läßt sich infolgedessen als eine Versammlung geisterfüllter pflanzlicher Wesenheiten an einem mit besonderer Stärke aufgeladenen Ort interpretieren. Die aus der Erde dringende und die Bäume erfüllende Kraft wiederum strahlte auf die Menschen aus, die sich am

Fuß der Stämme niederließen – und damit den ihnen gemäßen und behüteten Platz um den heiligen Bezirk einnahmen. Es ist als sicher anzunehmen, daß sich jeder Teilnehmer an einer derartigen Zusammenkunft zuvor in Einklang mit »seiner« Eiche brachte; ebenso kann es keinen Zweifel daran geben, daß sowohl Frauen als auch Männer – allerdings nur solche, die ein hohes spirituelles Niveau erreicht hatten – beteiligt waren. Denn der Ring von Camelot ist bereits von Natur aus weiblich-männlich definiert: wie erwähnt stehen die beiden Pole der Ellipse für das Prinzip von Yin und Yang – oder nach keltischem Sprachgebrauch für das Götterpaar Beltane (Frühlings- und Sommergöttin) und Samhain (Herbst- und Wintergott), das erst in seinem Zusammenklang zur Vollkommenheit des gesamten Jahreskreislaufs finden kann.

Im Inneren des Hains spiegelte sich damit der Zweiklang der heiligen Landschaft wider, in der die Hügelfestung liegt: das weibliche Element, das von den Druidinnen der Insel Avalon gehegt wurde, und ebenso das männliche, welches den inspirierten Kämpfern von Camelot entsprach. Von den beiden Kraftknoten an den Brennpunkten der Ellipse flutete diese korrespondierende geophysikalisch-spirituelle Macht in das umgebende Oval, auf dem die Eichen standen, verband sich mit den dort befindlichen Menschen und erfüllte jede Frau und jeden Mann mit ihrem ganzheitlichen, sowohl von Beltane als auch von Samhain bestimmten Geist. Auf diese Art wurde vollkommene mentale Übereinstimmung der andererseits so unterschiedlichen Individuen erzeugt; darüber hinaus war das innige Miteinander derjenigen, die im Rund saßen, der Pfad zum völligen Einswerden mit dem unverbrüchlichen Gesetz der Natur: dem Wollen der Großen Göttin, das alles Dasein ins

Prähistorisches Steinheiligtum, in dem das Prinzip von Beltane und Samhain (oder von Yin und Yang) ausgedrückt ist.

ewige und unzerstörbare Flechtwerk des Lebens einbindet.

Im Fall des Eichenkreises von Camelot bildeten Erde, Bäume und Menschen einen Aspekt dieses Netzwerks. Menschliche, pflanzliche und geophysikalische Kräfte verschmolzen miteinander und hoben alle beteiligten Wesenheiten auf eine höhere existentielle Stufe. Den Frauen und Männern, die sich hier versammelten, um den Feinden des Keltentums – dem Weißen Drachen – geistigen Widerstand zu leisten, wurde dadurch intensiveres Erkennen ihres Tuns und ihrer Absichten möglich. Sie agierten nicht mehr allein, um ihr Land, ihre Freiheit und ihre keltischen Traditionen zu verteidigen, sondern sie gewannen das ungleich umfassendere Bewußtsein des Roten Drachen, das – in seinem immerwährenden Ringen mit dem Weißen Drachen – die Menschheit dazu befähigen will, sich als Emanation des Göttlichen zu verstehen und in allen irdischen Herausforderungen entsprechend zu handeln.

Letztlich führte der Weg, der auf dem Gipfel von Camelot in dieser Absicht beschritten wurde, über das Miteinander besonders befähigter weiblicher und männlicher Individuen und ihr Verwobensein mit den sichtbaren und unsichtbaren Erscheinungsformen der Natur hin zum Einklang mit der Großen Göttin. Und dies wiederum ermöglichte denjenigen, die das heilige Rund zu nutzen wußten, eine spirituelle Erfahrung, die bis an die äußersten Grenzen menschlicher Bewußtseinserweiterung reicht: das Überqueren der Brücke zwischen Diesseits- und Anderswelt. Präziser ausgedrückt: Die hochinspirierten Frauen und Männer, welche Merlin zu diesem Zweck nach Camelot geführt hatte, waren imstande, die dreidimensionale Welt zu verlassen und in ein vierdimensionales Kontinuum einzutauchen, wo die nur vermeintlich ehernen Gesetze von Zeit und Raum aufgehoben sind und der Blick die großen, gewöhnlich verschleierten Entwicklungslinien – beispielsweise im jahrtausendelangen Lebenszyklus einer Kultur – zu entschlüsseln vermag.

Ehe wir uns jedoch näher mit diesem Geheimnis beschäftigen, das gerade im Leben Merlins und seiner engsten Vertrauten von so außerordentlich großer Bedeutung war, wollen wir uns, um des besseren Verständnisses willen, dem Rätsel der Anderswelt quasi auf einem Spaziergang annähern: auf einer kleinen Wanderung, welche ich drei Tage vor Beginn der Niederschrift dieses Buches unternahm…

Es geschah am 27.3.99; in jedem Bestandteil dieses Datums und selbst in seiner Quersumme ist die einfache, beziehungsweise potenzierte Drei – die Zahl der Großen Göttin – enthalten. Vielfache metaphysische Erfahrung hat mich gelehrt, solche Tage sehr bewußt zu leben; oft schon zog ich geistigen Gewinn daraus, und auch diesmal sollte es wieder so sein. Freilich ahnte ich nicht, welch großes Geschenk mir zuteil werden würde, als ich an jenem Samstagmorgen das Dorf im Bayerischen Wald, wo ich wohne, verließ. Ich fuhr ein Stück in Richtung tschechischer Grenze, bis ich den Parkplatz nahe der Wildbachklamm erreichte, die mein Ziel war. Kein anderer Wagen stand dort; um so mehr freute ich mich auf das Alleinsein mit der Natur. Tief atmete ich die reine Luft ein, dann betrat ich den Felsstollen, der – ein etwas beklemmendes Kuriosum – im letzten Weltkriegsjahr 1918 zum Schutz vor Luftangriffen durch einen Bergrücken gesprengt wurde und heute als Einstieg des Wanderweges in die wildromantische Schlucht dient.

Eben noch hatte ich mich durch den engen, dunklen Tunnel getastet; dann, nur ein paar Schritte weiter, lag die Klamm in ihrer ganzen Schönheit vor mir. Wie immer wenn ich diese Stelle erreiche, blieb ich stehen und blickte fasziniert auf die Szenerie: links und rechts steile, dichtbewaldete Hügelflanken mit Felsbastionen zwischen den Bäumen; dazwischen der tosende Fluß, der sich seinen Weg über Gesteinsschroffen und an rundgeschliffenen Findlingsblöcken vorbei sucht, der wilde Katarakte und dann wieder stille Teiche bildet.

Empfindliche Kühle herrschte in der Wildbachklamm, doch das störte mich nicht. Ich schlug den Kragen meiner Windjacke hoch, packte den Wanderstock fester und folgte dem Fußpfad tiefer hinein in die Schlucht. Der steinige, von Baumwurzeln durchsetzte Weg stieg zunächst an; je höher ich kam, desto freier und unbeschwerter fühlte ich mich, und beinahe von Schritt zu Schritt wurde die Aussicht phantastischer. Immer wieder blieb ich stehen, um das einzigartige Panorama auf mich wirken zu lassen; auch die fast noch frostgeschwängerte Kälte hatte ich jetzt völlig vergessen. Doch dann, ganz unvermittelt, wurde sie mir wieder bewußt – freilich nur deswegen, weil sie plötzlich wie weggezaubert war. Statt der eisigen Luft umschmeichelte mich auf einmal ein warmer und sehr weicher Windhauch; es war, als hätte ich mit einer einzigen Bewegung die Schwelle zwischen Winter und Frühling passiert.

Zuerst begriff ich nicht, was geschehen war. Erst nach einer Weile wurde mir klar, daß der Föhnwind, den ich bereits auf dem Parkplatz gespürt hatte, an dieser erhöhten Stelle des Wanderpfades von oben in die Klamm strich und sich dort über die Kaltluft legte. Ich duckte mich, sofort tauchte mein Oberkörper erneut in die frostige Luftschicht ein, und beim Weitergehen wiederholte sich das Phänomen noch mehrmals. Je nachdem, ob der Weg entlang der Leite unterhalb oder oberhalb der unsichtbaren Trennlinie zwischen den Luftschichten verlief, umhüllte mich Kälte oder umfächelte mich Wärme. Zuletzt kam die Erkenntnis, daß die seltene Naturerscheinung einen tieferen Sinn hatte – durch sie wurde mir einmal mehr bewußtgemacht, wie innig Diesseits- und Anderswelt miteinander verflochten sind und wie schnell sich die eine Dimension in die andere umwandeln kann.

Die Erfahrung, die ich in der Wildbachklamm machte, ist ein typisches Beispiel für Lernen auf druidischer Basis. Immer wieder gibt uns die Natur dank ihrer vielfältigen Erscheinungsformen die Denkanstöße, die zum Verständnis scheinbar verborgener Gesetzmäßigkeiten führen. Sofern wir Menschen die nötige Sensibilität entwickeln und fähig sind, gerade in solchen Situationen wie der eben geschilderten Ratio und Intuition miteinander zu verbinden, erweitert sich unsere Wahrnehmungsfähigkeit auf ungeahnte Weise. Im beschriebenen Fall vermischte sich die eben noch allein gegenwärtige kalte Atmosphäre in der Schlucht urplötzlich mit jener warmen, die vom Föhnwind hervorgebracht wurde, und als ich dieses Wissen auf die metaphysische Ebene übertrug, glaubte ich die vierte, andersweltliche Dimension vor mir zu sehen, die eng mit der dreidimensionalen Welt verflochten ist. Diese höhere Dimension war imstande, den in der Klamm herrschenden Winter von einem Augenblick auf den anderen in Frühling zu verwandeln, wodurch wiederum »wie durch ein Wunder« der normale Zeitablauf, in dem für einen derartigen Prozeß Monate nötig gewesen wären, bedeutungslos geworden zu sein schien.

Ich habe dieses Erlebnis hier erzählt, um eine möglichst griffige Hilfestellung zum Begreifen der Anderswelt zu geben: jener vierten oder »jenseitigen« Dimension, die eine so eminent wichtige Rolle im keltischen Weltbild und damit auch im Denken und Empfinden Merlins spielte. Denn das Wissen um diese sozusagen erweiterte Daseinsform, die alles irdische Leben umfaßt, schenkt den Eingeweihten zusätzliche Möglichkeiten des Agierens weit über die profane Diesseitswelt hinaus. Wer sein Bewußtsein auf diese höhere Ebene hebt, vermag Kräfte freizusetzen, von denen gewöhnliche Menschen höchstens in ihren Träumen etwas ahnen. Der Blick des Inspirierten hingegen durchdringt die Schleier, welche das Leben vom Tod, die Zukunft von der Gegenwart und das oft genug irrige menschliche Trachten vom göttlichen Wollen trennen. Im selben Moment, da diese (und weitere) Schleier fallen, erkennt ein *Großer Wissender* die Fäden, welche die dreidimensionale Welt mit der vierdimensionalen verknüpfen; er begreift außerdem, daß das gewöhnliche irdische Dasein sowohl handfeste als auch scheinbare Realität ist, während das Leben auf der höheren, andersweltlichen Ebene, in der aber auch die niedrigere enthalten ist, erst die wahre und umfassende Wirklichkeit darstellt.

Jederzeit kann – ähnlich wie die Luftschichten in der Wildbachklamm – die eine in die andere Dimension umschlagen, und wenn ein Eingeweihter imstande ist, sich von den hier wirkenden Kräften in die Anderswelt tragen zu lassen, dann vermag er auch deren phantastische Möglichkeiten zu nutzen. Sein Geist wird zum Partikel jenes anderen, unendlich größeren Bewußtseins, das die raum- und zeitlose »jenseitige« Sphäre durchwebt; er ist fähig, mit den Toten zu »sprechen« und ihren Rat einzuholen,

Jahrhunderte oder Jahrtausende zurückliegende Existenzen von neuem zu »durchleben«, in die nahe und ferne Zukunft zu »schauen« und – vor allem – eins zu werden mit dem ewigen kosmischen Trachten, das sich in den jetzt sichtbaren wahren »Gestalten« der Götter ausdrückt, die ihrerseits wieder Aspekte des einzig Göttlichen sind.

Zu Beginn unseres Exkurses in die Anderswelt war bereits die Rede davon, daß der Blick eines außerordentlich hoch inspirierten Druiden wie Merlin von der Warte der vierten Dimension aus und im Einklang mit den Gottheiten ohne Zweifel jene großen, gewöhnlich verschleierten Entwicklungslinien erkennen konnte, die den jahrtausendelangen Lebenszyklus einer Kultur prägen. Insbesondere ging es für Merlin dabei natürlich um das Keltentum, das ungefähr in der Mitte des »Widder«-Zeitalters geboren worden war, im letzten Halbjahrtausend dieser Epoche seine La-Tène-zeitliche Blüte erlebt hatte und dann während der ersten nachchristlichen Jahrhunderte so entsetzlich verfolgt und bis an den äußersten Rand Westeuropas zurückgedrängt worden war. Um das Jahr 500, da die letzten freien Kelten Britanniens in Camelot noch einmal einen Königssitz errichtet hatten, hing das ganze künftige Schicksal des im zunehmend christlich dominierten Zeitalter der »Fische« noch überlebenden Keltentums an dieser Hügelfestung des Rhiotam und an einer Reihe weiterer, schwächerer Ringwallanlagen und ihrem nicht sonderlich großen Hinterland im Südwesten und Westen der britischen Insel.

Scheinbar hatten Arthur und seine Mitstreiter zumindest dieses Territorium gerettet, doch standen die Völker von Cymru und Cornwall sowie die mit ihnen verbündeten kleineren Stämme nach wie vor gegen eine Übermacht von

Feinden. Jedem Einsichtigen mußte klar sein, daß der so hart erkämpfte Friede brüchig war und die Bedrohung fortbestand, und mehr als jeder andere wußte Merlin, der bereits von Jugend an Visionär war, um diese Gefahr. Gerade deswegen war für ihn das Beschreiten des Pfades in die Anderswelt so außerordentlich wichtig, denn einzig auf dieser höheren Ebene konnte der rettende und zudem weit in die Zukunft weisende Ausweg gefunden werden. Wo nämlich im dreidimensionalen Kontinuum der Tod des Rhiotam, der Fall Camelots und der Untergang des Keltentums scheinbar unausweichlich waren, bot das vierdimensionale Kontinuum, in dem sich Sterben und Vernichtung in neues Leben umwandeln können, erlösende Hoffnung.

Wenn Merlin in Camelot meditierte, dann spürte er ganz ohne Zweifel jener alternativen und um so realeren Wahrheit nach, in der das freie Keltentum zwar vordergründig ebenfalls seinen Tod erleiden würde – doch nur, um aus diesem scheinbaren Untergang heraus desto strahlender wiedergeboren zu werden. Und der *Große Wissende*, der den umfassenden, von den Göttern vorgezeichneten Zyklus zu überschauen vermochte, sah in solchen Augenblicken, in denen Millennien zu Minuten schrumpften, das dunkle »Fische«-Zeitalter verstreichen und das Keltentum in der Epoche des »Wassermanns« von neuem aufblühen. Freilich mußte, damit dies möglich werden konnte, bereits zu Lebzeiten Merlins nach dem Willen des Göttlichen gehandelt werden – und das geschah auch, wie wir im folgenden Kapitel sehen werden. Diese inspirierte Einsicht und das daraus resultierende Tun waren aber einzig deshalb möglich, weil der Druide von Camelot die Schleier zwischen Diesseits- und Anderswelt durchdrang und weil er im Rund der heiligen Bäume außerdem auch andere, ihm sehr nahe stehende Personen auf den Weg des tiefsten Begreifens führte.

Der Eichenhain, der im späteren mittelalterlichen Sprachgebrauch zum »Runden Tisch«, beziehungsweise zur »Tafelrunde« wurde, stellte also für den innersten Zirkel der Eingeweihten einen spirituellen Pfad in die vierte Dimension dar. Die Menschen, die auf diese Weise erleuchtet wurden, sind uns, zumindest teilweise, aus den uralten Überlieferungen, die sich um Camelot und Avalon ranken, bekannt. Zunächst handelte es sich um das Königspaar der freien britannischen Kelten: um Arthur und Gwynhwyfara. Obwohl an Jahren noch jung, war Gwynhwyfara – ihr Name bedeutet »Weißer oder Leuchtender Geist« – eine hochinspirierte *Große Wissende*. Wahrscheinlich war sie von Morgana ausgebildet worden, der weisesten unter den neun Druidinnen von Avalon, die mit Sicherheit ebenfalls zum engsten Kreis um Merlin gehörte. Eine weitere Teilnehmerin an den heiligen Versammlungen könnte Niniane gewesen sein: jene Vertraute der Großen Göttin, welche nach dem Tod Merlins um das Jahr 520 für dessen Begräbnis auf der »Gläsernen Insel« Bardsey Sorge tragen sollte. Grundsätzlich gilt, daß die Frauen im Hain von Camelot gegenüber den Männern gewiß nicht in der Minderheit waren, denn einzig so konnte dort das Gesetz von Beltane und Samhain, das Yin und Yang des sakralen Ortes, gewahrt werden.

Vermutlich errichteten jeweils eine Frau und ein Mann eine Brücke mentaler Kraft: Merlin und Morgana, Arthur und Gwynhwyfara sowie eine Reihe weiterer spirituell verbundener Paare, die geistig auf sehr hohem Niveau standen. Was die beteiligten Männer neben dem Rhiotam und seinem Mentor angeht, so kennen wir ebenfalls einige von ihnen aus den »Sagen«: Gawain, Lancelot, Bedivere, Galahad oder Peredur, deren hier in heutiger Schreibweise wiedergegebene Namen allesamt auf brythonische Wortwurzeln zurückgehen. Die deutsche Übersetzung von Gawain (im Walisischen ursprünglich Gwalchmai) etwa lautet: »Maifalke«, und seine Beziehung zur Göttin Beltane, deren Fest am 1. Mai gefeiert wurde, ist damit unübersehbar. Das Beispiel, welches sich in ähnlicher Weise auf alle übrigen »Ritter der Tafelrunde« übertragen ließe, zeigt, daß Gawain und seine Gefährten keineswegs nur herausragende kriegerische Funktionen erfüllten, wie die christliche Verfälschung der sehr viel älteren keltischen Bardendichtungen glauben machen möchte. Vielmehr entsprach die mentale Potenz dieser Männer derjenigen ihrer Partnerinnen; sie waren weit mehr als besonders verwegene Kämpfer auf dem Schlachtfeld. Realiter bildeten sie als druidisch ausgebildete Fürsten verschiedener Stämme, die dem Bund von Camelot angehörten, eine politisch-geistige Elite, die aufs engste mit Merlin und Arthur zusammenarbeitete. Genau wie die weisen Frauen, mit denen sie spirituell korrespondierten, waren sie Träger und Vermittler der diesseitig-andersweltlichen Macht, aus welcher der Rhiotam als Repräsentant des freien Keltentums seine Kraft schöpfte. Und ebenso wie Arthur oder Merlin ging es ihnen nicht allein um den Bestand des Königtums zu ihren Lebzeiten, sondern mehr noch um das Überleben des keltischen Geistes bis in die ferne Zukunft; auf hoher metaphysischer Ebene bereiteten sie eineinhalb Jahrtausende vor dem Ende des »Fische«-Zeitalters die Wiedergeburt des Keltentums unter dem Sternzeichen des »Wassermanns« vor.

Ein Aspekt dieses Tuns, das zur triumphalen Erneuerung und Überhöhung der La-Tène-zeitlichen Welt im nun angebrochenen Millennium führen wird, soll bereits hier angesprochen werden. Denn schon in jener kurzen Zeitspanne, da Camelot nach der Schlacht von Badon noch einmal den Frieden im keltischen Britannien sicherte, wurde dort ein uraltes und zugleich außerordentlich zukunftsweisendes Gesellschaftsmodell realisiert. Nicht allein im spirituellen Bereich nämlich war der Eichenhain auf dem Gipfelplateau der Ringwallanlage von pulsierendem Leben erfüllt; er stand außerdem für das Prinzip des Miteinander in politischer und sozialer Hinsicht – und wurde von daher tatsächlich zum »Runden Tisch«.

In unserer Zeit meint dieser Begriff eine Gesprächsrunde, in der Hierarchie, zumindest nach außen hin, nicht existiert. Was hingegen Merlin schuf, besaß und besitzt eine ungleich tiefere Dimension; letztlich ging und geht es um den einzig sinnvollen Weg zu völlig erfülltem gesellschaftlichem Zusammenleben in Europa und auf den anderen Kontinenten unseres Planeten, aus dem wiederum friedlicher Einklang mit dem Dasein für alle Menschen erwächst. Um diese Idee, die in einer faszinierenden Anstrengung während des letzten vorchristlichen Halbjahrtausends wenigstens in einem Teil des Abendlandes schon einmal verwirklicht worden war, zu begreifen, wollen wir uns zunächst wieder an diese keltische Welt des La-Tène erinnern, wie wir sie im Kapitel *Das römische Verhängnis* in der Einführung zu diesem Buch kennengelernt haben.

Damals, im letzten Quartal des »Widder«-Zeitalters, lebten freie Keltenvölker in einem breiten Zivilisationsgürtel zwischen Irland und Kleinasien. Während sich anderswo, vor allem im Mittelmeerraum, bereits despotische Herrschaftsformen bis hin zu Tyranneien herausbildeten, versammelten sich die Kelten regelmäßig in ihren Drunemetons: in heiligen Hainen, in denen demokratische Entscheidungen getroffen wurden. Ihre Fürsten, die mehr Repräsentanten als Herrscher waren, wurden ebenfalls in diesen spätantiken Volksparlamenten gewählt und konnten, falls sie nicht im zutiefst humanen Sinn der Druiden handelten, jederzeit wieder abgesetzt werden. Die Frauen genossen völlige Gleichberechtigung; viele von ihnen bekleideten sehr hohe Positionen und saßen auch auf dem Thron. Sicher deshalb, weil das weibliche Element im La-Tène nicht unterdrückt wurde, galt der Friede als sehr hohes Gut; kam es dennoch zu ernsthaften Konflikten, so wurden die Aggressionen vorzugsweise durch ritualisierte Kämpfe, die keine Menschenleben forderten, wieder abgebaut.

Auf diese Weise gelang es den zahlreichen keltischen Völkerschaften, eine abendländische Föderation zu errichten, die zuletzt, dem Lauf der Sonne folgend, von den Küsten des östlichen Mittelmeers bis zu den äußersten nord-westeuropäischen Gestaden reichte. Jedes Volk und jeder Stamm wahrte im Rahmen dieses großen Miteinander seine Eigenständigkeit und Individualität; gemeinsam wiederum – durch friedlichen Handel, kulturellen Austausch und konsequent praktizierte Toleranz – schufen diese keltischen Nationen eine Zivilisation auf außergewöhnlich hohem wirtschaftlichem, sozialem und geistigem Niveau, wie es sie in Europa bis dahin noch nie gegeben hatte und wie sie auch später – die Gegenwart eingeschlossen – niemals wiederbelebt werden konnte. Wo immer in jener Epoche Druiden in ihren Hainen meditierten und ihre für jedermann zugänglichen Schulen betrieben, leuchtete das Abendland unter dem Himmel des keltischen »Sonnengürtels«. Zuletzt jedoch, als das Sternzeichen des »Widders« von dem der »Fische« abgelöst wurde, endete dieses »Goldene Zeitalter«; die keltische Welt wurde zunächst durch römische Aggression und anschließend durch das Vordringen des aufgrund seiner Theologie und Dogmatik intoleranten, frauenfeindlichen und machtbesessenen Christentums zerstört.

Europa stürzte in eineinhalbtausendjährige Finsternis ab; lediglich in Britannien und Irland vermochten Erinnerungen an das La-Tène zu überleben und gewannen in jener kurzen Epoche, in der Camelot bestand, dank Merlin neue und außerordentlich schöne Strahlkraft. Freilich existierte das Reich des Rhiotam und seines druidischen Lehrers nur kurze Zeit; schon bald lag die Hügelfestung wieder verlassen da, und der Eichenhain auf ihrem Gipfelplateau war verwaist. Auch über das zumindest äußerlich untergegangene Camelot legte sich Dunkelheit; einzig sein unzerstörbarer Geist lebte im verborgenen weiter. Erst ein volles Jahrtausend später, als sich die Elite des Abendlandes auf die heidnischen Wurzeln des Kontinents besann, trat allmählich eine Wende zum Besseren ein. Die Renaissance, die sich allerdings auf die Wiederentdeckung der griechischen und römischen Antike beschränkte und deshalb leider auch fatale Irrwege ging, sorgte andererseits wenigstens für eine gewisse Befreiung des Denkens von der Engstirnigkeit der christlichen Theologie und bereitete damit den Boden für den Humanismus, der in seiner grundsätzlichen Ausrichtung von neuem an die Lehre der *Großen Wissenden* des Keltentums anknüpfte.

Im Verlauf der folgenden Jahrhunderte war es allein diese humane Philosophie, die zur Überwindung des Absolutismus (einer Folge irregeleiteter Rückbesinnung auf den Ungeist des Römischen Imperiums) und zur Französischen Revolution führte. Dort, wo einst der gallische Ard Rhi Vercingetorix seinen verzweifelten Kampf gegen die Legionen Roms geführt hatte, wurde die Forderung nach Freiheit, Gleichheit und Brüderlichkeit verkündet und damit die erste europäische Demokratie geboren. Im 19. und frühen 20. Jahrhundert stürzten sodann die meisten Throne; diejenigen, die blieben, wurden in die Verfassungen ihrer Länder integriert, und ihre Inhaber beschränken sich heute ähnlich wie die Fürsten des La-Tène auf repräsentative Aufgaben.

Aber nicht nur deswegen lebte, wenigstens in gewisser Weise, bereits am Ende des »Fische«-Zeitalters keltischer Geist wieder auf; wir beobachten ihn beispielsweise auch in den Bestrebungen, nach zwei Jahrtausenden ständiger Kriege abermals ein vereintes Europa zu schaffen. Wenn dies so ist, dann verdanken wir diese Erkenntnis des richtigen Weges allein Merlin und seiner großartigen Idee des Runden Tisches, die er im Übergang von der Spätantike zum Frühmittelalter in Camelot auf so geniale Art verwirklichte. Hier, im Eichenhain, entwarf der Druide die Vision einer abendländischen Föderation, die für alle europäischen Völker politische Heimat und spirituelle Geborgenheit bieten kann, neu – und er tat es, indem er dafür sorgte, daß der Traum von dieser Erneuerung auch nach seinem Tod nicht unterging.

Bisher aber ist, obwohl unbestreitbar große Fortschritte zu verzeichnen sind, die Vision Merlins noch längst nicht in ihrem vollen Umfang verwirklicht. Die Rückschläge gerade des 20. Jahrhunderts bewiesen es: die beiden Weltkriege und die noch gar nicht lange zurückliegenden faschistischen und kommunistischen Diktaturen oder die Balkankriege unmittelbar zur Jahrtausendwende. Hinzu kommt die Herzlosigkeit und Ellenbogenmentalität in den modernen westlichen Gesellschaften; gerade dort, wo die Menschen das Geschenk der Demokratie empfingen, ist derzeit ein fatales Wiederaufleben eiskalten kapitalistischen Denkens und Handelns zu beobachten. Ebenso tragen diese Industriegesellschaften die Schuld an den fürchterlichen Umweltzerstörungen, die einerseits Folge ungezügelter Profitsucht, andererseits Resultat der verlorenen spirituellen Verbindung zur mütterlichen Erde und damit zur Großen Göttin sind.

Obwohl die Weichen im letzten Quartal des Zeitalters der »Fische« prinzipiell richtig gestellt wurden, ist die moderne westliche Zivilisation in ihrer Entwicklung auf halbem Wege steckengeblieben. Sie wird sich aus diesem Dilemma auch nicht befreien können, wenn es lediglich bei äußerlichen Fortschritten bleibt, der Geist, der zum wahren Gedeihen einer zukunftsweisenden Kultur nötig ist, jedoch fehlt. Immer wieder wird in diesem Zusammenhang beklagt, daß es an einer echten, wirklich tragfähigen Vision für ein vereintes Europa mangle und der Kontinent statt dessen zunehmend den EU-Bürokraten ausgeliefert werde. Die Menschen, die sich dahingehend äußern, spüren genau, wo die Misere liegt; kaum jemand weiß aber einen Ausweg aufzuzeigen, weshalb derartige Diskussionen oft in Resignation enden.

Dies ist kein Wunder, denn die christlichen Religionen, welche trotz abermillionenfacher Kirchenaustritte nach wie vor den längst unhaltbar gewordenen Anspruch erheben, geistige Führer des Abendlandes zu sein, sind in Wahrheit nicht fähig, ein inneres Zusammenwachsen der europäischen Völker zu fördern. Ganz im Gegenteil sorgen sie ständig für schwere gesellschaftliche Konflikte bis hin zu religiös motivierten bewaffneten Auseinandersetzungen wie in Nordirland oder sogar verheerenden Kriegen wie auf dem Balkan, wo nicht nur katholische Kroaten und orthodoxe Serben übereinander herfielen, sondern es zu einem von Christen zu verantwortenden Völkermord an den islamischen Albanern im Kosovo kam. Im Grunde erweisen sich die modernen Demokratien, wenn sie den christlichen Kirchen in der Praxis noch immer den Status von Staatsreligionen zugestehen und sie entsprechend fördern, einen fürchterlichen Bärendienst. Sie verraten die humanen Ideen ihrer Gründer an Organisationen, die seit zweitausend Jahren zumeist gewaltsam den Ungeist ihres intoleranten Eingottglaubens verbreiten: den Ungeist eines (in sich wiederum gespaltenen) Monotheismus, der aufgrund seiner engstirnigen biblischen Dogmatik alle anderen Weltanschauungen rigoros verdammt.

Eine derartige, dem wahren göttlichen Wollen zutiefst widersprechende Irrlehre ist jedoch nicht im mindesten dazu geeignet, als geistige Basis für ein erneuertes Abendland zu dienen. Dies um so weniger, als Europa längst multikulturell geworden ist und seinen Weg in die Zukunft einzig unter der Prämisse weitestreichender Toleranz im Rahmen der allgemeinen Menschenrechte gehen kann. Doch nur dann, wenn der Kontinent die damit korrespondierende Spiritualität findet – oder besser: wiederfindet –, wird diese Erneuerung möglich werden. Nur dann können Politik, Wirtschaft und soziales Zusammenleben der Menschen und Völker wieder in Einklang mit deren geistiger Sehnsucht gebracht werden; erst dann wird ein vereintes Europa ganzheitlich leben. Das Abendland benötigt dringend ein tragfähiges spirituelles Fundament; das aber kann – wie die blutige Geschichte der vergangenen zwei Jahrtausende zeigt, die unter der Dominanz des Kreuzes standen – nicht länger christlich definiert sein.

Vielmehr ist nun die Zeit gekommen, da Europa, so es seine neue, friedliche und konstruktive Identität finden will, unbedingt auf jenes Angebot zurückgreifen sollte, das Merlin, der keltische Menschheitslehrer von Camelot, dem Kontinent machte. Bereits vor fünfzehnhundert Jahren, als die christliche Fehlentwicklung erstmals in ihrem vollen Umfang abzusehen war, entwickelte er, aus der positiven Erfahrung des La-Tène schöpfend, sein Modell des Runden Tisches. Schon damals war der Geist, der den Eichenhain durchflutete, Vorbild für das Antlitz des Abendlandes, wie es sich laut der Drachenprophezeiung Merlins in ferner Zukunft herausbilden sollte – und wir, die wir im Übergang von der dunklen Epoche der »Fische« zu der hoffentlich leuchtenden des »Wassermanns« leben, sind aufgerufen, an die Inspiration von Camelot anzuknüpfen, wenn wir unser Ziel erreichen wollen.

Es ist unsere Aufgabe, dorthin heimzukehren, wo uns Merlin nach wie vor erwartet. Sofern wir diesen faszinierenden Erkenntnispfad beschreiten, werden wir das Geschenk, das der *Große Wissende* allen Völkern Europas und damit der gesamten Menschheit machte, in seiner umfassenden Schönheit erkennen. Denn einzig die Idee des Runden Tisches vermag das Abendland zu seiner vollen Blüte zu führen: zu jener Vollendung, die von Abermillionen Menschen zwischen Irland und Kleinasien, der Iberischen Halbinsel und Nordrußland ersehnt wird. In einem geistigen Miteinander, dessen Urbild Merlin innerhalb der Ringwälle von Camelot schuf, werden alle Völker und Individuen Europas gemeinsame Heimat finden, und die spirituelle Kraft dieses Kreises wird positiv auf die materielle Ebene des Daseins ausstrahlen.

Fundament des historischen Eichenhaines von Camelot waren die Erdkräfte, welche bis heute das radiästhetisch wirksame Oval auf der Hügelkuppe mit den darin enthaltenen Polen des Prinzips von Beltane und Samhain bilden. Entlang der äußeren Kraftlinie wuchsen die heiligen Bäume auf; sie waren verbunden mit der lebenspendenden Energie der Großen Göttin und strahlten diese Kraft ab auf die Eingeweihten, die sich am Fuß der Eichen zur gemeinsamen Meditation niederließen. Erfüllt vom göttlichen Geist der Erde und damit wiederum des Kosmos formten die Frauen und Männer um Merlin, die allesamt Führungspersönlichkeiten des freien britannischen Keltentums waren, den Zirkel, der gleichermaßen spirituell, sozial und politisch wirksam werden konnte. Weil innerhalb dieses Kreises keinerlei Hierarchie herrschte, sondern allein das tiefe Bewußtsein des Miteinander lebte, wurde in ihm die druidische Lehre von der gleichwertigen Verflechtung aller lebendigen Existenzen sowohl in der Diesseits- als auch in der Anderswelt verinnerlicht und real angewandt.

Auf diese Weise bündelten die initiierten Menschen im Eichenhain ihre mentale Potenz und setzten die so gewonnenen tiefen Einsichten sodann in die Praxis um. Das Ergebnis war die lichte Realität des Königtums von Camelot, in dem die bereits im La-Tène-zeitlichen Keltentum vorhandenen Ideale mit aller Konsequenz und deshalb fruchtbringend wie nie zuvor verwirklicht wurden. Das von den Göttern selbst gelehrte Prinzip des Miteinander durchdrang das Reich von Camelot auf allen Ebenen; ebenso wie Merlin und Morgana, der Rhiotam und Gwynhwyfara sowie die anderen Fürsten, Druidinnen und Druiden waren gleichwertig die Familien der Bauern, Handwerker, Hirten und Krieger eingebunden. Selbst auf die Bewaffneten, die Schwert und Lanze rein aus existentieller Notwendigkeit heraus trugen, wirkte sich der Geist des Runden Tisches positiv aus; sie fochten für Frieden, Freiheit und Humanität und nicht, wie ihre Feinde, um der finsteren Faszination des Mordens, Raubens, Unterdrückens und Vergewaltigens willen.

Schließlich war es die Idee des Miteinander, welche die letzten freien britannischen Völker und Stämme dazu befähigte, ihre früheren Rivalitäten zu überwinden und gemeinsam den Kampf gegen eine scheinbar erdrückende Übermacht aufzunehmen. Nur weil sie den Bund bildeten, den Merlin mit der Heiligen Hochzeit von Tintagel begründet hatte, konnten sie nicht nur erfolgreichen Widerstand gegen zahlenmäßig sehr viel stärkere Gegner leisten, sondern sich unter dem Banner Arthurs, das den Roten Drachen zeigte, zudem Unsterblichkeit erwerben, indem sie über eineinhalb Jahrtausende hinweg in die sehnsüchtigen Erinnerungen, Träume und Legenden des Abendlandes eingingen.

Zur Zeit Merlins und des Rhiotam mußte der Weiße Drache noch einmal weichen; nach dem Untergang Camelots aber, der erfolgte, weil Medraut das Bündnis des Miteinander brach, drang das Untier von neuem vor. Merlin hatte die Dunkelheit, die sich damit über Europa legte, prophezeit; ebenso hatte der Visionär in Dinas Emrys vorhergesagt, daß der Rote Drache zuletzt den endgültigen Sieg erringen würde. Die Epoche, in der dies geschehen soll, bricht nun an; jetzt, in unseren Tagen, sind deshalb alle Menschen, die eine Wiedergeburt des keltischen Geistes und damit der verlorenen Schönheit des Abendlandes anstreben, aufgerufen, sich für diesen finalen Kampf zu wappnen. Und Merlin wird mit jeder Frau und jedem Mann sein, die seinem Ruf folgen: dem unvergänglichen poetischen Ruf nach der Erneuerung des Keltentums, der die Seele von Camelot über den Abgrund vieler trostloser Jahrhunderte hinweg bewahrte…

Der unsterbliche Traum

In der Geschichte ging Camelot unter, auf der andersweltlichen Ebene hingegen lebt es unzerstörbar bis in die Gegenwart fort. Der Traum, die Hoffnung, die leuchtende Vision; alles, wofür der Königssitz Arthurs im Süden Britanniens vor eineinhalb Jahrtausenden stand, wurde bewahrt – und das ist abermals das Verdienst Merlins. Denn er war es, der die Idee des Runden Tisches in der Seele des Abendlandes verankerte und den Traum von der Wiedergeburt des Keltentums dadurch unsterblich machte. Einerseits bewirkte Merlin dies, indem er Europa seine Prophezeiungen hinterließ; andererseits nutzte er, um sein hohes Ziel weit jenseits des eigenen körperlichen Todes zu erreichen, die ganze Magie der Bardenkunst: die von der Göttin Rhiannon inspirierte Kraft der keltischen Dichtung.

Griechische Quellen aus vorchristlicher Zeit besagen, daß gallische Druiden imstande waren, einzig durch die Macht ihres Wortes Heere zu besänftigen, die sich bereits kampfbereit gegenüberstanden. Ganz offensichtlich handelte es sich bei den *Großen Wissenden*, die in solchen Fällen einschritten, damit sinnloses Blutvergießen vermieden wurde, um Barden: absolute Meister der Sprache, die andere Menschen durch das Rezitieren besonderer Texte völlig in ihren Bann zu schlagen vermochten. Dem entsprechen westeuropäische Überlieferungen, vor allem aus Wales und Irland, in denen es heißt, niemand habe die Bardenwürde erringen können, der nicht fähig gewesen sei, seine Zuhörer durch die Kraft jeweils eines Gedichtes hintereinander in lähmende Trauer, ausgelassene Freude und schließlich in tiefen Schlaf zu versetzen. Wenn man weiß, daß bardische Lyrik nach dem auch in Asien bekannten Prinzip der Tantras – Beschwörungen, die aus dem Reservoir der Anderswelt schöpfen – verfaßt wurde, wird verständlicher, was geschah. Die Barden nutzten mit Hilfe bestimmter poetischer »Techniken« jene gewöhnlich verborgenen Energien »hinter den Nebeln«, die nur von hochinitiierten Eingeweihten aktiviert werden können.

Auch Merlin beherrschte diese heutzutage in Europa verlorene, letztlich sakrale Kunst, und genau das befähigte ihn, sich allein mit den Mitteln der Poesie erfolgreich gegen den scheinbar unabänderlichen Lauf der Geschichte zu stemmen. Er wußte lange zuvor von dem frühen Tod Arthurs und dem daraus resultierenden Untergang des realen Camelot, dessen Ringwälle auf Dauer unmöglich gegen die Übermacht des Weißen Drachen zu halten waren. Sowohl die germanischen Aggressoren als auch christianisierte britannische Fürsten wie Rhydderch Hael setzten schon bald nach dem Begräbnis des Rhiotam alles daran, die Königsburg und damit den Traum des freien, heidnischen Keltentums zu zerstören. Doch obwohl ihm all das bekannt war, resignierte Merlin nicht; vielmehr führte er seinen Kampf für den Sieg des Roten Drachen nunmehr aus der vierten Dimension heraus. Die magische Macht bardischer Dichtung wurde zu seiner Waffe gegen den primitiven Despotismus derjenigen, die das Keltentum zu vernichten trachteten – und weil diese geistige Waffe über viele Jahrhunderte hinweg in die Zukunft wirkte, blieb die Chance für die Reinkarnation der keltischen Welt gewahrt.

In Camelot wurde der unsterbliche Traum gezeugt; die konkreten Taten Arthurs und seiner Verbündeten erweckten ihn zum Leben. Aus dieser handfesten Substanz schufen Merlin und nach ihm andere, durch ihn inspirierte Barden, die sein Vermächtnis sehr bewußt weitertrugen, jenen Zyklus von Erzählungen, die wir – wenn auch teilweise arg verfälscht, aber nie in ihrem innersten Kern zerstört – bis heute als »Sagenkreis um Artus« kennen. Seine Wirkung war und ist einzigartig in der gesamten westlichen Hemisphäre; es gibt im Okzident keine andere Dichtung, welche die Menschen vom Frühmittelalter bis zur Moderne dermaßen faszinierte. Zu vergleichen wäre der Zyklus von Camelot allerhöchstens mit dem Sigurdlied und der Nibelungensage[6] der Germanen oder Homers Ilias und Odyssee, doch diese wurden niemals Volksgut in dem Maße wie die Geschichten aus dem keltischen Britannien. Sowohl für die griechischen als auch für die skandinavischen Dichtungen gilt, daß sie, ohnehin erst in der Neuzeit von Literaturhistorikern wiederentdeckt, hauptsächlich vom Bildungsbürgertum und nicht von breitesten Bevölkerungsschichten wie im Fall der »Artussagen« tradiert wurden.

Denn die in ihrem tiefsten Kern noch immer vom druidischen Geist Merlins beseelten Erzählungen, die um

---

[6] Gemeint ist hier die heidnische skandinavische Urform der Nibelungensage, nicht deren christianisierte hochmittelalterliche Fassung, die mit dem tragischen Kampf der Burgunder gegen die Hunnen endet.

Leben, Liebe, Kampf und Tod des letzten und größten Keltenkönigs und seiner Gefährten kreisen, besitzen jenseits ihrer Dramatik, Spannung und Farbigkeit, wie wir sie durchaus auch in den genannten anderen Epen finden, etwas, das auf geheimnisvolle Weise direkt die Herzen der Menschen anspricht. Etwas Magisches, das tiefe Sehnsucht nach einer anderen, leuchtenderen Welt weckt, strahlt von ihnen aus und rührt an das Heimweh nach einem Dasein, wie es seit den Zeiten, da noch die alten und wahren Götter erkannt wurden, kein Europäer mehr erleben durfte. Merlin und die übrigen Barden, die an dem großen Flechtwerk dieser Dichtung webten, erfüllten sie wahrlich mit anderswetlichem Zauber – sie schenkten der Seele Camelots verwandelte Substanz und schützten sie auf diese Weise dauerhaft vor der Zerstörungswut ihrer Feinde.

Weder Schwert noch Lanze, weder Despotismus noch geistige Unterdrückung vermochten von da an dem keltischen Traum mehr etwas anzuhaben. Er war der Aggression des Weißen Drachen ebenso entzogen wie Merlin selbst nach seinem leiblichen Tod und der Einbindung seines Geistes in den behütenden Weißdorn durch Niniane. Wo das Wesen des herausragenden Druiden nun unangreifbar aus dem Wald von Broceliande heraus weiterwirkte, blieb die Vision des Runden Tisches im Innersten zahlloser Frauen und Männer bewahrt. Zunächst waren dies Angehörige jener keltischen Stämme, die sich in den ersten Jahrhunderten nach dem Untergang Camelots noch in den abgelegenen Regionen von Cornwall, Cymru und Schottland behaupten konnten; später, als auch diese Gebiete von Angelsachsen und Normannen erobert wurden und sich die genannten Völker allmählich mit den britannischen Ureinwohnern vermischten, wurde im Zuge dieser

Verschmelzung und völlig unaufdringlich auch das geniale bardische Erbe Merlins weitergegeben. Im Lauf der Zeit begann es das Bewußtsein der Engländer des Hochmittelalters ebenso zu durchdringen wie zuvor das Empfinden der keltischstämmigen Bevölkerung der Insel, und von Britannien strahlte die Schönheit der »Artussagen« auf den ganzen Kontinent aus; sie wurden zum Volksgut Frankreichs, Deutschlands und allmählich aller anderen Länder der europäischen Zivilisation.

Sicher war diese Zivilisation in ihren Machtstrukturen längst christlich geprägt. Sie war, wie unter anderem die Kreuzzüge, Hexen- und Ketzerverfolgungen oder Judenpogrome beweisen, intolerant und auf aggressive Weise bestrebt, ihre monotheistische Religion mit Gewalt auch noch dem letzten andersdenkenden Menschen aufzuzwingen. Derartige Verbrechen gegen den Geist des Göttlichen stärkten natürlich die Macht des Weißen Drachen, so daß dieser im sogenannten Zeitalter des Glaubens Angriffsmöglichkeiten auf breiter Front gegen die alte heidnische Dichtung fand. Zwar gelang es der römischen Kirche nicht, die poetische Erinnerung an die reale Existenz Camelots und damit den Traum von der Wiedergeburt des paganen Keltentums auszutilgen; der einzigartige Zauber der bardischen Erzählungen mit ihrer andersweltlichen Substanz, die Merlin in sie gelegt hatte, war viel zu stark. Doch die Helfershelfer des Weißen Drachen waren in ihrer Infamie durchaus imstande, die ursprünglichen Texte so zu verfälschen, daß – zum Schaden Europas – viele ihrer konkreten Aussagen verdunkelt oder in ihr Gegenteil verkehrt wurden.

So wurde Merlin, um ihn für das Christentum zu vereinnahmen und ihn gleichzeitig mit einem zwiespältigen, unterschwellig bedrohlichen Charakter zu belegen, zum Sohn einerseits einer christlichen Jungfrau, aber andererseits des Teufels gemacht. Weiter, so hieß es über ihn, sei er nichts weiter als ein Zauberer gewesen, der die Menschen mit Lug und Trug geblendet und ihnen oft Unglück gebracht habe. Kein Wort vom wahren Wesen des Druiden, der in seiner realen geschichtlichen Existenz ein zutiefst human denkender und handelnder Menschheitslehrer war und dem Abendland mit seinem Angebot des Runden Tisches bereits um das Jahr 500 die Vision einer von ganzheitlicher Kraft erfüllten Demokratie auf gesellschaftlicher und spiritueller Basis gleichermaßen geschenkt hatte.

Ähnlich lügnerisch wurde die Biographie Arthurs verändert. Der letzte große Keltenkönig, der einen heroischen Kampf für das Überleben des europäischen Heidentums geführt hatte, wurde als christlicher Herrscher und Verteidiger der Kreuzreligion hingestellt. Gleichermaßen verleumderisch verfuhr man mit Gawain, Lancelot, Galahad und den übrigen paganen Führungspersönlichkeiten, die im Bündnis mit dem Rhiotam gefochten hatten. Die mittelalterlichen »Bearbeiter« der ehrwürdigen Bardendichtung verkehrten auch deren Gestalten in ihr Gegenteil und schufen so das Märchen von den ach so jesusgläubigen »Rittern der Tafelrunde«, deren höchstes Ziel es gewesen sei, feuerspeiende Lindwürmer und bösartige Widersacher des vorgeblich einzig wahren Glaubens zu töten sowie den ominösen Gralskelch zu suchen.

Nicht weniger schlimm sprang man mit den druidisch gebildeten Frauen um, die für das Miteinander des Eichenhaines von Camelot so unverzichtbar gewesen waren. Am ärgsten traf es Morgana, die Weiseste unter den Druidinnen von Avalon und wahrscheinlich Merlins wichtigstes geistiges Gegenüber. Die christlichen Misogyniker dämonisierten sie regelrecht, zeichneten sie entsprechend des katholischen Aberglaubens als Schwarzmagierin und unterstellten ihr zudem blutschänderische sexuelle Praktiken. Auch hinsichtlich Arthurs Gemahlin Gwynhwyfara erfolgten die frauenfeindlichen Attacken vorzugsweise unter die Gürtellinie. Ihr, die über den leuchtenden Intellekt einer *Großen Wissenden* verfügte, warf man Ehebruch mit Lancelot vor, der seinem König angeblich durch ihre Schuld Hörner aufgesetzt haben sollte. Grundsätzlich wurde Gwynhwyfara in den hochmittelalterlichen »Nachdichtungen« als körperlich zwar verführerische, aber ansonsten völlig unbedarfte Blondine geschildert; und ein ähnlich abwertendes Frauenbild wird in der Darstellung Ninianes kenntlich. Obwohl diese Druidin in Wahrheit das Begräbnis Merlins leitete und sein unsterbliches Sein mit dem Wald von Broceliande verflocht, wurde sie in der Nachdichtung zu seiner Feindin, die ihn unter Einsatz erotischer Raffinesse in eine Höhle lockte und ihn dort mit Hilfe seiner eigenen »Zaubersprüche« für alle Ewigkeit festbannte.

Es gibt keinen Zweifel, daß die »poetischen« Machenschaften derjenigen, die das keltische Epos auf diese Weise verfälschten, schweren Schaden anrichteten. Trotzdem blieb die Substanz der einzigartigen Bardendichtung durch all die Jahrhunderte der christlichen Verdunkelung erhalten; ihre innerste Kraft erwies sich letztlich trotz der vielfältigen Übertünchungen als unzerstörbar. Es gelang den Verbündeten des Weißen Drachen nicht wirklich, den uralten Erzählungen ihre Magie zu rauben; außerdem wurde das Vermächtnis Merlins jenseits der offiziellen, von der Kirche sanktionierten literarischen Darstellungsweise heimlich in seiner ursprünglichen Form bewahrt. Denn auch im Mittelalter und in der frühen Neuzeit lebten in den keltischen Regionen Westeuropas noch echte Barden im zumeist ärmlichen Gewand fahrender Sänger, welche die unverfälschten Texte hüteten und sie auf den Dorfplätzen, in den Tavernen oder bei den traditionellen Jahreskreisfesten heidnischen Ursprungs vortrugen. So, indem sie abseits der sogenannten großen Welt tradiert wurden, konnten die Dichtungen nach wie vor Widerhall in den Herzen vor allem der »einfachen« Leute finden und von Generation zu Generation weitergegeben werden.

Darüber hinaus existierten immer kleine Gruppen Eingeweihter, die das heidnische Wissen nie verloren hatten: die Hagazussa oder Hexen, die vom 12. bis zum 18. Jahrhundert unter fürchterlichen Verfolgungen litten und dennoch unbeirrt und mit äußerster Tapferkeit an ihrer heidnischen Spiritualität festhielten. Der Begriff Hagazussa bedeutet »Zaunreiter« und bezeichnet die Fähigkeit eines initiierten Menschen, sich auf der Grenze zwischen Diesseits- und Anderswelt zu bewegen, beziehungsweise sie zu überschreiten. Die Hexen waren infolgedessen direkte geistige Nachfahren der Druiden, und bei ihren Versammlungen tief in den Wäldern nutzten sie die Ausstrahlungen heiliger, oft in Hainen gelegener Plätze nicht anders als lange vor ihnen die *Großen Wissenden* der keltischen Kultur. In ihrem Tun bestand der Geist des Eichenhaines von Camelot fort; sie verwirklichten in ihren kleinen Zirkeln im Begreifen der engen Verflechtung allen Daseins das Prinzip des Miteinander und hielten dadurch Merlins Vermächtnis des Runden Tisches lebendig.

Ferner taten die Hexen, zum Beispiel als Heilkundige, Hebammen oder Psychotherapeutinnen, die mit schamanischen Methoden arbeiteten, viel Gutes und handelten auch darin im Sinne des Roten Drachen. Die Bewohner der abgeschiedenen Dörfer, in deren Nähe die Hagazussa ihre einsamen Behausungen hatten, wußten dies zu würdigen. Sie versuchten daher nicht nur, die Hexen vor den Nachstellungen von Kirche und Inquisition zu schützen, sondern ließen sich teils sogar in die Weisheit der Hagazussa einführen, und auch auf diesem Weg überlebte druidisches Gedankengut.

So wurde das Erbe von Camelot bis ins letzte Quartal des christlich dominierten »Fische«-Zeitalters hinübergerettet, an dessen Ende Humanismus und Aufklärung die Demokratisierung des Abendlandes mit sich brachten. Und nachdem der Wert geistiger Freiheit allmählich wieder erkannt wurde, konnte auch eine Renaissance des alten paganen Wissens erfolgen; allerdings ist dieser Prozeß noch längst nicht abgeschlossen. Zwar ist in allen demokratischen Verfassungen, welche diesen Namen verdienen, die weltanschauliche Neutralität des Staates festgeschrieben, doch wo immer es den oft sehr starken christlichen Parteien und Interessengruppen möglich ist, wird dieses Toleranzgebot schamlos unterlaufen. Ein Beweis dafür ist die Unterscheidung zwischen staatlich geförderten Amtskirchen, die als vollwertige Religionsgemeinschaften anerkannt werden, und anderen Glaubensrichtungen, die man als Sekten abqualifiziert. Wenn es dann auch noch um Menschen geht, die sich offen zum europäischen Heidentum bekennen, sich also beispielsweise als moderne Hexen bezeichnen und auch nach außen hin entsprechend leben wollen, dann ist der Diskriminierung gerade in »konservativen« Gegenden Tür und Tor geöffnet.

Derartige Verblendung stärkt die negative Macht des Weißen Drachen und schadet der Gesellschaft insgesamt, die dadurch an positiven und zukunftsweisenden Möglichkeiten verliert. Deshalb muß solch intolerantem Verhalten sehr entschlossen entgegengetreten und die Freiheit des neuen heidnischen Denkens um so entschiedener verteidigt werden. Nur so kann die gute Kraft des Roten Drachen auch in derzeit noch verfinsterten Regionen Europas wirksam werden und dort ebenso leuchten wie an jenen Orten, wo die Befreiung heidnischer Traditionen bereits erkämpft wurde. Auf dem Twr der einstigen Ynys Avallach ist diese pagane Faszination längst wieder zu spüren, und wir wollen ihn aus diesem Grund gleich noch einmal aufsuchen.

Als ich zum ersten Mal in meinem gegenwärtigen Dasein wieder die Erde von Avalon betrat, hatte ich einen in meiner bayerischen Heimat geschmiedeten Torques bei mir. Am Fuß des Twr streifte ich den keltischen Halsring über den Kopf und trug ihn gleich einer Botschaft aus dem Herzen Europas auf den heiligen Berg, in dessen Innerem eineinhalb Jahrtausende zuvor Arthur seine letzte Initiation durch Merlin erfahren hatte.

Ganz allein für mich bestieg ich die höchste Erhebung der einstigen Ynys Avallach; dann jedoch, als ich oben angelangt war, nahmen mich Dutzende keltischer Schwestern und Brüder in ihre Gemeinschaft auf. Es geschah ganz schlicht, indem wir uns in die Augen blickten und uns still als heimgekehrte Wiedergeborene erkannten; kein Wort fiel, während ich einem nach dem anderen dieser mir völlig fremden und dennoch zutiefst vertrauten Menschen begegnete. Es war nicht nötig, uns gegenseitig das Miteinander im keltischen Geist zu versichern; die innere Gemeinsamkeit war ganz einfach vorhanden, und nach außen hin wurde sie an jedem einzelnen von uns zusätzlich sichtbar: durch einen Triskel, den ein Mädchen zum Zeichen seiner Verbundenheit mit der Dreifachen Göttin auf der Brust trug; den eisernen Torques, der um meinen Hals lag; den Knotenstock mit dem geschnitzten Bildnis des gehörnten Gottes Cernunnos, den ein graubärtiger Alter mit sich führte; durch das in grünen und weißen Karomustern, den kimmrischen Farben, gewebte Kleid einer Frau mit hüftlangem, rotem Haar; eine Drachentätowierung auf dem Unterarm eines jungen Mannes sowie andere unverwechselbare Kennzeichen des in seiner Symbolsprache so reichen Keltentums.

Ich wußte, daß meine Schwestern und Brüder nicht nur aus den verschiedenen Teilen Britanniens zum Twr Avallach gekommen waren; viele von ihnen waren bedeutend

»Bedd Taliesin«, das Steinkammergrab des Barden Taliesin in Wales. In einer ähnlichen »Höhle« könnte Merlin auf der Insel Bardsey (Ynys Enlli) beigesetzt worden sein.

weiter gereist, um in der intuitiven Begegnung mit Gleichgesinnten seelische Heimat und Geborgenheit zu finden. Sie kamen aus ganz Europa und Übersee, und das, was ihr innerstes, unzerstörbares Wesen ausmachte, hatte für diesen einen Tag Jahrhunderte und Jahrtausende durchmessen.

Sie hatten im La-Tène, zur Zeit Arthurs und in der schier unendlich langen Epoche der Unterdrückung und Verfolgung gelebt; sie hatten die herrliche heidnische Freiheit in vorchristlicher Zeit gekannt, hatten später während der Freiheitskämpfe von Boudicca und Vercingetorix auf den Sieg gehofft, hatten das Rauschen der Eichen im Hain von Camelot vernommen und hatten, neunhundert Jahre nach dem Tod des Rhiotam, an der Seite Owain Glyndwrs gefochten. Sie waren Hagazussa in den Wäldern Mitteleuropas gewesen und Opfer der Inquisition in spanischen Kerkern, waren in irischen Häfen an Bord der Segelschiffe gegangen, die sie nach Amerika brachten, und waren aus Cornwall, Wales und Schottland bis Australien deportiert worden. Aber niemals hatten sie, auch wenn sie noch so viele Tode gestorben waren, ihre Wurzeln vergessen; in jedem Leben neu hatten sie aus der Quelle der Erinnerung getrunken und hatten die von Merlin prophezeite umfassende Wiedergeburt des keltischen Bewußtseins und damit die Erneuerung des Abendlandes in paganer Schönheit erwartet.

An diesem Tag in Avalon, da ich meinen Torques zum ersten von drei heiligen Orten trug (im weiteren Verlauf der damaligen Reise brachte ich ihn auch nach Camelot und zum Grab des großen Barden Taliesin, der einer von denen war, die Merlins poetisches Vermächtnis weitergaben), begriff ich, wie nahe die Zeit nun schon ist, in der Europa seine so lange unterdrückte wahre Identität wiederfinden wird. Schon verschwindet das Sternzeichen der »Fische« am nächtlichen Firmament und erhebt sich der »Wassermann«, der imstande ist, sich mit der Dreifachen Göttin zu paaren. Sobald dies geschieht, wird der Runde Tisch von Camelot von neuem errichtet werden, und seine Kraft, die sowohl aus dem Geist der Großen Erdmutter als auch aus dem guten Willen der Menschen entsteht, wird wie im La-Tène über das gesamte Abendland ausstrahlen. Sehr viele Kreise des Miteinander ähnlich dem, der sich an jenem Tag auf dem Twr der Ynys Avallach zusammenfand, werden sich zum europäischen Rund fügen: zum Drunemeton, der Großen Versammlung des reinkarnierten heidnischen Keltentums, das dann wieder im Einklang mit sich selbst, der Natur und den wahren Göttern lebt.

Noch aber ist das negative Prinzip nicht überwunden; gerade weil sein Untergang nahe ist, bäumt es sich, von äußerstem Haß erfüllt, zu seinem letzten Kampf gegen den Roten Drachen auf. Doch abermals können wir, wenn wir uns dieser Auseinandersetzung stellen, auf Merlin vertrauen. Denn mit seinem dritten Vermächtnis gab er uns die Waffe in die Hand, die wir benötigen, um den Sieg des Keltentums zu erringen.

FÜNFTES BUCH

Merlins Vermächtnis: Die Wiederkehr der alten Götter

Das wahre Wesen des Grals

Im letzten Drittel des Hollywood-Epos *Excalibur*, das angeblich die Geschichte von Camelot erzählt, in Wahrheit aber ähnlich wie der Film *Merlin* nicht im mindesten echtes keltisches Gedankengut vermittelt, brechen die »Ritter der Tafelrunde« reihenweise zur Gralssuche auf. Sie durchqueren dabei Gebirge, Wüsten und bedrohliche Fantasy-Forste, um zuletzt allesamt zu scheitern und zur Strafe dafür in einem Wald von Galgenbäumen gehenkt zu werden. Der Gral bleibt unerreichbar für sie; am Ende steht für die einst so strahlenden Helden nichts weiter als Verzweiflung und Tod.

Immerhin bietet Hollywood damit eine neue Variante des seit dem Hochmittelalter in ganz Europa verbreiteten Gralsmythos an. Seit dem 12. Jahrhundert entstanden zahlreiche Bearbeitungen des uralten Stoffes, der in seinem Kern ohne Zweifel hochinteressant ist, weil er auf keltisches Gedankengut zurückgeht. Doch keinem der Interpreten – egal ob Chrétien de Troyes, Wolfram von Eschenbach oder zuletzt Richard Wagner, um nur die berühmtesten zu nennen – gelang es, das wahre Wesen des Gral wieder ans Licht treten zu lassen. Vielmehr verloren sie sich auf den Irrwegen, auf die christliche Denkschablonen und Traditionen sie leiteten, so daß sie – ganz wie Parzival, der bekannteste Gralssucher des Christentums – letztlich »tumbe Toren« blieben.

Diese Wertung soll weder die genannten noch andere ernsthafte Künstler, die sich mit dem Thema beschäftigten, abqualifizieren; sie alle leisteten in rein kreativer Hinsicht

Bedeutendes. Aber die tatsächliche Gestalt des Grals erblickten sie nicht; ihre Augen waren nicht scharf genug, um das Dunkel zu durchdringen. Deshalb verirrten sie sich und wichen in den Bereich der christlichen Legendenbildung aus, wodurch eine ganze Reihe frommer Geschichten entstand, die noch zusätzlich zur Verfinsterung der Wahrheit beitrugen.

Zumeist sah man im Gral, der im Altfranzösischen ursprünglich als San Graal (heiliger Kelch) bezeichnet wurde, das Gefäß, in dem Joseph von Arimathea am Kreuz das Blut Christi aufgefangen haben sollte. Angeblich handelte es sich dabei um denselben Becher, aus dem der christliche »Erlöser« und seine Apostel bereits beim Letzten Abendmahl getrunken hätten und der durch den Kreuzestod Jesu noch einmal ganz besonders geheiligt worden sei. Dadurch, so die ältesten mittelalterlichen Gralstexte, sei der Pokal von göttlicher Kraft erfüllt worden, die denjenigen, die ihn an ihre Lippen führten oder auch nur ansähen, ewiges Leben schenke. Pech war nur, daß niemand wußte, wo dieser San Graal denn nun eigentlich zu suchen sei, weshalb er auch reines Phantom blieb. Dies schreckte jedoch gewisse religiös motivierte Abenteurer niemals ab, dem geheimnisvollen Kelch mit irrationaler Besessenheit nachzuspüren. Im Mittelalter wurde das Gefäß vor allem auf einem entrückten Berg namens Monsalvatsch beziehungsweise Mons Salvaiges (altfranzösisch: bewaldeter Berg) vermutet. Vorzugsweise bemühte man sich, ihn in den Pyrenäen zu finden, und noch in der Neuzeit bis ins 20. Jahrhundert wurden regelrechte Expeditionen dorthin durchgeführt.

Seit dem Hochmittelalter waren dem Gral weitere wundersame Eigenschaften angedichtet worden, und selbst seine Beschaffenheit hatte sich in der Phantasie der Gläubigen im Lauf der Zeit verändert. Oft sah man in ihm nun statt eines Bechers einen Edelstein von überdimensionalen Ausmaßen, der aufgrund göttlicher Gnade nicht nur beständige Jugend, Unverwundbarkeit und Lebensglück verleihe, sondern auf den Wunsch seines Besitzers hin, zudem die herrlichsten Speisen und Getränke spende. Im Prinzip war San Graal damit zu einer Art Tischleindeckdich auf dem Unterbau biblischer Paradiesvorstellungen geworden, aber nach wie vor konnte niemand von sich sagen, ihn je gesehen oder berührt zu haben, weshalb die Verfechter des Glaubens an ihn einen typisch christlichen Ausweg fanden. Da die reale Existenz des Grals nicht zu beweisen war, wurde kirchlicherseits ab dem 13. Jahrhundert einfach behauptet, er nehme einzig vor den Augen eines absolut sündenfreien Menschen Gestalt an, und weil kein Gralssucher aus Fleisch und Blut diese Voraussetzung zu erfüllen vermochte, konnte der ominöse Gegenstand von da an zumindest auf der theologischen, also irrationalen Ebene weiterexistieren.

Objektiv betrachtet ist der christliche Gral nicht mehr und nicht weniger wert als die in den Evangelien nachzulesende Prophezeiung Jesu, wonach noch zu Lebzeiten seiner Jünger der Jüngste Tag anbrechen werde. Interpretiert man diese Aussage, so wie es die Urchristen taten, als Ankündigung des Weltunterganges, dann hätte ihr Urheber sich durch sie als Scharlatan entlarvt. Weiß man hingegen, daß Jesus mit der Metapher des Jüngsten Tages den Beginn des »Fische«-Zeitalters ansprechen wollte, das im ersten nachchristlichen Jahrhundert die Epoche des »Widders« ablöste, dann bekommen die Worte Sinn; freilich drücken sie etwas ganz anderes aus als das, was die Theologen aller

Zeiten aus ihnen herauslesen wollten. Und ähnlich verhält es sich mit dem Gral; auch sein wahres Wesen kann nur dann aufgedeckt werden, wenn man sich von den seit der Christianisierung Europas tradierten Vorstellungen löst und zurück zu den Wurzeln geht – die einmal mehr im Keltentum zu finden sind.

Hätten die mittelalterlichen Dichter wie Chrétien de Troyes oder Wolfram von Eschenbach dies getan und sich ganz einfach von den ursprünglichen Bezeichnungen für den Gral leiten lassen, so wären sie, keltisches Bewußtsein vorausgesetzt, auf der richtigen Spur gewesen. Denn in den beiden oben angeführten altfranzösischen Begriffen, die mit dem Rätsel zu tun haben und ohne Zweifel auf gallische Quellen zurückgehen, sind sehr deutliche Hinweise enthalten. San Graal bedeutet »heiliger Kelch«, während es sich bei einem Mons Salvaiges um einen »bewaldeten Berg« handelt, und wir wollen diese Umschreibungen nun auf ihren heidnischen Hintergrund hin abklopfen. Das Ergebnis, soviel sei gleich eingangs verraten, wird faszinierend sein; unter anderem deswegen, weil es uns zurück nach Camelot und Avalon führt, wo Merlin als druidischer Weisheitslehrer wirkte.

Beginnen wir mit dem zunächst scheinbar reichlich nichtssagend erscheinenden Terminus »Mons Salvaiges«. Scheinbar nichtssagend deshalb, weil es bewaldete Berge überall in Europa in sehr großer Zahl gibt und sich auf den ersten Blick nicht nachvollziehen läßt, warum einer davon etwas Besonderes sein sollte. Wenn wir uns jedoch vorstellen, daß auf einer solchen Erhebung kein gewöhnlicher Forst, sondern eine Gruppe ganz bestimmter Bäume steht, dann wird der Sinn sofort klar. Mons Salvaiges meint einen Berg oder Hügel, der ein Baumheiligtum trägt: einen Druidenhain, wo sich die *Großen Wissenden* der Kelten zu ihren spirituellen Zusammenkünften versammelten.

Genau dort soll sich, wiederum nach altfranzösischer, beziehungsweise gallischer Überlieferung, San Graal befinden: der geheimnisvolle heilige Kelch. Setzen wir nun statt dieses Kelches den relativ ähnlichen Begriff Kessel, der im keltischen Sprachgebrauch sehr oft Synonym für eine Quelle ist, so springen die Zusammenhänge sofort ins Auge. Häufig nämlich standen die Druidenhaine in Verbindung mit heiligen Quellen, denn diese besaßen in der Metaphysik des Keltentums sehr hohe Bedeutung. In ihnen manifestierte sich die Göttin Brigid oder Brighde, die in dieser speziellen Gestalt dem mittleren oder mütterlichen Aspekt der Dreifachen Göttin Ceridwen entspricht: der gebärenden Erdmutter, die immerwährend neues Leben in all seinen vielfältigen Erscheinungsformen hervorbringt.

Wenn wir diese verschiedenen Mosaiksteine zusammensetzen, dann können wir das wahre, pagane Wesen des Grals jenseits der in die Irre führenden christlichen Übertünchung erkennen. Es handelte sich um ein keltisches Naturheiligtum auf einem Berg, in dessen Zentrum sich die mütterliche Quelle Ceridwens befand; ringsum stand das Rund spirituell aufgeladener Bäume eines Druidenhaines. Die *Großen Wissenden*, die dort in inniger geistiger Verflechtung mit Pflanzen, Erde und Wasser meditierten, waren aufgrund ihrer tiefen Erkenntnis der Natur der Dreifachen Göttin imstande, sich in Einklang mit der Unerschöpflichkeit des Daseins zu bringen – und auf diese Weise vermochten sie das Mysterium der Überwindung des Todes zu entschlüsseln.

Eine dunkle Erinnerung daran blieb selbst in der christlichen Legendenbildung um den Gral bewahrt, wo es, zumindest in den ältesten Versionen, ebenfalls um beständige Jugend oder ewiges Leben ging. Freilich waren die Priester des Kreuzes und die von ihnen in geistige Blindheit geführten Gläubigen schon im Mittelalter nicht mehr fähig, hinter den Schleier der Legenden zu blicken. Keiner von ihnen entdeckte den Gral, und dies verwundert nicht, denn das Christentum hatte schließlich alles darangesetzt, das alte heidnische Wissen mit Stumpf und Stiel auszurotten. Die wenigen überlebenden Druiden, respektive ihre geistigen Nachfahren wie die Hagazussa waren in den Untergrund getrieben worden; man hatte sie gezwungen, ihre Weisheit im Schutz ihrer letzten Refugien zu verbergen, und damit war sie für das allgemeine Bewußtsein des Abendlandes verloren.

In der Abgeschiedenheit der Natur hingegen, wohin sich die Erben der *Großen Wissenden* zurückgezogen hatten, wurde der Gral nach wie vor gehütet. Noch immer schöpften dort einzelne Menschen aus dem Kessel des Lebens und nutzten seine metaphysische Kraft; sie benötigten dazu weder einen goldenen Kelch noch Edelsteine, noch sonst irgendwelche Äußerlichkeiten. Denn Ceridwen selbst schenkte ihnen an vielen einsamen Orten, was sie brauchten, um den Einklang mit ihr, der Dreifachen Göttin, zu finden: schlicht eine von Bäumen oder anderen Pflanzen umstandene Quelle. Und wenn diejenigen, welche die alte heidnische Weisheit ganz so wie zur Zeit Merlins sowohl in ihrem Denken als auch in ihrem Herzen trugen, sich an einem solchen Platz zur Meditation niederließen, dann wurden sie eins mit dem Wesen des Grals. Sie mußten sich nur ins Weben der Erde, in das Flüstern des Laubes und das Rieseln des Wassers versenken, um das Geheimnis von Leben und Tod und daraus wiederum der Unsterblichkeit zu begreifen.

Auch wir können dies, zumindest ansatzweise, hier und jetzt tun. Es genügt, wenn wir uns das Bild einer Quelle vergegenwärtigen, die irgendwo in der Stille eines Waldes entspringt. Aus einem Erdspalt zwischen ein paar Steinen dringt das Rinnsal, sucht sich seinen Weg zwischen Farnbüscheln und plätschert ein paar Schritte weiter einen flachen Hang hinab. Am Fuß des Hügels beginnt der kleine Quellstrom zu mäandrieren, tastet sich hierhin und dorthin, bildet schließlich einen winzigen, wie verwunschen wirkenden Teich, auf dessen Grund farbiges Laub ruht. Am Überfluß haben sich Sumpfdotterblumen eingewurzelt; das Wässerchen umspült ihre Stengel und gelangt von dort aus tiefer in den leicht abschüssigen Talgrund. Es folgt der Senke und vereinigt sich nach einigen hundert Metern mit einem zweiten Rinnsal; etliche Kilometer entfernt, wo sich das schmale Tal in eine Aue öffnet, hat das Bächlein weitere Zuflüsse in sich aufgenommen und ist zu einem mehrere Fuß breiten Bach geworden.

Dieser wiederum mündet in einen Fluß, der allmählich zum Strom wird und zuletzt das Meer erreicht. Scheinbar ist das Quellwasser, das seinen Lauf im Inneren des Kontinents begann, damit an seinem Ziel angelangt, doch in Wahrheit setzt es seinen Weg fort. Denn es vermischt sich mit den Fluten des Ozeans und hat teil an seiner schier unendlichen Weite; es bewegt sich im gewaltigen Rauschen der großen Strömungen und atmet im kosmischen Rhythmus von Ebbe und Flut. Es sinkt in die unterseeischen Täler hinab, steigt dann wieder empor an die Oberfläche, wo sich die Wellen brechen, die Gischt schäumt und es selbst zu Wasserstaub wird. Weil die Sonne an diesem Tag stark strahlt, verdunstet das Rinnsal, das viele Jahre zuvor aus der Walderde sprudelte; die Glut des Gestirns hebt es empor zum Firmament, und der Wasserdampf wird eins mit den dahinziehenden Wolken. Die nun treiben irgendwann wieder über festes Land; ihr Schatten gleitet über ein Tal und einen abgeschiedenen Hügel, und dort beginnt der Regen zu fallen. Sanft streicht er zwischen die Bäume auf der Kuppe der Erhebung; die Tropfen benetzen die Erde und dringen sachte in sie ein, um sich erneut in ihrem Geäder zu sammeln und abermals zu einer Quelle zu werden.

Diesen faszinierenden Kreislauf der Natur verinnerlichten die wahren Gralssucher, wenn sie an einem Born meditierten. Wir haben es ihnen gerade nachzutun versucht und wollen den Gedankengängen jener inspirierten Menschen nunmehr noch ein Stück weiter folgen. Zunächst, diese Assoziation bietet sich förmlich an, läßt sich das Prinzip der globalen Wasserzirkulation sehr gut auf den Lebenszyklus der Pflanzen nahe unserer Quelle übertragen. Auch die Farne, Sträucher und Bäume dort entsprießen aus ihrem in der Erde geborgenen Samen, wachsen auf, blühen, reifen und vergehen wieder im scheinbaren Tod. Aber auf diesen einen Lebenszyklus folgt der nächste, wobei der junge Same im Humus des erloschenen Daseins keimt, so daß das Ende des alten Kreislaufs zugleich der Beginn des neuen ist.

Was für Quelle und Pflanze gilt, trifft in ganz ähnlicher Weise auf Tier und Mensch zu. Die Druiden und all diejenigen, die das Erbe des Keltentums nach dessen scheinbarem Untergang bewahrten, wußten darum, und ihre Weisheit drückte sich ganz konkret noch bis vor wenigen Generationen in einem auf keltische Wurzeln zurückgehenden Begräbnisbrauch des österreichischen Waldviertels aus. Dort legte man, wie die Keltologin Martha Sills-Fuchs in einem ihrer Bücher berichtet, den Verstorbenen kurz vor der Beisetzung einen Fichtensamen unter die Zunge, damit der Geist des Toten in dem aus seinem verwesenden Leib aufwachsenden Baum weiterleben sollte. Vielleicht war es sogar so, daß die Seele Merlins von der Druidin Niniane auf genau dieselbe Art mit dem Weißdorn verknüpft wurde; auf jeden Fall erkennen wir hier wiederum das Prinzip der Umwandlung eines zu seinem natürlichen Ende gekommenen Daseins in ein anderes, wobei die Grenzen zwischen den unterschiedlichen äußeren Lebensformen fließend sind.

Das unzerstörbare Ich eines Menschen kann sich, nachdem es sich im Tod von seinem verbrauchten Körper gelöst hat, in jeder beliebigen neuen materiellen Form manifestieren. Es ist möglich, daß diese Brücke der Seelenwanderung, respektive Wiedergeburt direkt von einem Verstorbenen zu einem Neugeborenen geschlagen wird; ich erlebte es selbst, als das zweite Kind meiner Schwester zur Welt kam und ich in den Augen des Säuglings nicht nur intensivstes Wissen um das »Jenseits«, sondern auch das unverwechselbare Wesen eines Onkels erkannte, der wenige Monate zuvor begraben worden war. Einen ganz anderen Weg ging, den andersweltlichen Pfaden folgend, Merlins Geist, der sich über den Weißdornstrauch in die Unendlichkeit des Waldes von Broceliande ausweitete und von dort aus wirkt, bis er abermals in menschlicher Gestalt wiederkehrt. Ebenso erfolgen Reinkarnationen, wie gleichermaßen indische und keltische Weise lehrten, indem tierische, scheinbar unbelebte oder sogar astrale Daseinsformen angenommen werden; der walisische Barde und Druide Taliesin, der in Camelot ein enger Vertrauter von Arthur und Merlin war, drückte die unendlich vielen Möglichkeiten in einem seiner berühmtesten Gedichte folgendermaßen aus:

VERWANDLUNGEN

Ich war da in vielen Erscheinungsformen,
ehe ich die mir gemäße Gestalt fand.
Die schmale Schwertklinge war ich
und bin die vergoldete Lanze gewesen.
(Und werde sie wiedererkennen,
wenn sie sich mir von neuem zeigen.)
Ich war ein Regentropfen in der Luft
und war ein leuchtender Stern am Himmel.
Das Wort in einem Buch war ich
und bin im Beginn ein Buch gewesen.
Ich war das Licht in einer Lampe,
dreimal in Folge, je eine Zeit.
Eine Brücke war ich und spannte mich
über dreimal zwanzig Flüsse.
Als Adler kreiste ich in den Lüften
und durchpflügte als Schiff das Meer.
In der Schlacht führte ich die Krieger,
war das Band an der Windel des Säuglings.
Das Schwert in einer Hand war ich
und das Schild im Kampf.
Eine Harfensaite bin ich gewesen,
neun Jahre lang,
dann vom Zauber gebannt für ein Jahr
in das Gischten des Meeres.
Ich war der Schürhaken im Feuer
und war ein Baum tief im Dickicht.
Nichts existiert, mit dessen Wesen
ich mich nicht verbunden hätte.
Wasser und Schaum bin ich gewesen,
ebenso der Schwamm, der im Feuer glüht.
Bin in der Tat ein geheimnisvolles Holz.

Was Taliesin hier poetisch formulierte, findet seine Entsprechung in der Aussage eines gallischen Druiden, die von einem spätantiken griechischen Philosophen überliefert wurde. Es heißt dort sinngemäß, die Tode seien nichts anderes als Knoten oder Verknüpfungen zwischen den Abschnitten eines sehr langen Lebens. Ähnlich wie der Born, der am Anfang unserer Betrachtung stand, findet also auch jedes menschliche Dasein wieder und wieder zu seiner Quelle zurück, um sodann einen neuen Lebenskreislauf zu beginnen. Ziel dieser immerwährenden Umwandlung, die auf dem Weg einer ständigen Wanderung sowohl zwischen Diesseits- und Anderswelt als auch durch die unterschiedlichsten körperlichen Existenzen erfolgt, ist der Aufstieg jeder einzelnen Seele, bis schließlich die vollkommene Verschmelzung mit dem alles umfassenden Wesen des Göttlichen und damit kosmische Erleuchtung erreicht ist.

Jeder Mensch, der dies verinnerlicht, hat das wahre Wesen des Grals erkannt. Er erblickt vor sich den Kessel des Lebens: den ewig gebärenden Schoß Ceridwens, der jeglichen körperlichen Tod überwindet, weil er den Geist eines Verstorbenen in das Gewand eines neuen Leibes kleidet. Hier liegt das Geheimnis der Unsterblichkeit, und diese Erkenntnis schenkt uns das Wissen, daß der Tod nichts weiter als ein Schlaf ist, aus dem wir verjüngt wieder erwachen. Wir alle sind geborgen im Kreislauf unseres unzerstörbaren Daseins und besitzen – so wir uns keltische Weisheit zu eigen machen – die Gewißheit, daß wir wieder aus unserem Grab auferstehen werden.

Das Christentum, welches das tatsächliche Antlitz des Grals bis zur Unkenntlichkeit verfälschte, weil seine Priester das heidnische Wissen fürchteten, stürzte Abermillionen Gläubige über zwei Jahrtausende hinweg in metaphysische Orientierungslosigkeit und daraus resultierende, tief eingewurzelte Lebensangst. Die schrecklichen Zwangsvorstellungen hinsichtlich des Todes, welche die christliche Religion hervorbrachte, sind der schlagende Beweis dafür. Weil die frühen Christen in ihrem Unwissen nicht nur an die baldige Wiederkunft Jesu in seinem alten Leib, sondern auch an die konkrete körperliche Auferstehung ihrer Verstorbenen zu diesem Zeitpunkt glaubten, wurden etwa im antiken Rom Tausende von verwesenden Leichen in den Wohnräumen der Häuser aufbewahrt, was natürlich zum Ausbruch furchtbarer Seuchen führte. Später, nachdem die Theologen die Wiederkehr Christi notgedrungen für das »Ende der Zeiten« proklamiert und damit realiter auf ein Nirgendwann verschoben hatten, traten an die Stelle der Leichenhortung andere krankhafte Verirrungen wie zum Beispiel der Reliquienkult, der das Abendland mit den Körperteilen obskurer Heiliger und Märtyrer förmlich überschwemmte.

Was weiter das christlich definierte Leben nach dem Tod angeht, so brachte die Religion des Kreuzes auch hier entsetzliche Obsessionen hervor. Wiedergeburt, respektive Seelenwanderung wurde strikt geleugnet; statt dessen unterteilten die Priester ihr Jenseits in eine Art Vorhölle namens Fegefeuer sowie die Hölle selbst und als Gegensatz dazu den Himmel. Von diesen einzig ihrer psychotischen Phantasie und ihrer Ignoranz entsprungenen Orten behaupteten die Kleriker, sie seien nach einem einmaligen menschlichen Leben quasi die Endstation. Wer fundamental gegen den christlichen Glauben gesündigt habe, lande unweigerlich in der Hölle und müsse dort ewige Folterqualen der schlimmsten Art erleiden; alle anderen Toten – mit Ausnahme der Heiligen, die sofort in den Himmel aufgenommen würden – gingen zunächst in das Fegefeuer ein, um dort über einige Jahrtausende oder auch Jahrmillionen hinweg eine abgeschwächte Form der Höllenqualen durchzustehen, bis sie zuletzt dadurch geläutert und des Himmels würdig seien.

Jede vernünftige Auskunft darüber, wie man sich diesen biblischen Himmel eigentlich vorzustellen habe, blieben die Theologen bis auf den heutigen Tag schuldig, wenn man einmal davon absieht, daß die Gläubigen dort, wie es in den Evangelien heißt, zur Rechten ihres »Gottes« sitzen dürften. Dies ist offenkundiges Zeugnis für eine außerordentlich unterentwickelte Spiritualität – um so exzessiver freilich malten die Priester die Zustände in Fegefeuer und Hölle aus. Wer die einschlägigen Schriften liest und sich dabei ein objektives Urteil bildet, wird erkennen, daß deren Autoren durchwegs Psychopathen waren, die ihre eigenen irrationalen Ängste auf das »Jenseits« übertrugen. Insgesamt gesehen ist die christliche »Lehre von den letzten Dingen« ein einziger Irrtum, der den Gläubigen dieser Religion eine völlig falsche, furchteinflößende Vorstellung vom Tod vermittelt; das Christentum hat seine wahre Natur und damit seinen Sinn schlicht nicht begriffen.

Das keltische Heidentum hingegen, dessen *Große Wissende* einen ganzheitlichen Erkenntnispfad einschlugen, indem sie auf der Basis der Naturbeobachtung verstandesmäßiges und intuitives Lernen konsequent miteinander verbanden, bietet den »Gralsweg« an, der die Furcht vor dem Tod gegenstandslos macht. Wer ihn verinnerlicht, gewinnt die angstfreie Gewißheit, im ewigen Kreislauf der göttlichen Erneuerungskraft und Liebe geborgen zu sein.

Die Göttin Ceridwen, die in ihrer ersten Gestalt als junge Frau, junge Pflanze oder Quelle auftritt, sodann zur Mutter, zum Baum und zum Strom wird, um sich in ihrer dritten Gestalt als weise Greisin, vergehende Pflanze oder über den Himmel treibende Wolke in ihre eigene Wiedergeburt zu verwandeln, beweist es uns. Wir müssen lediglich die uns anerzogenen geistigen Scheuklappen ablegen, um sie in ihrer ganzen vollkommenen Schönheit zu erkennen – und zu wissen, daß der Tod uns nichts raubt, sondern uns im Gegenteil reich beschenkt.

Am Beispiel des Grals, den wir hiermit gefunden haben, sollte der Unterschied zwischen heidnischer und christlicher Metaphysik deutlich gemacht werden: zwischen der alten Lehre, die um das wahre Antlitz des Göttlichen in seinen vielfältigen Erscheinungsformen in Gestalt der einzelnen, miteinander korrespondierenden paganen Gottheiten wußte, und der Bibelreligion, welche dieses Wissen niemals besaß und die Menschen durch die ganze Macht der Kirchen – von der Zwangsmissionierung früherer Zeiten bis zur Ausübung politischen und sozialen Drucks noch heutzutage – stets dazu zwingen mußte, blind zu glauben. Einzig auf der Basis metaphysischen Wissens in absoluter geistiger Freiheit jedoch werden wir imstande sein, das jetzt anbrechende Zeitalter positiver als das vergangene zu gestalten; konkret kann das geschehen, indem das Abendland seine heidnischen Wurzeln wiederfindet.

Schon vor fünfzehnhundert Jahren prophezeite Merlin, daß die Wende mit dem Übergang des Sternzeichens der »Fische« zu dem des »Wassermanns« eintreten werde. In seinem Vermächtnis von der Wiederkunft der alten Götter zeigte er uns den rettenden Weg auf – einen zutiefst befreienden Pfad, wie unsere pagane Gralssuche bewiesen hat.

Doch die Lehre, die der Druide von Camelot für uns bereithält, ist damit keineswegs erschöpft; im nächsten Kapitel werden wir weitere Aspekte der Schönheit des Heidentums – aber auch der Verblendung seiner Gegner – kennenlernen.

Die Fülle des heidnischen Geistes

Merlin, der letzte große Lehrer des abendländischen Heidentums, schöpfte aus der Fülle einer vieltausendjährigen paganen Vergangenheit Europas und gab diese Weisheit in seinem Vermächtnis an die Völker der Zukunft weiter. Weil sich der Druide von Camelot in innigem Einklang mit dem Wesen der alten und zugleich ewigen Götter befand, war er von tiefer Humanität beseelt. Er, der in einer Epoche schrecklicher Wirren und Kriege lebte, trat für das Ideal des friedlichen, gleichberechtigten und konstruktiven Miteinander aller Menschen ein und drückte dies zeitlos gültig in seiner Vision des Runden Tisches aus. Dennoch sah sich Merlin gezwungen, zusammen mit Arthur den Freiheitskampf der britannischen Kelten anzuführen, und nach dem Tod des Rhiotam griff er, jetzt in seiner Eigenschaft als Rhi der Demetier, noch einmal zu den Waffen, um Seite an Seite mit dem nordwalisischen König Gwenddolau gegen Rhydderch Hael, den »Christenfürsten«, zu Felde zu ziehen.

Gerade vor dem Hintergrund dieses letzten Kriegszuges wird der Konflikt deutlich, in dem sich Merlin zeitlebens befand. Einerseits ersehnte er wie niemand sonst den Frieden, andererseits kannte er die Bösartigkeit des Weißen Drachen nur zu gut und wußte, daß es nötig war, ihn auch auf dem Schlachtfeld zu bekämpfen. Und wenn er diese Realität nicht leugnen wollte – was dem druidischen Ethos der inneren Wahrhaftigkeit widersprochen hätte–, mußte er sich der Herausforderung stellen. Die Notwendigkeit dazu bestand in der Auseinandersetzung mit Rhydderch Hael um so mehr, als sich mit ihm ein christlicher Despot gegen den Roten Drachen und damit den keltischen Geist erhoben hatte. Das positive Prinzip von Camelot, in dem das Miteinander vieler unterschiedlicher Individuen am Runden Tisch bestimmend war, und das negative Prinzip der römischen Religion, die dieses tolerante Miteinander strikt ablehnte und einzig auf brutale Unterdrückung aller Andersdenkenden setzte, prallten in diesem Fall direkt aufeinander.

Es ging also bei der Schlacht von Arfderryd keineswegs nur darum, wer künftig das Königreich Gwynedd regieren würde: der legitime Rhi Gwenddolau oder der Aggressor Rhydderch Hael; vielmehr standen sich in Gestalt des heidnischen, beziehungsweise des christlichen Heeres ganz konkret der Rote und der Weiße Drache gegenüber. Jede Seite focht für das ihr entsprechende Prinzip, und so wurde der Kampf zusätzlich zur realen auf der anderswelltlichen Ebene ausgetragen. Wie stark diese immaterielle Komponente war, zeigt sich darin, daß Merlin, obwohl er als Vates mit Sicherheit um die bevorstehende Niederlage der eigenen Kampfverbände wußte, trotzdem auf das Schlachtfeld zog. Er tat es, weil ein letztes, unübersehbares Zeichen gesetzt werden mußte, ehe Rhydderch Hael und seinesgleichen für eineinhalb Jahrtausende die Oberhand über das keltische Heidentum gewinnen würden.

Die Erinnerung an diesen äußersten Widerstand ins Gedächtnis Britanniens und Europas einzupflanzen, war der tiefste Beweggrund für Merlins Handlungsweise. Er wollte dadurch den Menschen kommender Zeiten den gleichen Mut vermitteln, den er selbst bewies; ebenso wie er sollten sie sich in der scheinbar größten Aussichtslosigkeit niemals der Gewalt des Weißen Drachen unterwerfen. Statt dessen sollten sie, wann immer sich die Gelegenheit dazu ergeben würde, den Kampf von neuem aufnehmen – und wie die spätere Geschichte der langen und unsäglich brutalen Unterdrückung der an den Rand Westeuropas abgedrängten keltischen Völker zeigt, taten sie das auch; gerade in Wales sind die Freiheitskämpfe der Prinzen Llywelyn, des Owain Glyndwr und anderer unbeugsamer Männer und Frauen der Beweis dafür.

Durch seine Teilnahme an der Schlacht von Arfderryd drückte Merlin unmißverständlich aus: Bekämpft die Religion des Kreuzes, die Ausgeburt des Weißen Drachen ist! Streitet unbeirrt für die alten Götter und damit für den Roten Drachen! Streckt niemals die Waffen, damit das Christentum am Ende durch die Erneuerung des Heidentums überwunden werden kann! Exakt im gleichen Sinne äußerte sich der keltische Menschheitslehrer in seiner Drachenprophezeiung, zudem sagte er dort dezidiert den Sturz der christlichen Religion und die Wiedergeburt des paganen Geistes für den Beginn des dritten Jahrtausends vorher. »Alle Menschen werden sehen, wie die Kirchen untergehen«, heißt es sehr deutlich in der Präkognition; aus ihrem Kontext wird weiter klar, daß Merlin den finalen Zusammenbruch des Christentums begrüßt – denn erst dann wird die Schlacht von Arfderryd, die auf der anderweltlichen Ebene weitertobt, in Wahrheit beendet sein.

Einen der Gründe, warum die Kreuzreligion dem Reich des Weißen Drachen zuzuordnen ist, haben wir bereits im vorangegangenen Kapitel beleuchtet: Die christliche Theologie verkennt die wahre Natur des Todes, stürzt ihre Anhänger dadurch in schreckliche irrationale Ängste und quält sie so auf inhumanste Weise. Darüber hinaus sind dem Christentum eine ganze Reihe weiterer furchtbarer Verbrechen anzulasten, die es im Verlauf seiner zweitausendjährigen Geschichte sowohl im spirituellen als auch im materiellen Bereich beging. Es handelte sich um kriminelle Akte größten Ausmaßes und von äußerster Bösartigkeit – und allein deswegen trat Merlin so rigoros zum Kampf gegen die Theologie des Kreuzes an. Ihm, der als Druide und Vorkämpfer des Roten Drachen zutiefst menschenfreundlich dachte und eine humane Welt ersehnte, mußte das janusköpfige Kirchenchristentum unerträglich sein: die Religion des Kreuzes, die sich zwar nach außen hin auf das Ideal der Nächstenliebe ihres vorgeblichen Gründers beruft, in Wahrheit aber die Lehre Jesu tagtäglich mit Füßen tritt.

Mit dem scharfen, unbestechlichen Blick des *Großen Wissenden* erkannte Merlin diesen zynischen und brandgefährlichen Charakter der römisch-katholischen Religion. Unter anderem mußte er miterleben, mit welcher Intoleranz und Hemmungslosigkeit das Christentum in Britannien und Irland Macht an sich riß, nachdem es sich dort, schwach und unbedeutend zunächst noch, unter dem Schutz der heidnischen Kelten hatte ausbreiten können. Und wenn wir uns die historischen Fakten dieser Entwicklung kurz vor Augen führen, dann begreifen wir einen weiteren Beweggrund für die Handlungsweise des Druiden von Camelot und verstehen sehr gut, warum es für ihn nur das konsequente Entweder-Oder und nicht länger die Hoffnung auf ein Nebeneinander von christlichen Kirchen und heidnischen Hainen geben konnte.

Schon im 1. Jahrhundert waren frühchristliche Flüchtlinge aus Judäa im südlichen Britannien gelandet; es handelte sich um Familien, die aus Jerusalem geflohen waren, das die Römer im Jahr 70 gestürmt und niedergebrannt hatten. Der keltische König Arvirax gewährte ihnen ein Refugium auf der Ynys Avallach, und die dortigen Druiden waren ihnen behilflich, sich eine neue Existenz in Form einer kleinen Gemeinde aufzubauen. Es entstand ein Gebetshaus, in dem sich diese Urchristen regelmäßig versammelten; im Verlauf der folgenden Generationen wurden dort die Kinder und Enkel der Flüchtlinge getauft. Spannungen zwischen ihnen und den *Großen Wissenden* von Avalon gab es nicht; die Druiden waren aufgrund ihrer paganen Weltanschauung tolerant, und die christliche Kolonie, die nach wie vor auf Schutz angewiesen war, konnte es sich nicht leisten, die Hüter der heidnischen Heiligtümer durch religiösen Fanatismus vor den Kopf zu stoßen.

Zudem gab es durchaus gewisse Gemeinsamkeiten zwischen druidischer und urchristlich-jesuanischer Lehre. Die Nächstenliebe etwa, die Jesus gepredigt hatte, korrespondierte in ihrem Grundgedanken mit der Erkenntnis der *Großen Wissenden*, wonach alles Leben eng miteinander verflochten und vom göttlichen Geist beseelt ist, weshalb weder dem Mitmenschen noch irgendeinem anderen Wesen mutwillig Schaden zugefügt werden darf. Gerade hierüber tauschten sich die heidnischen und christlichen Bewohner der Ynys Avallach vermutlich sehr intensiv aus, und auch deshalb blieb der Friede unter ihnen über mehrere Menschenalter hinweg gewahrt.

Dann aber, als die Römer, die zunächst nur das südöstliche Britannien okkupiert hatten, weiter ins Landesinnere vordrangen, änderte sich die Situation. Immer mehr

Legionäre des 2. oder 3. Jahrhunderts waren nun getauft, so daß die pazifistischen Ideale Jesu zunehmend zu reiner Theorie verkamen. Ab dem Jahr 313 schließlich, in dem das Christentum römische Staatsreligion wurde, gab es für die Priester des Kreuzes keinerlei Grund mehr, mit ihren wahren Absichten noch länger hinter dem Berg zu halten. Im ganzen Römischen Reich richtete sich nun die geballte christliche Macht gegen die Andersdenkenden, bis gegen Ende des 4. Jahrhunderts jede rivalisierende Weltanschauung unterdrückt war. Von nun an wurden die Anhänger nichtchristlicher Religionen staatlicherseits immer brutaler verfolgt – und dies galt auch für die römisch besetzten Teile Britanniens. Großherzig und tolerant hatten die Druiden von Avalon einst die aus Palästina geflohenen Urchristen bei sich aufgenommen; jetzt aber, da die Christen Millionen Anhänger gefunden hatten, wollte das römisch-katholische Christentum entsprechend dem bekannten Bibelwort keine anderen Götter mehr neben seinem eigenen »Gott« dulden.

Ehe die Legionen zu Beginn des 5. Jahrhunderts aus Britannien abzogen, kam es auch dort zu schweren Aggressionen gegen die heidnischen Stämme, die jenseits der Militärgrenzen lebten. Die Kelten, die von der Lehre der Druiden nicht lassen wollten, mußten ihre körperliche und geistige Freiheit mit der Waffe in der Hand verteidigen. Selbst dann noch, als keine römischen Truppen mehr auf der Insel stationiert waren, fand die christliche Missionierungswut kein Ende. Denn nun paktierte die katholische Kirche, wobei sie die archaischen Zustände infolge der Germaneneinfälle geschickt nutzte, mit dem romanisierten Adel, um ihren Einflußbereich mit seiner Hilfe und zum gegenseitigen Nutzen noch mehr auszuweiten. Dies war die Situation in der Epoche Arthurs und Merlins; einzig die kornischen und walisischen Völker sowie einige kleinere Stämme hatten dank des mutigen Kampfes des Rhiotam ihre Unabhängigkeit bewahren können, und vor allem in Cymru blieb sie auch nach dem Untergang von Camelot und trotz der verlorenen Schlacht von Arfderryd noch geraume Zeit bestehen. Doch die Freiheit des heidnischen Keltentums war ärger denn je bedroht – ebenso hatten diejenigen Christen, die sich tatsächlich an den Geboten Jesu orientierten, kaum noch eine Überlebenschance.

Die bescheidene Urkirche dieser jesuanisch denkenden Gläubigen hatte auf der Ynys Avallach gestanden; anderswo in Britannien und Irland waren im Verlauf der folgenden Jahrhunderte weitere derartige Gemeinden gegründet worden. Sie lagen zumeist in einsamen Gegenden, so daß ein kontemplatives Leben in der Stille der Natur möglich war, und die Bewohner dieser »Klosterdörfer« oder reinen Einsiedeleien pflegten ganz wie in Avalon den geistigen Austausch mit den paganen Kelten der Umgebung. Teilweise waren die Grenzen zwischen dieser Art des christlichen Glaubens und der druidischen Lehre sogar fließend; es gab zum Beispiel die sogenannten Culdees: Druidenschüler, die sich nicht scheuten, auch die Evangelien zu studieren. Auf der Basis gegenseitiger Toleranz kam es also zu einem humanen Miteinander der verschiedenen Weltanschauungen, doch genau das war der römisch-katholischen Kirche ein Dorn im Auge. Deswegen tat sie alles, um dem keltisch geprägten Zweig des Christentums den Todesstoß zu versetzen, und der Name des Mannes, der zu diesem Zweck im Nordwesten Europas »missionierte«, lautete Patricius.

Besser bekannt ist er unter der irischen Bezeichnung Padraic oder Patrick; er entstammte einer romanisierten britannischen Familie, studierte katholische Theologie in Gallien, erhielt dort auch die römische Priesterweihe und wurde um das Jahr 430 vom Papst beauftragt, gegen die oben beschriebene tolerante Ausformung des christlichen Glaubens vorzugehen. Die frommen Legenden schildern Patrick als Heiligen, der die Evangelien allein durch friedliche Predigten im Geist der Nächstenliebe verbreitet habe; in Wahrheit aber diente er der Papstkirche mit der Bibel in der einen und dem Schwert in der anderen Hand. Er stand organisatorisch an der Spitze ganzer Horden weiterer fanatischer Kleriker, und diese wiederum wurden von starken Scharen Bewaffneter begleitet, wenn sie »im Glaubenskampf« gegen die in ihren Augen ketzerischen Angehörigen der alten britannischen und irischen Gemeinden antraten. Als diese in jesuanisch-keltischer Tradition stehenden Christen es ablehnten, sich Rom zu unterwerfen, bekamen sie die ganze Härte der katholischen Intoleranz zu spüren. Patrick und seine Anhänger ermordeten die geistigen Führer der Andersdenkenden, zerstörten ihre Siedlungen und jagten die Überlebenden in die Wildnis, wo sie oft jämmerlich umkamen.

Nicht weniger brutal griffen die Sendboten des Papsttums die heidnischen Druiden in ihren zumeist abgelegenen Hainen an. Bis heute ist in Irland die religiöse Überlieferung in aller Munde, wonach Patrick überall auf der Insel die Schlangen ausgerottet habe, so daß bis in die Gegenwart niemand mehr Angst vor diesen Tieren haben müsse. Doch auch hier verschleiert die katholische Heiligenlegende eine furchtbare Realität: Bei den »Schlangen« handelte es sich nämlich um die führenden Vertreter des keltischen Heidentums, die häufig eine Schlangentätowierung – oder präziser: ein Abbild des Roten Drachen – auf der Haut trugen. Hunderte von Druiden wurden im Verlauf von Patricks »Missionstätigkeit« grausam niedergemetzelt, und dies war nur der Auftakt zur flächendeckenden Zwangschristianisierung Erins und Britanniens im Verlauf der folgenden Jahrhunderte, die zum gegenseitigen Nutzen im menschenverachtenden Bündnis von römischer Kirche und katholischen Gewaltherrschern erfolgte.

Selbstverständlich wußte Merlin von den Untaten Patricks, der 461, also elf Jahre nach der Geburt des späteren Druiden von Camelot, verstorben war. Außerdem vermochte der keltische Visionär, wie einmal mehr seine Prophezeiungen beweisen, die weitere negative Entwicklung des Christentums vorauszusehen. Merlin erschaute den blutigen Triumph der Kreuzreligion, der mit Millionen von Menschenleben erkauft werden würde; er erblickte die Greuel der Kreuzzüge, Hexen- und Ketzerverfolgungen sowie der Conquista; dazu die Religionskriege der Christen untereinander, die bis ins dritte Jahrtausend kein Ende nehmen sollten. Von Jahrhundert zu Jahrhundert würde das Christentum, das die humane Lehre Jesu in äußerstem Zynismus in ihr Gegenteil verkehrt hatte, furchtbares Leid über das Abendland und andere Erdteile bringen, und all das würde geschehen, weil diese monotheistische Religion von hemmungsloser Machtgier und extremer Intoleranz besessen war.

Aus diesem Grund rief Merlin zum rigorosen Widerstand gegen die Priester des Kreuzes auf. Er tat es, weil ihm angesichts der Bösartigkeit des Weißen Drachen, die sich gefährlich wie nie zuvor in der Papstkirche manifestierte, kein anderer Ausweg blieb. Er hatte erkannt, daß es auf Dauer kein friedliches Miteinander von Heidentum und Christentum geben konnte; es blieb einzig der Weg der entschlossenen Konfrontation, und ihr Ziel mußte – wenn auch erst nach sehr langer Zeit – die Wiedergeburt der paganen Welt sein. Denn nur diejenigen, die von den Kreuzpriestern verfolgt wurden, weil sie heidnisch dachten und handelten, bewahrten den Geist des Roten Drachen und befanden sich im Einklang mit dem wahren Göttlichen, das Toleranz, Humanität und gewaltfreie spirituelle Auseinandersetzung in absoluter Glaubens- und Gewissensfreiheit will. Dazu aber würde das Christentum niemals fähig sein, denn der »Gott«, auf den es sich berief, wollte, wie in der Bibel nachzulesen ist, um gar keinen Preis andere Götter neben sich dulden, und dieser totalen monotheistischen Machtbesessenheit entsprach und entspricht bis zum gegenwärtigen Tag der Herrschafts- und Missionierungswahn der Vertreter dieses »Gottes« auf Erden.

Im hier geschilderten Aspekt des Kampfes zwischen Weißem und Rotem Drachen prallen also zwei einander völlig entgegengesetzte metaphysische Vorstellungswelten aufeinander: biblischer Monotheismus und paganer Polytheismus. Merlin stellte sich konsequent auf die heidnische Seite und hatte dazu gute Gründe, wie wir gelesen haben. Er und Millionen andere Europäer des 5. und 6. Jahrhunderts hatten am eigenen Leib erfahren, zu welcher Intoleranz biblischer Eingottglaube imstande ist, und zumindest der Druide von Camelot war darüber hinaus fähig, die Ursache für die tief eingewurzelte Inhumanität der monotheistischen Religionen zu analysieren.

Wir haben es soeben schon angesprochen: Jahwe, der »Gott« oder »Gottvater« der Bibel, gesteht anderen Göttern dezidiert keine Daseinsberechtigung zu. Er tut dies, obwohl er sehr wohl um ihre reale Existenz weiß, denn gäbe es sie in seinen Augen nicht, müßte er sie auch nicht erwähnen, geschweige denn, sie bekämpfen. Genau das aber tut Jahwe; er greift die Gottheiten, die unendlich lange vor ihm da waren, mit extremem Haß an und erklärt auch, warum: Weil er ein eifersüchtiger »Gott« ist, der keine anderen Götter neben sich dulden will und dem das Ideal der Toleranz offenbar völlig unbekannt ist. Und genau damit bringt er seine eigene Unzulänglichkeit auf den Punkt: Wo sich die wahren, ewigen Götter in ihrer Souveränität gegenseitig ergänzen und auf diese Weise zusammen die Göttlichkeit des Kosmos bilden, eifert Jahwe wie ein dummer kleiner Bub und muß aggressiv auf seine Umwelt losgehen, damit überhaupt Notiz von ihm genommen wird.

Den wahren Göttern vermag er damit allerdings nicht im geringsten zu schaden; sie sind nicht abhängig von den Launen oder Tobsuchtsanfällen irgendeines Jahwe. Was hingegen die Menschen angeht, so wirkt sich der negative Charakter eines derartigen »Gottes« sehr wohl auf ihr Leben aus, denn wenn sie ihm nachfolgen und gehorchen, wie die Bibel es verlangt, dann werden sie damit unweigerlich selbst zu intoleranten, engstirnigen und damit gefährlichen Eiferern, die sich jederzeit mit dem »göttlichen« Vorbild rechtfertigen können. Gelingt es den Priestern eines monotheistischen »Gottes« dann zu allem Überfluß noch, ganze Völker in solchen Wahn zu treiben, so fehlt nur noch ein kleiner Schritt bis hin zu jenen entsetzlichen Aggressionen, wie wir sie aus der Geschichte des Eingottglaubens nur zu gut kennen. Vom Klerus aufgepeitschte Armeen brachen zu Kreuzzügen auf, eroberten fremde Kontinente und begingen bedenkenlos Genozide an deren Ureinwohnern. Oder vom christlichen Ungeist massiv beeinflußte Faschisten sahen sich, wie im 20. Jahrhundert und im Zeichen des Hakenkreuzes geschehen, als Angehörige einer christlich-abendländischen »Herrenrasse«, was ihnen das vermeintliche Recht gab, nicht nur einen Holocaust ins Werk zu setzen, sondern zudem das ganze östliche Europa okkupieren zu wollen, weil es von marxistisch-bolschewistischen Atheisten, also Leugnern des biblischen »Gottes«, regiert war.[7]

Monotheismus, die Historiker haben es tausendfach nachgewiesen, reißt durch das ihm innewohnende selbstgerechte Aggressionspotential tiefe Gräben zwischen einzelnen Menschen und ganzen Völkerschaften auf. Dies geschieht, weil die Anhänger der monotheistischen Religionen ihre (jeweilige) Weltanschauung für die einzig legitime und gottgewollte halten; aus dieser Einstellung wiederum leiten sie das vorgebliche Recht ab, Andersdenkende anzugreifen, zu unterdrücken oder sogar zu vernichten. Toleranz hat in einem derart faschistoiden Weltbild keinen Platz und wurde von den Hohenpriestern der Eingottreligionen auch niemals angestrebt; es ging im Monotheismus – ganz nach dem auch politisch und militärisch zu interpretierenden Bibelgebot »Macht euch die Erde untertan!« – stets nur darum, den eigenen Glauben so weit wie möglich zu verbreiten, wobei der Einsatz von Feuer und Schwert fast immer die Regel war.

Wo also die monotheistischen Religionen aufgrund ihrer allein auf einen »Gott« ausgerichteten Theologien niemals

---

7 Adolf Hitler, der wie die meisten anderen führenden Gründungsmitglieder der NSDAP Mitglied der katholischen Kirche war und nie exkommuniziert wurde, übernahm große Teile seines Buches *Mein Kampf* fast wörtlich aus nicht weniger kriminellen katholischen Publikationen, in denen Judenhaß, Rassenwahn und »gerechter Krieg« gegen den Bolschewismus proklamiert wurden.

zu wirklicher Toleranz fähig sein werden, ist im paganen Polytheismus alles darauf angelegt, auszusöhnen, Brücken zu schlagen und so das von den wahren Göttern vorgelebte unverbrüchliche Miteinander auch im Dasein der Völker dieses Planeten zu verwirklichen. Die heidnischen Gottheiten nämlich rivalisieren nicht miteinander und kennen keinerlei Eifersucht; vielmehr bilden sie in völliger Eintracht das eine grenzenlose Sein, in dem sich der Polytheismus der verschiedenen göttlichen Erscheinungsformen zum kosmischen Pantheismus vollendet: jener allumfassenden Gestalt des Göttlichen, welche die Ewigkeit und Unendlichkeit des Alls beseelt.

So lehrte es Merlin im Einklang mit der druidischen Metaphysik, und wir können diese keltische Weisheit jederzeit für uns wiederfinden. Der Weg dorthin ist – geistige Freiheit vorausgesetzt – einfach zu gehen. Sein Prinzip lautet: Jede Frau, jeder Mann und jedes Kind besitzen das natürliche Recht, auf ihre ureigene Weise nach dem Göttlichen zu suchen und es zu erkennen. Weil uns die Vielfalt der göttlichen Manifestationen auf Schritt und Tritt begegnet, sofern wir nur mit offenen Augen durch die Welt gehen, treten uns andauernd auch seine verschiedenen Aspekte – die Götter – gegenüber, und wir können ihr Wesen dann verinnerlichen.

Die immerwährend das Dasein erneuernde Göttin Ceridwen beispielsweise zeigt uns eine Facette ihres Naturells, wie wir im vorangegangenen Kapitel gesehen haben, in Gestalt der Quelle oder des Baumes, die in sich bereits die Kraft zur Wiedergeburt tragen und dadurch auch uns Menschen das Wissen um unsere eigene Reinkarnation vermitteln. Im Jahreskreislauf wiederum, der sich aus der warmen (weiblichen) Komponente von Frühling und Sommer sowie aus der kühlen (männlichen) von Herbst und Winter zusammensetzt, wird das Zusammenspiel und gleichzeitig die Ganzheit des Götterpaares Beltane und Samhain deutlich. Schon ein Kind ist imstande, dieses göttliche Prinzip im liebevollen und gleichberechtigten Umgang, den seine Eltern miteinander pflegen, zu begreifen; Mutter und Vater, die einander in zärtlicher Berührung begegnen oder sich im täglichen Leben gegenseitig ergänzen, sind eine ganz reale Verkörperung von Beltane und Samhain.

Ein Erwachsener schließlich, der sich das druidische Wissen um die innige Verflechtung aller irdischen und kosmischen Daseinsformen zu eigen macht, wird eines Tages Cernunnos erblicken. Beim Besuch eines Museums stößt er vielleicht auf eine keltische Darstellung dieses Gottes mit dem Hirschgeweih, und wenn er sich in die Betrachtung des Kunstwerkes versenkt, wird er in den beiden Geweihstangen abermals das miteinander korrespondierende Yin und Yang entdecken. Er wird außerdem verstehen, wie das Dasein in seiner ganzen Vielfalt von den verschiedenen Sprossen ebendieser Geweihstangen hervorgebracht wird: wie der unendliche Reichtum aller Spielarten des Lebens aus den beiden geschwisterlichen Wurzeln erwächst. Sobald der Suchende dies verinnerlicht hat, steht er der Gottheit Cernunnos auch auf der spirituellen Erkenntnisebene gegenüber und wird großen geistig-seelischen Gewinn daraus ziehen.

Ceridwen, Beltane, Samhain und Cernunnos sind nur einige der zahlreichen keltischen Götter; weiteren sind wir bereits anderswo in diesem Buch nahegekommen. Allgemein gilt, daß die Grenzen zwischen ihnen fließend sind, wie wir nicht nur am Beispiel des Cernunnos mit seinem Geweih sehen, das zugleich für das Götterpaar Beltane und Samhain steht. Sehr schön kommt in dieser metaphorischen Darstellungsweise der keltischen Kunst einmal mehr das typisch heidnische Prinzip zum Ausdruck, wonach die verschiedenen paganen Gottheiten nicht miteinander konkurrieren und keineswegs gegeneinander eifern, sondern sich ihr »Pantheon« in einvernehmlichem Miteinander teilen.

Daß ein solch humanes, sich gegenseitig in unendlicher Vielfalt befruchtendes Miteinander keine Utopie ist, haben die keltischen Völker Europas im letzten vorchristlichen Jahrtausend, ehe Rom und dann das römische Christentum mächtig wurden, bewiesen. Der »Sonnengürtel«, den sie unter Anleitung ihrer Druiden vom äußersten Südosten des Abendlandes bis hin zu seinen fernsten nordwestlichen Küsten schufen, vereinigte Abermillionen Menschen unterschiedlicher Herkunft zu einer friedlichen Zivilisation, deren positive Kraft noch weit über die Grenzen des Kontinents hinausstrahlte. Die keltische Föderation stand in regem geistigen, künstlerischen und merkantilen Austausch mit asiatischen und nordafrikanischen Völkerschaften, und es gab dabei keinerlei religiöse Konflikte, weil die polytheistische Weltanschauung noch nicht vom Monotheismus unterdrückt worden war. Niemandem wäre es in jener leuchtenden Epoche des »Widders« in den Sinn gekommen, einen anderen Menschen wegen seines Glaubens zu diskriminieren oder gar zu bekämpfen; man folgte vielmehr dem Vorbild der heidnischen Götter und lebte wie sie in friedlicher, altruistischer Toleranz.

Die Völker des keltischen »Sonnengürtels«, welche die antike Welt auf diese Weise beispielgebend befruchteten, waren die Erben einer uralten Tradition, die allein in ihren sichtbaren Zeugnissen fünftausend Jahre bis ins Neolithikum zurückreicht, als in Westeuropa die faszinierenden Bauten der Megalithkultur wie die Avebury Rings, Stonehenge oder der Silbury Hill entstanden. Schon deren geniale Erbauer hatten die miteinander verflochtene Vielfalt sowohl der göttlichen Erscheinungsformen als auch der menschlichen Individualität erkannt und in ihren Werken dargestellt. Während der folgenden zweieinhalb Jahrtausende bis zum Aufblühen des La-Tène war dieses Wissen um die wahren Götter und die in ihrem Wesen zutage tretenden, für eine humane Zivilisation so enorm wichtigen Prinzipien von Generation zu Generation und quer über den gesamten Kontinent hinweg weitergegeben worden, bis sie mit ähnlicher, aus dem Osten kommender Weisheit verschmolz. Die Bezeichnungen für die paganen Gottheiten änderten sich im Lauf dieser Entwicklung vermutlich, doch ihr Wesen blieb stets dasselbe, und weil die prähistorischen Stämme dieses ewige Sein und Vorbild verinnerlicht hatten, schenkten ihnen die Götter inneren Einklang mit ihrem Dasein und damit auch äußeren Frieden.

Überall im Abendland, wo moderne Archäologen arbeiten, stellt sich heraus, daß in der vorchristlichen Ära – und zwar schon lange ehe die oben erwähnten Megalithbauten einen architektonischen Höhepunkt der heidnischen Kultur markierten – in der Tat jenes »Goldene Zeitalter« existierte, an das in der verfinsterten Epoche der »Fische« nur noch vage Erinnerungen bewahrt wurden. Der Autor selbst durfte Zeuge werden, wie bei einer Ausgrabung in Niederbayern – und dieses Beispiel steht für zahllose andere – der Beweis für die außerordentlich friedenstiftende Macht des Polytheismus erbracht wurde. Die Wissenschaftler legten dort auf einem einzigen Feld eine Menge von ineinander übergehenden prähistorischen Besiedelungsschichten frei, deren älteste aus dem mittleren Neolithikum, etwa 5000 v. u. Z., und deren jüngste aus dem späten La-Tène, also dem letzten vorchristlichen Jahrhundert, stammten. Diese Kontinuität allein wäre bereits bemerkenswert gewesen, doch ungleich verblüffender war die Tatsache, daß sich in all diesen Kulturschichten aus fünf Jahrtausenden keine einzige Kriegswaffe und ebensowenig irgendeine Spur von Gewaltanwendung gegenüber Menschen oder Gebäuden fand: kein eingeschlagener Schädel, kein niedergebranntes Haus; einfach nichts, was auf irgendeine Art von kriegerischer Aggression hingedeutet hätte.

Fünfzig Jahrhunderte hindurch hatten die Bauern und Fischer dort an einem Nebenfluß der Isar in ständigem Frieden gelebt; die letzten vorgeschichtlichen Bewohner der Gegend, die Kelten, hatten in ihren kleinen Rennöfen Eisenerz verhüttet und daraus Werkzeuge oder Pflugscharen hergestellt. Regelmäßig zu ihren Jahreskreisfesten hatten sich die Bewohner der Siedlung in einem nahe gelegenen Druidenhain versammelt, um das Wesen der Götter zu verinnerlichen und geistig-seelische Kraft aus der Fülle des paganen Geistes zu schöpfen – bis ziemlich genau zu der Zeit, da in Judäa ein Rabbi namens Jesus zu predigen begann, nördlich der Alpen die Katastrophe passierte. Mordend, plündernd und vergewaltigend drangen römische Legionen bis zur Donau vor, zerstörten die keltische Kultur und vernichteten damit jene zutiefst humane Zivilisation, die fünftausend Jahre lang bestanden hatte.

Mit einem einzigen fürchterlichen Schlag fand das »Goldene Zeitalter« sein Ende, und was danach geschah, wissen wir aus der schriftlich dokumentierten Geschichte.

Denn vom ersten nachchristlichen Jahrhundert an bis in die jüngste Gegenwart rissen die Kriegsgreuel überall in Europa – und auch auf dem niederbayerischen Siedlungsareal – nicht mehr ab. Die römisch-katholische Zwangsmissionierung des Kontinents, die Hand in Hand mit der Aggression des Römischen Imperiums und dessen politischen Nachlaßverwaltern erfolgte, stürzte das Abendland in ein Debakel nach dem anderen, bis der Wahnsinn schließlich am Ende des zweiten christlich dominierten Millenniums in den beiden Weltkriegen kulminierte.

Fünftausend Jahre des friedlichen Miteinander im Einklang mit den heidnischen Göttern stehen zwei Jahrtausenden unter der blutigen Herrschaft des eifersüchtigen »Gottes« der Bibel gegenüber. Die Erde des Ausgrabungsfeldes an jenem Nebenfluß der Isar hätte uns das eklatante Versagen des Monotheismus mit seinen entsetzlichen Auswirkungen nicht deutlicher vor Augen führen können. Gleichermaßen aber bewahrte die Große Mutter die Erinnerung an das polytheistisch geprägte »Goldene Zeitalter« und sorgte dafür, daß die friedenstiftende Weisheit der alten Lehre mit Anbruch des »Wassermann«-Zeitalters wieder ans Tageslicht kam. Jenes pagane Wissen, dessen letzter großer Eingeweihter Merlin war: der Druide, der uns mit seinem Runden Tisch den Weg aufzeigte, wie wir die Schönheit des Daseins im heidnischen Geist wiederfinden können. In Camelot blühte die ganze Fülle dieses Bewußtseins, das sich aus tiefer Erkenntnis des wahren Göttlichen nährt, für kurze Zeit noch einmal auf; Merlin sorgte dafür, um dem Abendland trotz der fürchterlichen Dunkelheit, in die es durch seine Abkehr von den alten Göttern stürzen würde, Hoffnung zu geben.

Nun, da die finstere Epoche der »Fische« endet und sich

die demokratischen Gesellschaften zunehmend von den Fesseln der monotheistischen Religionen befreien, ist die Stunde gekommen, in der ein neues »Goldenes Zeitalter« geboren werden kann. So wir nur wollen, bietet uns Merlins metaphysisches Vermächtnis, in dem er zur Heimkehr ins Heidentum aufruft, die Möglichkeit, an das La-Tène anzuknüpfen: an jene leuchtende Epoche, in der die *Großen Wissenden* der Kelten all das zur Vollendung brachten, was in den Jahrtausenden zuvor an andersweltlicher und diesseitiger Weisheit herangewachsen war. Aus den Händen der paganen Götter hatten die Menschen damals das Geschenk des »Sonnengürtels« entgegengenommen, und das wahre Göttliche wird diese Gabe auch jetzt wieder für uns bereithalten, sofern wir ihm unsere Herzen, unseren Verstand und unsere Seelen öffnen.

Eine Einsicht freilich ist dabei unabdingbar: Niemand wird der beglückenden Wiederkunft der alten Gottheiten teilhaftig werden, der nicht begreift, daß ihr Wesen die weibliche und männliche Komponente des Daseins in völliger Gleichberechtigung umfaßt...

Die Wiedergeburt des La-Tène

Im Dreifachen Vermächtnis Merlins nimmt die Gleichberechtigung der Geschlechter – und von daher unabdingbar die Weisheit des Weiblichen – einen außerordentlich hohen Stellenwert ein. Bereits als er das Ritual der Heiligen Hochzeit von Tintagel leitete, stellte der Große Wissende dies unmißverständlich klar. Ygerna, die aus unangefochtener weiblicher Souveränität heraus regierende Hochkönigin von Cornwall, trat dem männlichen Ard Rhi von Cymru, Uther Pendragon, als absolut ebenbürtige Partnerin und in voller Freiheit gegenüber. Nur so konnten die beiden großen Landesteile des freien keltischen Britannien vereinigt und Arthur gezeugt werden, der später Camelot erbauen sollte.

Doch auch das Reich des Rhiotam wurde nicht allein aufgrund der maskulinen Stärke Arthurs und seines Mentors Merlin errichtet; an der Seite dieser beiden herausragenden Männer standen wiederum ihre femininen Pendants: Gwynhwyfara, die sich durch ihren leuchtenden Geist auszeichnete, und die Druidin Morgana. Ebenso drückte sich das Prinzip von Beltane und Samhain im Miteinander der »Zwillingsorte« Avalon und Camelot aus, und auch anderswo auf der britischen Insel existierte die spirituelle Brücke zwischen derartigen weiblich, respektive männlich definierten Kraftorten. So etwa in Gestalt des göttlichen Geschwisterpaares Branwen und Bran, das wir in der Einführung zu diesem Buch kennenlernten und dem an den westlichen und östlichen Grenzen von Nordwales die das Land behütenden Hügelfestungen Twr Branwen und Dinas Bran zugeordnet waren.

Selbst im Tode noch wurde im Fall Gwynhwyfaras und Arthurs der Zusammenklang von Yin und Yang gewahrt. Als man dank des Hinweises eines walisischen Barden im Hochmittelalter ihr Grab auf der Ynys Avallach wiederentdeckte, lagen die Skelette eng beieinander in einem einzigen ausgehöhlten Eichenstamm. Was schließlich den letzten Weg Merlins anbelangt, so ging er ihn abermals in Begleitung einer weisen Frau. Die Große Wissende Niniane stand ihm bei, als sich seine Seele vom verbrauchten Leib löste; sie war es auch, die sein unzerstörbares Wesen anschließend mit dem Weißdorn und über diese Pflanze mit dem sanften, weiblichen Sein des Waldes von Broceliande verwob.

Noch aus der Anderswelt heraus vermittelt uns der Druide von Camelot auf diese Weise seine zeitlose Botschaft: Achtet das Weibliche in allen seinen Aspekten als einen der beiden unverzichtbaren Bausteine des materiellen, geistigen und spirituellen Lebens! Und an die männliche Hälfte der Menschheit richtet sich seine Mahnung: Versucht euch niemals über das Feminine aufzuwerfen, wenn ihr euch nicht selbst fürchterlich erniedrigen und schädigen wollt!

Für die heidnischen Kelten waren diese Einsichten selbstverständlicher Bestandteil ihres Daseins. Erst mit der Christianisierung Europas setzte die zutiefst zu beklagende Zurücksetzung und Unterdrückung der Frauen ein und zog einen entsetzlichen Absturz der abendländischen Zivilisation nach sich. Bis heute leidet die Welt überall dort, wo patriarchaler Ungeist herrscht, unter dieser Mißachtung des Weiblichen, und wenn das jetzt angebrochene Jahrtausend licht werden soll, ist es unabdingbar, diesen fatalen Irrweg zu überwinden. Heimkehr ins Heidentum bedeutet zwingend die völlige Wiederherstellung der Gleichberechtigung zwischen den Geschlechtern im Sinn des Götterpaares Beltane und Samhain, das zusammen den vollendeten Jahreskreis oder eben die Fülle des Lebens bildet. Nur wenn das gelingt, kann das feminine Element wieder seine ganze positive und so unendlich fruchtbringende Kraft innerhalb der menschlichen Gesellschaft entfalten.

Merlins Vermächtnis der Prophezeiungen schenkt uns die sichere Gewißheit, daß wir dieses Ziel erreichen können. Denn der Druide von Camelot sagte die Wiederkunft der alten Götter für das neue Millennium voraus, und das bedeutet: Europa wird sich auf seine paganen Wurzeln besinnen und erneut die Schönheit des Heidentums erkennen. Unmißverständlich sprach Merlin in seinen Visionen für das dritte Jahrtausend von einem hoch inspirierten Mädchen, das die verderblichen Quellen versiegen läßt, sowie von Frauen, die danach mit großer Anmut über die Erde schreiten werden. Und in seinen Kaledonischen Weissagungen heißt es über eine Königin der Zukunft: »Eine erblicke ich, die ich erhöhen will auf dem Hügel des Volkes, damit sie von dort herniederschaut auf die heiteren Gestalten der Liebenden.«

Mit diesen Bildern schilderte der Druide eine künftige Welt, in welcher die Frauen abermals jenen Rang einnehmen, den sie in vorchristlicher Zeit und noch um das Jahr 500 in ihrem letzten Refugium Avalon-Camelot besaßen. Es wird eine Erde sein, auf der sich die Weisheit des Weiblichen in jedem nur denkbaren Bereich erneut so fruchtbringend entfalten kann wie im La-Tène: im »Goldenen Zeitalter« Europas. Keine Frau steht dann mehr im Schatten; all das Wertvolle, das durch feminine Kraft in die Gesellschaft eingebracht werden kann, wird wieder dankbar angenommen – und genau dies bedeutet dann auch Bereicherung und geistig-seelische Vervollkommnung des Männlichen, das sein ihm von den Göttern geschenktes Gegenüber im neuen Miteinander endlich wiedergefunden hat.

Auf diese Weise können sich Ceridwen und der »Wassermann« bei jeder irdischen Begegnung zwischen Frau und Mann »paaren« – und wir wollen nun auf den letzten Seiten dieses Buches versuchen, einen Blick in jene schon nahe bevorstehende Epoche zu tun, da dies geschehen wird.

Sobald die neue Zeit anbricht, werden neben den beiden genannten Göttern auch Beltane und Samhain, Rhiannon, Lug, Brigid, Cernunnos, Caillech, Taranis und die übrigen paganen Gottheiten ins Bewußtsein der Menschen zurückkehren. Und diese Wiederkunft der alten Götter bedeutet – unter anderem – eine Aussöhnung der Menschheit mit der Natur, die am Ende des »Fische«-Zeitalters mehr denn je unter dem lebensfeindlichen monotheistischen Gebot »Macht euch die Erde untertan!« leidet und kurz vor einem katastrophalen Zusammenbruch steht.

Doch der Heilungsprozeß kann im gleichen Moment einsetzen, in dem wir uns wieder auf das Wirken Ceridwens, der Dreifachen Göttin, besinnen. Sie ist die Große Mutter allen Daseins, und aus ihrem unerschöpflichen Schoß – dem wahren Gral – erwächst der immerwährende Kreislauf des Lebens in seinem ganzen unendlichen Reichtum. Von Herzen gerne schenkt sie uns seine Fülle, sofern wir ihr Wirken nur mit liebevoller Dankbarkeit achten und es unsererseits beschirmen, statt uns in frevlerischer Vermessenheit über sie aufwerfen zu wollen. Es braucht einzig unsere Zuwendung zu ihr, damit sie uns von neuem zulächelt, und dieses Lächeln wird uns dann aus jeder Quelle, jedem flecken Waldboden, jeder Pflanze, jedem Tier und dem Gesicht jedes von ihrem Geist beseelten Mitmenschen heraus beglücken.

Aber nicht allein Ceridwens Gegenwart wird einer Welt, deren Bewohner ins Heidentum heimgekehrt sind, sehr lange vermißte Wärme und Schönheit verleihen. Auch die anderen keltischen Gottheiten werden sich den Menschen abermals ganz konkret nähern und wie im La-Tène, dessen letzter und vollkommenster Abglanz über Avalon und Camelot leuchtete, unter ihnen »wohnen«.

Viele der heiligen Orte, wie zum Beispiel der Twr auf der Ynys Avallach oder der Ringwall von Dinas Emrys, wo Merlin durch die Hilfe Lugs, des hellsehenden Gottes, seine erste Vision empfing, sind erhalten und werden in unseren Tagen zunehmend wieder aufgesucht. Jeder Pilger, der einen solchen Platz mit dem ehrlichen Wunsch betritt, einem Aspekt des Göttlichen zu begegnen, kann sicher sein, angenommen zu werden. Tausende von vorurteilsfreien Suchenden haben an den genannten sakralen Orten bereits entsprechende Erfahrungen gemacht, und dasselbe gilt für viele weitere, teils schon im Neolithikum bestehende »Wohnstätten« der wahren und ewigen Götter: Stonehenge, die Avebury Rings oder den Silbury Hill, um nur die bekanntesten jener Plätze zu nennen, von denen dank paganer Spiritualität über mehrere vorchristliche Jahrtau-

Eine der heidnischen Steinsetzungen in Nordwales, wie sie auch von Merlin genutzt wurden.

sende hinweg ein beständiger positiver und friedenstiftender Impuls ausging.

Die Präsenz der heidnischen Göttinnen und Götter beschränkt sich jedoch keineswegs auf diese herausragenden Heiligtümer. Wie im Zusammenhang mit Ceridwen bereits erwähnt, ist die polytheistisch-pantheistisch definierte göttliche Gegenwart ebensogut in den zahllosen und oft alles andere als spektakulären Erscheinungsformen der Natur zu erkennen und kann auch dort jederzeit wirksam werden. Wer es lernt, sein Denken und Empfinden in Einklang zu bringen und von daher im Vollbesitz seiner gesamten rational-intuitiven Wahrnehmungsfähigkeit durch einen Wald wandert, wird unweigerlich auf Bäume oder Steinformationen mit besonderer Ausstrahlung stoßen. Durch zärtliche Berührung und zugleich instinktives Verinnerlichen des Wesens von »Schwester« Baum oder »Bruder« Stein, die ebenso wie wir Menschen vom andersweltlichen Geist durchströmt sind, kann die Brücke hinein in ihr Innerstes errichtet werden – und im selben Moment, da Ruhe und Kraft ins menschliche Herz strömen, ist die Begegnung mit der Gottheit vollzogen.

Zu allen Zeiten nutzten die Hagazussa oder Hexen solche Pfade zur Kontaktaufnahme mit bestimmten Aspekten des Göttlichen, und aufgrund dieser Fähigkeit, die im Prinzip von jeder Frau und jedem Mann wiederzuerlangen ist, waren sie imstande, ihrerseits positiv auf ihre Mitmenschen einzuwirken. Sie vermochten beispielsweise körperlich und seelisch zu heilen oder die sozialen Gemeinschaften, für die sie wirkten, mit konstruktiver Energie »aufzuladen«. In der behütenden Gegenwart der Götter bildeten sie zudem jene Zirkel, an denen – entsprechend der druidischen fünfdimensionalen Kosmologie, die Diesseits-

und Anderswelt in die Unendlichkeit des Alls einbindet – jeweils fünf Eingeweihte teilnahmen. Mit Hilfe uralter spiritueller Techniken verknüpften sie ihre individuellen Auren miteinander, wodurch sich ein fünffach verwobenes und deshalb um so stärkeres Geflecht des Guten herausbildete, welches der negativen Macht des Weißen Drachen entgegengesetzt werden konnte.

In der Ära des »Wassermanns«, wenn das Vermächtnis Merlins in seiner ganzen, unendlich wertvollen Bedeutung wirksam geworden ist, werden die Hagazussa, die heutzutage noch unter Unverständnis und Diskriminierung leiden, wieder in ihre natürlichen Rechte eingesetzt werden. Man wird sie von neuem als das erkennen, was sie stets waren: Erben der Druidinnen und Druiden, denen das einzigartige Verdienst zukommt, heidnische und damit weibli-

Wald im Snowdonia Nationalpark: ein Teil des »Waldes von Broceliande«.

che Weisheit über die vielen geistig verfinsterten Jahrhunderte des christlich dominierten »Fische«-Zeitalters hinweggerettet zu haben. Und diese *Großen Wissenden* werden in der nun anbrechenden lichten Epoche der Wiederkunft der alten Götter alles, was sie und andere Initiierte an geistigem Reichtum besitzen, an ihre Mitmenschen weitergeben. Überall im Abendland werden abermals Druidenschulen entstehen, und das Lernen in diesen Hainen, in denen sich quer über den Kontinent die unsterbliche Seele von Broceliande manifestiert, wird von unerhörter, ganzheitlicher Faszination sein.

Die Bandbreite des neuen intuitiv-rationalen Erkenntnisweges wird sich vom Begreifen der wahren Natur eines scheinbar so schlichten Grashalmes bis hinaus in die Ewigkeit des Alls erstrecken. Das Wesen des Göttlichen, das all die unzähligen Erscheinungsformen des Daseins vom »Kleinsten« bis zum »Größten« durchdringt, wird in seiner ganzen Fülle ins Bewußtsein der Völker zurückkehren. Weil dann wieder alle unterschiedlichen Lebensformen als gleichermaßen wertvoll und zudem in ihrer Gesamtheit als eng verflochtenes Gewebe verstanden werden, ist es nur logisch, daß sich diese Einsicht auch auf der politischen und sozialen Ebene außerordentlich positiv auswirkt.

Gewalt oder gar Kriege werden geächtet sein, da sie – das natürliche Recht der Notwehr ausgenommen – letztlich zwangsläufig auf den Verursacher, der einen anderen verletzt oder tötet, zurückschlagen. Andererseits wird das Miteinander in der menschlichen Gesellschaft einen herausragenden Stellenwert gewinnen. An tausend Plätzen zugleich werden die Runden Tische stehen, an denen Frauen, Männer und Kinder sich liebevoll die Hände reichen. Ganz so wie im »Goldenen Zeitalter« Europas, das im La-Tène zu seiner Vollendung kam, wird Altruismus und nicht Egoismus zählen; praktisch gelebte Humanität wird wieder als das höchste Gut angesehen werden. Machthunger, Raffgier, Egoismus, Ellenbogenmentalität, Rücksichtslosigkeit und all die anderen negativen Auswüchse, unter denen die Welt heute leidet, werden nicht länger bestehen können; die Kraft des sanften, »weiblich« bestimmten Miteinander, die von den Runden Tischen ausgeht, wird sie überwinden.

Das ist die Vision für ein erneuertes Abendland, die Merlin der Menschheit schenkte. Über eineinhalb Jahrtausende wurde das Vermächtnis des Druiden von Camelot bewahrt, um in der Gegenwart, da Europa zurückfinden soll zu seiner wahren Gestalt, wirksam werden zu können. An uns allen liegt es nun, die Dreifache Botschaft des *Großen Wissenden* zu verinnerlichen und weiterzugeben, damit sie im Denken und in den Herzen sehr vieler Menschen guten Willens Wurzeln schlagen kann. Aus diesem vielfach miteinander verflochtenen Wurzelwerk wird sodann ein Eichenhain und daraus wiederum ein neuer Wald von Broceliande entstehen: ein geistiges Gedeihen und Blühen, das sich mit der von den Pflanzen behüteten Seele und damit dem unendlich positiven Wollen Merlins verbindet – und auch dies wird einer der Aspekte der Wiedergeburt des keltischen Menschheitslehrers sein…

Zeittafel

450 n. u. Z.
Merlins Geburt in Carmarthen (Südwales)

459 n. u. Z.
Merlin wird Druidenschüler (zunächst auf Mona)

463 n. u. Z.
Merlin gibt die Drachenprophezeiung von Dinas Emrys ab

468 n. u. Z.
Merlin leitet die Heilige Hochzeit von Tintagel (1. Mai)

469 n. u. Z.
Arthurs Geburt (Anfang des Jahres)

478 n. u. Z.
Arthurs Ausbildung durch Merlin beginnt

485 n. u. Z.
Arthurs 16. Geburtstag und seine Initiation in Avalon

485 n. u. Z.
Arthurs erste Schlacht am Fluß Mearcredesburna

488 n. u. Z. –
Arthur wird zum Rhiotam gewählt

493 n. u. Z.
Schlacht von Badon, anschließend entsteht Camelot

508 n.u.Z.
Arthurs Kampf gegen Cerdic

509 n.u.Z.
Schlacht von Camlann, bei der Arthur den Tod findet

510 n.u.Z.
Merlin besteigt den Thron der Demetier

515 n.u.Z.
Schlacht von Arfderryd

520 n.u.Z.
Merlins Tod und Begräbnis auf der Ynys Enlli (Bardsey)

Literatur

Annales Cambriae. Engl. Übers. John Morris: In: *History from the Sources.* Bd. 8. Chichester 1980

Ashe, Geoffrey: *König Arthur.* Düsseldorf 1986

Botheroyd, Paul und Sylvia: *Schottland/Wales/Cornwall.* München 1988

Böckl, Manfred: *Propheten, Seher und Auguren.* München 1998

Böckl, Manfred: *Merlin.* Prophezeiungen für das neue Jahrtausend. Waldkirchen 1999

Böckl, Manfred: *Der Mühlhiasl.* Amberg 1998

Dannheimer, Hermann/Gebhard, Rupert (Hrsg.): *Das keltische Jahrtausend.* Mainz 1993

Four Ancient Books of Wales (darin enthalten: *The Black Book of Carmarthen*). London 1898

Geoffrey of Monmouth: *The History of the Kings of Britain.* London 1966

Geoffrey of Monmouth: *Vita Merlini.* Illinois 1925

Herm, Gerhard: *Die Kelten.* Düsseldorf 1975

Hope, Murry: *Magie und Mythologie der Kelten.* München 1990

Kuckartz, Wilfried: *Merlin, Mythos und Gegenwart.* Essen 1988

Kluge, Manfred (Hrsg.): *Das Buch Merlin.* München 1988

Lehner, Thomas (Hrsg.): *Keltisches Bewußtsein.* München 1985

Le Roux, François/Guyonvarch, Christian-J.: *Die Druiden.* Engerda 1996

Maier, Bernhard: *Lexikon der keltischen Religion und Kultur.* Stuttgart 1994

Markale, Jean: *Die Druiden.* München 1987

San-Marte: *Die Sagen von Merlin.* Halle 1853

Sills-Fuchs, Martha: *Wiederkehr der Kelten.* München 1983

Stephen, Th.: *Literature of the Kymry.* Llandovery 1949

Walker, Barbara G.: *Das geheime Wissen der Frauen.* München 1995

Manfred Dimde

Das Siegel des Nostradamus

Seine Weissagungen vom Jahr 2000 bis zum Weltuntergang

416 Seiten

Manfred Dimde öffnet das Siegel des Nostradamus:
Die Zukunft ist ein offenes Buch!

- *Enthüllt*: detaillierte Voraussagen für das gesamte nächste Jahrtausend.
- *Erstmals offenbart*: der Dreibein-Code der Prophezeiungen.

Zum ersten Mal erhalten alle Interessierten mit diesem Buch den Schlüssel zu dem verborgenen Code des Nostradamus, so dass jeder die Zukunft selbst entziffern und deuten kann. Erfahren Sie alles über

- die bedeutendsten Ereignisse in Politik und Wirtschaft,
- wissenschaftliche Erkenntnisse und Innovationen,
- die soziale, geistige und spirituelle Entwicklung der Menschheit
- die Endzeit des Sonnensystems.

Knaur

Alan Guth

Die Geburt des Kosmos aus dem Nichts

Die Theorie des inflationären Universums

Selten wird die Wissenschaft über Nacht so stark revolutioniert wie die Kosmologie durch Alan Guths Entdeckung der inflationären Theorie des Universums. Noch seltener gelingt es dem Urheber einer solchen Revolution, eine derart verständliche und einprägsame Darstellung von einer der aufregendsten Epochen in der modernen Kosmologie zu geben. Sogar Kenner werden Neues lernen.

Knaur